영재교육필독시리즈 3

Grouping and Acceleration
Practices in Gifted Education

영재교육에서 집단편성과 속진

Linda E. Brody 편저 · 강현석 · 박은영 · 박창언 · 최호성 공역

번역집필위원회

위 원 장 송인섭
부위원장 이신동   업무총괄 이정규

번역집필진(가나다 順)
강갑원, 강영심, 강현석, 고진영, 김미숙, 김정휘, 김정희, 김혜숙, 문은식,
박명순, 박은영, 박창언, 박춘성, 성은현, 성희진, 송영명, 송의열, 송인섭,
유효현, 이경화, 이민희, 이신동, 이정규, 이행은, 임 웅, 전명남, 전미란,
정정희, 최병연, 최지영, 최호성, 한기순, 한순미, 황윤세

Grouping and Acceleration Practices in Gifted Education
by Linda E. Brody

영재교육필독시리즈 번역을 통한 새로운 지평을 열며

한국영재교육학회 회장 송인섭

한국에서 영재교육에 대한 관심의 역사와 뿌리는 수십여 년에 걸쳐 많은 영재교육학자들과 다양한 영역의 학자들이 이론적 대화와 논쟁을 통해 발전시키고 이를 교육 현장에 접목시키려는 노력에서 찾을 수 있다. 학문의 수월성 추구라는 측면과 한 인간이 가진 학습력의 다양성에 적절성을 제공한다는 의미에서 영재교육은 항상 우리의 관심 안에서 생명력을 키워 왔다. 그런 가운데 1995년 5월 30일 교육개혁안의 발표로 교육에서 영재교육이 차지하는 비중이 점차 강조되고 크게 다루어짐으로써, 영재교육의 새로운 지평을 여는 계기가 되었다. 이에 대한 실천 방안으로 2001년 1월 21일에 공포된 '영재교육진흥법'은 영재교육을 이론과 실제에서 구체적으로 한국사회에 정착하게 만든 중요한 전환점으로 기억된다.

이 법은 교육기본법 제12조, 제19조 규정에 따라 재능이 뛰어난 사람을 조기에 발굴하여 타고난 잠재력을 개발할 수 있도록 능력과 소질에 맞는 교육을 실시함으로써 개인의 자아실현을 도모하고 국가사회발전에 기여함을 목적으로 한다(영재교육진흥법 제1조 목적).

'영재교육진흥법 제1조 목적'을 보면, 이제 한국에서도 영재교육을 구체적으로 시행하려는 의도를 엿볼 수 있다. 자아실현을 통한 개인의 성장을 도모함과 국가사회발전에 기여함을 목적으로 설정한 점은 영재교육의 기본 전제와 차이가 없다. 이제 국가적인 차원에서 영재교육의 가능성이 열린 것이다.

그러나 영재교육은 이상과 의지만으로 되는 것이 아니고 합리적이고 타당한 실제가 있어야만 한다. 따라서 앞으로 단순히 법적인 차원에서의 목적 제시가 아닌, 한 개인이 자아실현을 이루고 그 자아실현을 통하여 한국사회에 봉사하는 영재를 교육하는 실제가 이루어지는 구체적인 노력이 필요하다.

이를 계기로 영재의 판별, 독립적인 영재교육과정의 개발, 정규 공교육과정 내에 영재교육의 실제적인 도입, 영재교육을 활성화하기 위한 다양한 영재교육기관의 설립, 그리고 영재교육을 위한 전문 연구소 또는 대학 부설 영재교육센터의 설치와 운영의 문제 등이 현실화되면서, 영재교육은 교육현장에서 중요한 부분을 차지하게 되었다.

영재교육은 통합학문적인 특성과 종합적인 사고속에서 이론과 실제가 연계될 때만이 신뢰성과 타당성을 갖출 수 있다는 특성이 있어 다양한 분야 전공 학자들이 이 문제에 대하여 큰 관심을 가질 필요가 있다. 교육학 자체가 이론과 실제의 조화를 요구하듯이, 영재교육에 대한 접근도 다양하고 종합적인 사고가 요구된다는 것을 우리는 잘 인식하고 있다. 영재교육은 영재교육에 대한 철학과 인간에 대한 가정으로부터 출발하여 인간의 특성에 대한 합리적이고 충분한 근거 위에서 논의해야 할 것이다. 이러한 이유로 현재 한국의 영재교육은 인문, 사회, 과학 분야를 망라하는 다양한 학자들의 손을 거쳐 점차적으로 이론과 실제라는 측면에서 발전하는 과정에 있다고 볼 수 있다.

이러한 발전과정의 하나로, 2002년 영재교육에 관심 있는 학자들이 뜻을 모아 현재의 '한국영재교육학회'를 창립하였다. 창립 이후에 각종 학술대회 개최, 세미나 실시, 그리고 매월 영재교육에 대한 콜로키움 등의 다양한 모임의 진행을 통하여 영재교육에 대한 문제를 토론하고 연구하며 현장에 적용하려는 노력을 지속하고 이를 『영재와 영재교육』이라는 학술지로 출판하고 있다. 특히, 영재교육학회의 콜로키움은 전국에서 20~30명 내외의 학자가 매월 1회씩 만나 영재교육과 관련된 논문 및 다양한 주제에 대해 토론하고 있다. 이를 통하여 영재에 관한 우리의 사고를 발전시킬 뿐만 아니라, 한국 사회에 어떻게 영재교육을 정착시킬 것인가의 문제를 가지고 논의하여 왔다. 이러한 노력으로 본 학회의 연구결과를 공표하는 학술지인 『영재와 영재교육』이 한국학술진흥재단의 등재후보학술지로 인정받았다.

이에 더하여 본 학회는 2006년도에 콜로키움의 주제를 미국영재교육학회에서 펴낸 지난 50년간의 영재교육의 연구결과물인 『영재교육필독시리즈(essential readings in gifted education, 2004)』를 선택하여 연구하였다. 매월 콜로키움을 통해 본 시리즈를 공부하고 논의하면서, 쉽지 않은 작업이지만 한국 영재교육의 발전을 위하여 시리즈를 번역하기로 합의하였다. 본서는 한국의 영재교육 상황을 설명하기 위하여 한국의 영재교육을 '특별호'로 첨가시켰으며 이 작업은 송인섭과 한기순이 하였다. 본 번역 작업은 1년 반의 기간이 소요되었으며, 공사다망한 가운데 번역 작업에 자발적으로 참여한 영재교육학자들은 강갑원, 강영심, 강현석, 고진영, 김미숙, 김정휘, 김정희, 김혜숙, 문은식, 박명순, 박은영, 박창언, 박춘성, 성은현, 성희진, 송의열, 송영명, 유효현, 이경화, 이민희, 이신동, 이정규, 이행은, 임웅, 전명남, 전미란, 정정희, 최병연, 최지영, 최호성, 한순미, 황윤세다.

물론 공동 작업은 쉽지 않은 일이었다. 그러나 많은 연구자들이 바쁜 와중에도 본 시리즈를 번역하는 일에 시간을 집중 할애함으로써 기간 내에 완성하였다는 점은 우리 모두로 하여금 학문적 성취감을 갖게 하기에 충분하였다. '번역은 제2의 창조'라는 말이 있듯이 새로운 지식 창출은 쉽지 않은 작업이었으나, 번역자들은 정기적인 회의를 통해 용어를 통일하였으며 내용의 일관성과 상호 검증과정을 통해 가능한 한 원저자의 의도를 반영하도록 노력하였다. 마지막으로 번역자들은 전체 회의를 통해 시리즈의 용어 통일을 위한 활동을 하면서, 시리즈 출판 후의 작업으로 '영재교육용어사전(가칭)'을 편찬하기로 합의하는 등 뜨거운 관심과 학문적 노력으로 본 시리즈의 번역물이 세상에 그 탄생을 알리게 되었다.

본 시리즈에 대해서는 원문의 편저자가 자세히 제시하였듯이, 영재교육에서 다루어야 할 대부분의 문제를 다루고 있다. 영재성의 정의, 판별, 교육과정, 영재의 정서적인 문제, 그리고 영재교육의 공공정책에 이르기까지 다양한 영역을 다루고 있다는 측면을 보더라도 본 시리즈가 갖는 학문적 포괄성과 깊이를 충분히 이해할 수 있다. 나아가 결론 부분에서 '영재교육이 지속적으로 성장하기 위해서는 새로운 목소리가 들려야 하고 새로운 참여자가 있어야 할 것이며 위대한 기회가 우리 분야에 활용될 것'이라는 주장은 영재교육의 미래에 대한 도전의 가치를 시사하고 있다.

본 시리즈에 포함된 주옥같은 논문들은 영재교육 분야의 『Gifted Child Quarterly』 같은 중요한 저널에서 가장 많이 인용된 논문들로, 엄선되어 소개된 것이 특징이다. 본 시리즈가 영재교육의 역사와 현재 영재교육에 대한 논의를 통해 영재를 위한 최상의 교육적 경험들을 찾는 것처럼, 한국의 영재교육 연구자에게도 바람직한 정보를 제공할 것이다. 또한 본 번역진들은 영재교육필독시리즈가 영재교육을 공부하는 학도들의 관심을 불러일으킬 만한 논문들로 구성되었다는 점을 확인할 수 있었다. 다소 그 대답을 찾지 못한 영역을 기술한 학자들은 도입 부분에서 아직 남아 있는 질문들을 이해하는 데 출발점이 될 수 있을 것이다. 우리는 그러한 대답들을 여전히 찾고 있으며, 현재 계속되는 발전적인 질문을 하기 위해 좀 더 나은 준비를 할 필요가 있다. 이번 시리즈의 독창적인 논문들은 우리가 어떤 이슈들을 해결하는 데 도움을 주면서 쉽게 답이 나오지 않는 다른 의문들도 강조한다. 결국 이 논문들은 끊임없이 제기되는 의문에 대하여 새롭게 도전하도록 도와준다고 볼 수 있다.

영재교육과 관련하여 그 성격과 내용, 방법, 교사연수, 교육과정 개발, 국가의 지원 문제 등에 대한 연구가 부족한 시점에서, 본 시리즈의 출판으로 많은 문제가 나름대로 정리되고 한국의 영재교육에 새로운 방향을 제시하기를 바라는 마음이 깊다. 영재교육에 관심 있는 영재 학도들의 토론의 출발점이 되는 번역서의 역할을 기대한다. 작업에 참여한 역자들은 영재교육 문제를 이론적·실제적으로 생각하고 논의하는 과정에서 마침내 본 시리즈를 한국 사회에 내놓게 되었다.

영재교육에서 집단편성과 속진

한편, 이 시리즈의 출판은 좀 더 큰 다른 결실로 나아가기 위한 과정이라고 볼 수 있다. 우리는 영재교육의 순기능을 극대화하는 방향을 모색하는 연구를 계속하고자 한다. 또한 영재교육에 관한 논의를 한국적 상황에 적용할 수 있는 한국적 영재교육을 생각하고자 한다. 교육과 연구를 병행함으로써 이론 발전을 통하여 현장에서의 영재교육 활동과 접목하여 발전시켜 나갈 것이다. 지금까지의 영재교육은 이론적 · 실제적 측면보다는 무작위적인 활동을 통한 교육으로 많은 시간을 소모하고 있는 듯하다. 이 시리즈의 논문에서 대답되고 제기된 문제들은 우리가 영재교육 분야에서 진일보할 수 있도록 도움을 줄 것이다.

우리는 '이 시리즈를 읽는 사람들이 영재교육의 흥미로운 여행에 동참해 주기를 희망한다'는 본 시리즈 소개의 결론에 동의하면서, 한국 사회에서 관심 있는 많은 사람들이 본 시리즈를 통하여 영재교육에 대한 관심과 새로운 도전에 참여하기를 기대한다. 역자들은 이 분야에 관련된 이론 발전을 위해 계속 연구할 것을 약속하고자 한다.

본 작업이 완료되기까지는 학지사의 김진환 사장의 출판에 대한 철학과 기획 시리즈의 사회적 기능을 고려한 적극적 지원의 힘을 얻었다. 뿐만 아니라 학지사의 편집부 직원 모두에게 깊은 감사를 드린다.

2007년 12월
청파골 연구실에서

역자 서문

　이 책은 Sally M. Reis가 편집한 영재교육필독시리즈 『Essential Readings in Gifted Education』 중에서 세 번째 책으로서 Linda E. Brody가 편집한 『영재교육에서 집단편성과 속진(Grouping and Acceleration Practices in Gifted Education)』을 우리말로 번역한 것이다. 집단편성과 속진의 문제는 영재교육에서 중요하게 취급되는 논쟁거리다. 이 책을 번역하면서 미국에서 전개되었던 다양한 논쟁의 흐름을 읽을 수 있었다.

　영재 특별 프로그램의 개발에 관심을 가지고 있는 영재교육 분야에서 집단편성과 속진에 대한 논쟁은 지속적으로 이루어져 왔다. 속진 대 심화 논쟁은 특히 1970년대와 1980년대에 촉발되었고, 이와 반면에 능력별 집단편성 대 협력학습은 1980년대 후반과 1990년대에 더욱 쟁점화되었다. 이러한 논쟁이 긍정적인 측면들을 유도하기도 하였다. 각기 입장을 주장하기 위해 많은 연구들을 하였고, 절충과 창의적 문제해결, 다양한 새 프로그램 모델의 개발 등을 자극하기도 하였다. 오늘날 집단편성과 속진 분야는 여러 다양하게 제기되는 질문들로 인하여 더욱 강조되고 있다. 이제 이 분야에서 우리는 새로운 프로그램 모델과 교육과정의 타당성에 기초한 연구들을 기대하고 있으며, 거기에는 영재에게 유용한 옵션들이 매우 많이 존재하고 있다.

　특히 『Gifted Child Quarterly』에서는 속진과 집단편성에 대해 매우 많은 논의와 연구들이 진행되어 왔으며 이 주제에 대한 관심사, 연구결과물, 그리고 그 결과물로서 나온 독창적인 프로그램들을 제시하고 있다. 1992년 봄 특집호에서는 집단편성과 속진을 집중적으로 다루기도 하였다.

이런 점에서 이 책은 영재교육에서 집단편성과 속진의 실제를 매우 다양하게 취급하고 있으며, 보다 광범위하게 주제를 다루고 있다. 이러한 이유로 이 책은 총 12개의 장으로 구성되어 있다.

1장에서는 상당히 속진한 6명의 영재들이 대학원에서 어떻게 지냈는가 하는 문제를 다루고 있다. 이러한 사례를 통해 일찍 조숙한 영재들이 일찍 실패한다는 통념적 미신은 근거가 희미한 것임을 알 수 있다.

2장에서는 대학의 조기입학자들이 보낸 5년간의 생활을 소개하고 있다. 특히 5년 동안 대학 생활을 하면서 거두는 성공적 학업성취의 예측과 관련한 주제를 다루고 있다.

3장에서는 지적으로 매우 조숙한 영재의 경우에 급진적 속진을 활용하는 문제를 다각도로 논의하고 있다. 매우 조숙한 영재들을 대상으로 속진을 어느 정도로 급격하게 허용할 것인가 하는 문제에 관심을 기울일 만하다.

4장에서는 미성취의 방지와 반전을 위해서 교과 월반과 학년 월반을 활용하는 문제를 다루고 있다. 영재들의 성취 정도와 관련하여 교과를 월반하거나 학년을 월반하는 문제 등이 소개되고 있다.

5장에서는 대학 조기입학이 자아존중감에 미치는 영향에 대해서 관련된 예비 연구들을 소개하면서 다루고 있다. 대학에 조기입학한 영재들이 가지는 자아존중감에는 어떠한 특징과 문제가 있는가 하는 문제 역시 흥미로운 관심사다.

6장에서는 속진 전략의 효과를 다루고 있다. 속진 전략은 영재들에게 그들의 독특한 요구와 흥미에 적합한 교육 프로그램에 참여할 기회를 제공한다. 그러나 속진 전략이 가져올 수 있는 부정적 효과에 대한 두려움으로 많은 교사들이 이를 선택하지 못한다. 다양한 속진 전략의 식별할 수 있는 부정적 효과는 발견되지 않았다. 중요하게 채택되고 있는 속진들의 다양한 전략을 소개하고 그 전략들이 지니는 효과를 살펴보고 있다.

7장에서는 속진과 집단편성에 대한 연구와 실제에서 나온 중요한 쟁점에 대해 개관을 하면서, 영재를 위한 이 두 가지 방안에 대한 기본적인 중요성에 초점을 두고 있다. 그리고 최근 학교개혁의 맥락에서 속진과 집단편성의 문제를 검토하고, 실천가들이 각 문제를 적용하는 데 필요한 일련의 의사결정 지침을 권고하고 있다. 속진 지침은 내용 영역의 숙달에 기초한 학습의 점진적 발달에 대한 강조, 입학과 졸업에 대한 융통성, 학년을 단축시키고 건너뛰기 위한 기회를 포함한다. 집단편성에 대한 지침은 다양한 형태의 집단편성과 독립적인 학습 선택에 대한 융통성을 강조한다.

8장에서는 영재의 집단편성 문제를 핵심적인 쟁점과 관심사를 중심으로 다루고 있다. 영재는 그들의 능력과 높은 성취 수준에 적합하게 거기에 알맞은 개념적 복잡성뿐 아니라 수준과 속도에 맞는 수업을 필요로 한다. 이질적인 집단편성과 이질 집단에서의 협력학습은 학교에 대해 부정적인 태도를 가지게 할 뿐만 아니라 낮은 성취와 동기를 이끈다. 미국 학생들의 학업성취도는 많은 아시아나 유럽의 다른 나라보다 낮다. 만약 미국 학생들의 학업성취도를 유지하거나 높이려고 한다면 능력과 성취 수준에 맞는 집단편성을 해야 한다. 그러나 집단편성은 융통성이 있어야 하고 융통성 없는 트래킹은 피해야 한다.

9장에서는 협력학습과 능력별 집단편성에 대한 논쟁을 다루고 있는데, 특히 양자의 선택에 관한 논쟁을 다루고 있다. 협력학습을 강력하게 지지하는 많은 사람들이 능력별 집단편성을 가장 소리 높여 비판함에 따라 협력학습은 능력별 집단편성에 맞서게 되었다. 이 장은 협력학습과 능력별 집단편성을 둘러싼 몇 가지의 논쟁점과, 이 두 가지 논제에 관련된 연구들과 그 적용의 문제를 분명하게 논의하고 있다. 학생들의 다양한 요구를 충족시키기 위해서 다양한 교육 실제에 대해 보다 균형 잡히고 비판적인 접근을 주장한다.

10장에서는 집단편성 프로그램에 대한 메타분석 결과를 다루고 있다. 메타분석을 통해 집단편성 프로그램의 효과와 특성들을 논의하고 있다. 이 장에서의 메타분석 재검토는 능력에 따라 학생들을 분류하는 5가지의 주요한 수업 프로그램들, 즉 다중수준 학급, 무학년 프로그램, 학급 내 집단편성, 영재를 위한 심화수업, 속진수업에 초점을 두었다.

11장에서는 학교전체 융통성 있는 클러스터 집단편성이 영재 판별과 학업성취 및 학급 실제에 미치는 효과에 관한 연구들을 논의하고 있다. 즉, 초등학교에서의 클러스터 집단편성에 관한 장기간의 원인비교 연구결과들을 제시하고 있다. 양적 연구방법과 질적 연구방법이 모두 사용되었다. 클러스터 집단편성 프로그램이 원래는 영재학생들에게 차별화된 내용과 수업을 제공하기 위해 설계되었음에도 불구하고, 학교 내 모든 학생들의 학업성취에 긍정적인 효과가 발견되었다.

12장에서는 시골 학교의 프로그램과 집단편성 및 속진에 대한 태도와 실제에 관한 조사를 소개, 논의하고 있다. 이 연구에서는 시골 학군과 도시 학군에서 영재들에게 제공되는 프로그램의 수준과 유형을 비교하였다. 또한 정규교육 프로그램과 학문적 속진학습에서 능력별 집단편성의 활용에 대해 시골 학군과 도시 학군을 비교하였다. 이 연구결과는 시골 학교의 학군이 영재에게 보다 진보한 선택권을 제공하기 위한 능력별 집단편성 혹은 학문적 속진학습을 덜 적용하고 있음을 보여 주었다.

이 책은 영재교육 분야에서 속진과 집단편성에 대하여 지금까지 이루어져 온 다양한 연구들을 개관하고 있으며, 정책과 실천상의 함의를 다루고 있다. 영재교육에서 모든 학생을 위해 적절한 교육 프로그램들을 제공하는 것이 보편적으로 합의되어야 할 목표임에는 분명하다. 그러나 그것을 어떻게 성취하는가는 분명치 않은 문제로 결론을 짓고 있다. 교육적 능력과 성취에서 앞선 학생들은 교육적 요구에 맞는 프로그램들을 원하기 때문에 속진의 유형을 요구하게 된다. 집단편성이 속진의 필수적 요소는 아니다. 다만, 비슷한 교육적 요구를 가진 학생들을 함께 편성하는 것이 상급 교육과정을 실행하는 데 효과적이다.

대체로 영재교육은 교육과정의 융통성을 가지고 각 학생들의 학습 요구에 응하는 것이 중요하다. 교육자들은 학생들을 집단으로 편성할 때 융통성이 있어야 한다. 속진과 집단편성은 상이한 학습 요구를 가진 학생에게 차별화된 내용을 허용하는 도구로 인식되어야 한다.

　이 책은 영재교육에서 주로 교육과정과 교육방법을 전공하는 연구자들이 번역하였다. 영재교육에 대해서 이제 막 공부를 시작한 단계다. 이런 이유로 많은 문제와 부족한 점들이 발견되리라 예상된다. 자주 모여 함께 용어를 통일하고, 문맥을 정확하게 이해하고 쉽게 표현하는 노력을 많이 기울이지 못하였다. 차차 보완하고 수정해 나가기로 약속을 드린다. 모쪼록 영재교육의 속진과 집단편성에 관심을 가지고 있는 교사, 영재교육자, 전문가들의 고민과 질책을 고대한다.

　이 책을 번역하는 데 많은 분들의 도움이 컸다. 번역원고를 읽어 준 대학원생들과 현장 교사분들께 감사를 드린다. 그리고 출판사 직원분들께도 심심한 감사의 말을 전한다. 이 조그마한 책자가 한국영재교육학회의 발전과 영재교육 분야의 성장에 조그마한 밑거름이 되었으면 하는 바람 간절하다.

역자 일동

목 차

영재교육필독시리즈 소개

Sally M. Reis

  영재교육에 대한 지난 50년간의 연구 업적은 과소평가할 수 없을 만큼 수
행되었다. 영재교육 분야는 더욱 강력하고 가시적으로 나타나고 있다. 미국
의 많은 주의 교육위원회 정책이나 입장은 영재교육에 더욱 많이 지원하는
방향으로 수립되고 있으며, 영재교육에 대한 특별한 요구를 특별 법안으로
지원하고 있다. 영재에 대한 연구 분야의 성장은 일정하지 않았지만, 연구
자들은 영재를 교육하는 데 국가 이익에 대한 다양한 관점과 영재교육의 책
임에 대하여 논의하였다(Gallagher, 1979; Renzulli, 1980; Tannenbaum,
1983). Gallagher는 역사적인 전통 속에서 영재를 위한 특별 프로그램의 지
원과 냉담의 논쟁을 평등주의에서 수반된 신념과 귀족적 엘리트의 싸움으
로 묘사하였다. Tannenbaum은 영재에 대한 관심이 최고조였던 두 시점을
1957년 스푸트니크 충격[1] 이후의 5년과 1970년대 후반의 5년이라고 제시하
면서, 혜택받지 못한 장애인에 대한 교육에 여론의 집중이 최고조였던 시기
의 중간 지점에서 영재교육은 오히려 도태되었다고 하였다. "영재에 대한
관심의 순환적 특징은 미국 교육사에서 특이한 것이다. 그 어떤 특별한 아
동 집단도 교육자와 아마추어에게 그처럼 강하게 환영받고 또 거부당하는
것을 반복한 적이 없었다."(Tannenbaum, 1983, p. 16) 최근 미국 정부에서 영

---

1) 역자 주: 옛 소련이 세계 최초로 인공위성인 스푸트니크(1957년 10월 4일 발사)를 발사하자,
   과학을 비롯하여 우월주의에 빠져 있던 미국은 이를 'Sputnik Shock' 라 하면서, 교육과 과학
   을 포함한 모든 분야에서 국가 부흥운동을 대대적으로 전개함.

재교육 분야를 주도한 결과, 교육과정의 실험화와 표준화에 대한 우려가 증가하면서 영재교육이 다시 후퇴하는 것으로 나타난 것처럼, Tannenbaum의 말대로 영재교육의 순환적 본질이 어느 정도 맞아떨어지는 것이 우려된다. 영재교육의 태만한 상태에 대한 그의 묘사는 최근의 영재교육 상황을 잘 설명하고 있다. 영재교육에 대한 관심이 최고조였던 1980년대 말에는 영재교육 프로그램이 융성하였고, 초·중등 영재교육 프로그램을 위한 시스템과 15가지 모형이 개발되어 책으로 소개되었다(Renzulli, 1986). 1998년 Jacob Javits의 영재학생 교육법(Gifted and Talented Students Education Act)이 통과된 후 국립영재연구소가 설립되었다. 그리고 12개 프로그램이 '과소대표(underrepresentation)' 집단과 성공적인 실험에 관련된 영역에서 통합적인 지식으로 추가되었다. 그러나 1990년대에는 영재를 위한 프로그램이 축소되거나 삭제되기 시작하였고, 1990년대 후반에는 미국의 절반이 넘는 주가 경기침체와 악화된 예산 압박으로 영재교육을 더욱 축소하였다.

심지어 영재교육의 필요성이 더욱 증가하고 있음에도 불구하고, 제한적 서비스 제공에 대한 우려는 계속 제기되었다. 미국에서 가장 재능이 뛰어난 학생의 교육에 대한 두 번째 연방보고서(Ross, 1933)인『국가 수월성─발전하는 미국의 재능에 대한 사례(National Excellence: A Case for Developing America's Talent)』는 영재에 대한 관심의 부재를 '심각한 위기(a quiet crisis)'라고 지적하였다. "수년간 영특한 학생의 요구에 단발적인 관심이 있었으나, 영재 중 대부분은 학교에서 자신의 능력 이하의 공부를 하며 지내고 있다. 학교의 신념은 경제적이고 문화적인 배경에서 탁월한 영재보다 모든 학생의 잠재력을 계발해야 한다는 쪽으로 바뀌었다. 따라서 영재는 덜 도전적이고 덜 성취적인 학생이 되었다."(p. 5) 또한 보고서는 미국의 영재가 엄격하지 않은 교육과정에서 별로 읽고 싶지 않은 책을 읽으며, 직업이나 중등교육 졸업 이후를 위한 진로 준비가 다른 많은 선진 국가의 재능이 뛰어난 학생보다 덜 되고 있다는 사실을 지적하였다. 특히 경제적으로 취약하거나 소수집단의 영재는 무시되고, 대부분이 어떠한 개입 없이는 그들의 탁월한

영재교육에서 집단편성과 속진

잠재력을 알아차리지 못할 것이라고 보고서는 지적하였다.

영재교육 분야의 진보를 축하하는 이 기념비적인 영재교육필독시리즈는 학자들이 『Gifted Child Quarterly』와 같은 영재교육 분야의 주요 저널에서 가장 많이 언급한 주옥 같은 논문들을 소개하고 있다. 우리는 영재교육의 과거를 존중하고 현재 우리가 직면한 도전을 인정하며, 영재를 위해 최상의 교육 경험을 찾는 것같이 미래사회를 위한 희망적인 안내문을 제공해 주는 사색적이고 흥미를 불러일으킬 만한 논문으로 영재교육필독시리즈를 구성하였다. 엄격한 검토 후 출판된 영향력 있는 논문들은 영재교육 분야에서 자주 인용되고 중요하게 여겨지기 때문에 선택되었다. 시리즈의 논문들은 우리가 영재교육에 대해 중요한 내용을 배우고 있다는 것을 보여 주고 있다. 우리의 지식은 여러 분야에 걸쳐 확장되고 진보된 것이 무엇인지에 대해 합의를 이끌어 내고 있다. 다소 분리된 영역을 기술한 학자들은 도입 부분에서 아직 남아 있는 질문을 이해하는 데 도움이 된다고 설명하였다. 그러한 대답을 여전히 찾으면서도, 현재 우리는 발전적인 질문을 계속하기 위해 좀 더 나은 준비를 하고 있다. 이번 시리즈의 독창적인 논문들은 어떤 쟁점을 해결하는 데 도움을 주며, 쉽게 답이 나오지 않는 다른 질문도 강조한다. 결국 이 논문은 끊임없이 제기되는 질문에 새롭게 도전하도록 도와준다. 예를 들면, Carol Tomlinson은 영재교육 분야의 상이한 교육과정은 영재교육 분야에서 계속 파생되는 문제라고 하였다.

초기 영재교육 분야의 문제들은 시간이 지남에 따라 해결되어 점차 체계적 지식의 일부로 포함되었다. 예를 들면, 학교와 가정 모두 높은 잠재력을 지닌 개인의 영재성을 육성하는 데 도움이 될 수 있다는 점과, 학교 내부와 외부의 교육 서비스의 연계는 영재성이 발달할 가장 훌륭한 학창시절을 제공해 줄 수 있다는 것이 널리 인정되고 있다. Linda Brody가 도입부에서 지적한 것처럼, 이미 30년 전에 제기된 집단편성과 속진 문제에 대해 논쟁을 벌이는 것은 현재로서는 불필요하다. 예를 들면, 영재학생들에게 적절한 교육 기회를 제공하기 위해 집단편성, 심화, 속진 모두 필요하다는 사실에 일반적으로 동의하고 있다. 이러한 과거의 논쟁들은 영재교육 분야를 발전시키는 데 도움은 되었으나, 사변적이고 상호 관련되는 작업이 아직 남아 있다. 이번 시리즈는 각 장의 편저자가 배워야 할 것을 모으고, 미래에 대해 흥미를 불러일으키는 질문을 끄집어냈다. 이러한 질문은 영재교육 분야에 고민할 기회를 많이 주고, 다음 세대의 학자들에게 연구할 기회를 충분히 제공한다. 서론에는 이번 시리즈에서 강조하는 내용을 간략하게 소개하고자 한다.

제1권 영재성의 정의와 개념

제1권에서는 Robert Sternberg가 영재성의 정의, 아동기와 청소년기에 보이는 재능의 종류에 대한 독창적인 논문들을 소개하고 있다. 일반적으로 가장 널리 사용되는 영재성의 정의는 교육학자들이 제안한 정의가 담긴 미국 연방법의 정의다. 예를 들면, Marland 보고서(Marland, 1972)는 미국의 많은 주나 학회에서 채택되었다.

주나 지역의 수준에 따라 영재성의 정의에 대한 선택은 주요 정책의 결정사항이었고 지금도 여전히 그러하다. 정책결정이 종종 실제적 절차나 혹은 영재성 정의나 판별에 관한 연구결과와 무관하거나 부분적으로만 관련이 있다는 점은 흥미롭다. 정책과 실제에서 차이가 발생하는 것은 아마도 많은 변인이 있기 때문일 것이다. 불행하게도, 연방법에 따른 영재성의 정의는 포괄적이지만 모호하여 이 정의로 인해 발생하는 문제들이 해당 분야의 전문가들에 의해 밝혀졌다. 최근 영재 프로그램의 현황에 대한 연방정부 보고서인 『국가 수월성』(Ross, 1993)에서는 신경과학과 인지심리학에서의 새로운 통찰력에 토대를 두고 새로운 연방법에 따른 정의를 제안하고 있다. '천부적으로 타고난다(gifted)'라는 조건은 발달하는 능력보다 성숙을 내포하고 있다. 그 결과 재능 발달을 강조한 새로운 정의인 "현재의 지식과 사고를 반영한다."(p. 26)라고 한 아동에 대한 최근 연구결과와는 논쟁이 되고 있다. 영재에 대한 기술은 다음과 같다.

영재교육에서 집단편성과 속진

영재는 일반 아이들과 그들의 나이, 경험 또는 환경과 비교했을 때 뛰어난 탁월한 재능수행을 지니거나 매우 높은 수준의 성취를 할 수 있는 잠재력을 보여 주는 아동이다. 이런 아동은 지적, 창의적 분야, 그리고 예술 분야에서 높은 성취력을 나타내고, 비범한 리더십을 지니며, 특정 학문 영역에서 탁월하다. 그들은 학교에서 일반적으로 제공되지 않는 서비스나 활동을 필요로 한다. 우수한 재능은 모든 문화적 집단, 모든 경제 계층, 그리고 인간 노력의 모든 분야에서 아동기나 청소년기에 나타난다(p. 26).

　공정한 판별 시스템은 각 학생의 차이점을 인정하고 다른 조건에서 성장한 학생들에 대해서도 드러나는 재능뿐만 아니라 잠재력을 확인시켜 줄 수 있는 다양하고 복잡한 평가방법을 사용한다. Sternberg는 책의 서두에서, 사람이 나쁜 습관을 가지고 있듯이 학문 분야도 나쁜 습관이 있다는 것을 인정하며, "많은 영재 분야의 나쁜 습관은 영재가 무엇인지에 대한 정확한 개념도 없이 영재성에 관한 연구를 하거나, 더 심한 경우는 아동이 영재인지 아닌지 판별하는 것이다."라고 설명하였다. Sternberg는 영재성과 재능의 본질, 영재성 연구방법, 영재성의 전통적 개념을 확장한다면 얼마나 달성할 수 있을까? 다시 말해, 영재성과 재능 사이에 차이점이 존재하는가? 유용한 평가방법의 타당성은 어떠한가, 그리고 아마도 가장 중요한 것으로 우리가 얼마나 영재성과 재능을 계발할 수 있는지에 대해 의문을 가져 봄으로써 영재성의 정의에 대한 중요 논문에서 주요 주제를 요약할 수 있었다. Sternberg는 논문을 기고한 많은 학자가 폭넓게 동의한 요점을 간결하게 정리하였다. 영재성은 단순히 높은 지능(IQ)보다 더 많은 것을 포함하고, 인지적·비인지적 요소를 포함하며, 뛰어난 성과를 실현할 잠재력을 계발할 환경이 있어야 하고, 영재성은 한 가지가 아니라고 하였다. 나아가 우리가 영재성을 개념화하는 방법은 재능을 계발할 기회가 있는 사람에게 큰 영향을 미치고, 독자에게 교육자로서의 책임을 상기시켜 준다고 경고하였다. 또한 영재교육 분야에서 가장 비판적 질문 중 하나는 천부적으로 뛰어난 사람은 그들의 지식을 세상에 이롭게 사용하는가, 아니면 해롭게 사용하는가다.

제2권 영재판별의 동향

제2권에서는 Renzulli가 영재교육 분야의 연구자가 현재 직면한 가장 비판적인 질문인 어떻게, 언제, 왜 영재를 판별해야 하는지에 대하여 기술하고 있다. 그는 영재성의 개념이 매우 보수적이고 제한된 관점에서 좀 더 융통성 있고 다차원적인 접근까지의 연속된 범위를 따라서 존재한다고 생각한다. 따라서 판별의 첫 단계부터 의문을 가져야 한다. 무엇을 위한 판별인가? 왜 보다 어릴 때 판별해야 하는가? 예를 들어, 미술 프로그램이 재능 있는 예술가를 위해 개발되었다면, 그 결과로써의 판별 시스템은 반드시 미술 영역에서 증명되거나 잠재적인 재능을 가진 아동을 판별할 수 있는 구조여야 한다는 것이다.

Renzulli는 도입 부분에서 판별에 대한 중요한 논문들과 최근의 합의를 요약하였다. 예를 들면, 대부분의 연구자들이 언급하였듯이 지능검사나 다른 인지능력검사들은 대부분 언어적이고 분석적인 기술을 통해 아동의 잠재력의 범위에 대한 정보를 제공한다. 그러나 그것은 우리가 누구를 판별해야 하는지 알아야 할 필요가 있는 모든 정보를 다 설명해 주지는 않는다. 그런데 연구자는 판별 과정에서 인지능력검사를 빼야 한다고 주장하지 않는다. 오히려 대부분의 연구자 (a) 다른 잠재력의 척도들이 판별에 사용되어야 하고, (b) 이러한 척도들은 특별 서비스를 받을 학생을 최종 결정할 때 똑같이 고려해야 하며, (c) 마지막 분석 단계에서 신중한 결정을 내리려면 점수를 매기거나 도구를 사용할 것이 아니라 식견이 있는 전문가의 사려 깊은 판단을 믿어야 한다고 생각한다.

판별에 대한 중요한 논문들의 저자들이 제시한 또 다른 쟁점은 다음과 같다. (a) 수렴적이고 확산적인 사고(Guilford, 1967; Torrance, 1984), (b) 침해주의(entrenchment)와 비침해주의(non-entrenchment)(Sternberg, 1982), (c) 학교 중심의 영재성 대 창의적이고 생산적인 영재성의 차이(Renzuilli, 1982; Renzulli & Delcourt, 1986)다. 학교 중심의 영재성을 정의하는 것은 창

영재교육에서 집단편성과 속진

의적이고 생산적인 영재성의 잠재력을 가진 아동을 정의하는 것보다 더 쉽다. Renzulli는 영재학생 판별에 대한 발전은 계속되어 왔으며, 특히 지난 25년 동안 인간의 잠재력과 영재성의 개념에 대한 새로운 이론을 고려한 평준화의 문제, 정책, 그리고 실제에 대한 새로운 접근법이 연구되고 있다고 믿는다. 그러나 그는 판별 기법에 대한 끊임없는 연구가 여전히 필요하고, 역사적으로 재능 있는 영재가 다른 이들처럼 항상 측정되지 않는 어떤 특성이 있다는 것을 마음속에 지니는 것이 중요하다고 하였다. 우리는 지금까지 설명하기 어려운 것을 위한 연구를 계속해야 할 필요가 있다. 영재성은 문화적으로나 상황적으로 모든 인간 행동에 고착된다는 것을 깨달아야 하며, 무엇보다 우리가 아직 설명하지 못하는 것의 가치를 매겨야 할 필요가 있다.

제3권 영재교육에서 집단편성과 속진
제4권 영재 교육과정 연구
제5권 영재를 위한 차별화 교육과정

제3, 4, 5권에는 영재 프로그램의 교육과정과 집단편성에 대한 쟁점에 대해 설명하였다. 아마도 이 영역에서 가장 유망한 기법의 일부가 영재에게 실시되고 있을 것이다. 집단편성의 다양한 유형은 영재에게 진보된 교육과정에서 다른 영재와 함께 공부할 기회를 주는 것처럼, 집단편성과 교육과정은 서로 상호작용한다. 수업상의 집단편성과 능력별 집단편성에 대해서 일반적으로 알려진 것처럼 학생을 집단편성하는 방법을 다루는 것이 아니라, 가장 큰 차이를 만드는 집단 내에서 무엇이 일어나는지를 다루는 것이다.

너무도 많은 학교에서, 영재를 위한 교육과정과 수업이 학교에 있는 동안 약간만 다르게 이루어지며 최소한의 기회를 주고 있다. 때때로 방과 후 심화 프로그램 또는 토요일 프로그램이 종합적인 학교 프로그램을 운영하고 있는 박물관, 과학 센터 또는 현지 대학을 통해 제공된다. 또한 학업적으로 매우 재능 있는 학생은 나라를 불문하고 수업을 지루해하고 비동기적, 비도전적으로 수업에 참여한다. 미국에서 빈번하게 사용된 교육방법인 속진은 종종 교사나 행정관료에 따라 시간적인 문제, 월반에 대한 사회적 영향, 그리고 기타 부분에 대한 염려를 포함한 다양한 이유를 들어 부적절한 방법으로 저지되었다. 속진의 다양한 형태—유치원이나 초등학교를 1년 먼저 들어가는 조숙한 아이, 월반, 대학 조기입학 등—는 대부분의 학교에서 일반적으로 사용하지 않는다.

불행하게도, 대안적인 집단편성 전략은 학교 구조의 개편을 의미한다. 그리고 일정, 재정 문제, 근본적으로 변화를 지연시키는 학교 때문에 교육적 변화를 일으키는 데 어려움이 있어서 아마도 매우 늦게 이루어질 것이다. 이렇게 지연되면서, 영재학생은 그들 연령의 동료보다 훨씬 앞서서 더 빠르게 배울 수 있고 더 복잡한 사물을 살필 수 있는 기본적인 기능과 언어 능력에 기초한 특별한 교육을 받지 못하는 것이다. 뛰어난 학생에게는 적절한 페이스, 풍부하고 도전적인 수업, 일반 학급에서 가르치는 것보다 상당히 다양한 교육과정이 필요하지만, 학업적으로 뛰어난 학생이 학교에서 오히려 종종 뒤처져 있다.

Linda Brody는 교육 목적에 맞게 학생을 집단편성하는 가장 좋은 방법을 소개하였다. 연령에 맞춘 전형적인 교육 프로그램이 그 교육과정을 이미 성취하고 인지능력을 지닌 영재의 욕구를 충족시켜 줄 수 있는가에 대하여 염려하였다. 집단편성에 대한 논문은 첫째, 개인의 학습 욕구를 충족시키는 데 교육과정이 갖추어야 할 융통성의 중요성, 둘째, 교육 집단으로 학생을 선정할 때 융통성 있는 교육자의 필요성, 셋째, 필요하다면 집단을 변경해야 할 필요성을 강조한다. 서론에는 영재를 일반학생과 같이 집단편성시키는 것에 대한 논쟁을 싣고 있다. 그리고 소수의 사람이 다른 학습 욕구를 지닌 학생을 위해 차별화된 교육을 허용하는 도구로 속진학습과 집단편성을 이용하고자 하는 요구에 찬성하지 않는다. 좀 더 진보된 교육 프로그램이 발달된 인지능력과 성취 수준을 다르게 하기 위한 방법으로써 이용될 때, 그러한 방법은 모든 학생에게 적절한 교육의 목표를 달성하도록 도와줄 수 있다.

영재교육에서 집단편성과 속진

VanTassel-Baska는 영재를 위한 교육과정의 가치와 타당한 요인을 강조하는 중요한 아이디어와 교육과정의 발달, 영재를 위한 교육과정의 구분, 그러한 교육과정의 연구에 기초한 효과와 관련된 교육법을 설명함으로써 영재교육과정에 대한 중요한 논문을 소개하고 있다. 또한 독자에게 교육과정의 균형에 대하여 Harry Passow의 염려와 불균형이 존재한다고 암시하였다. 연구결과를 보면, 영재의 정의적 발달은 특별한 교육과정을 통해서 일어난다고 암시하기 때문이다. 게다가 교육과정을 내면화하려는 노력은 예술 및 외국어 분야에서는 일어나지 않는다. 교육과정의 균형 있는 적용과 인정을 통해서 우리는 Passow가 생각했던 인문학의 개인 유형을 만들 수 있다. VanTassel-Baska는 균형을 맞추기 위해 교육과정의 선택뿐 아니라 다양한 영재의 사회정서적 발달을 위한 요구를 제시하였다.

Carol Tomlinson은 지난 13년 동안 유일하게 영재교육 분야의 차별에 대한 비판적인 논문을 소개하면서, 최근 논문이 '영재교육 분야에서 파생된 쟁점, 그리고 계속되어 재경험되는 쟁점'이라고 하였다. 그녀는 영재교육에서 중요한 것 중의 하나가 교육과정의 차별화를 다룬 주제라고 하였다. 인류학에서 유추한 대로, Tomlinson은 '통합파(lumpers)'는 문화가 공통적으로 무엇을 공유하는지에 대해 더 큰 관심을 가지는 것에 비해, '분열파(splitters)'는 문화 사이의 차이점에 초점을 맞춘다고 말하였다. 통합파는 혼합 능력 구조 안에서 다양한 집단에게 어떤 공통된 문제와 해결방법이 존재하는지를 질문한다. 반면, 분열파는 혼합 능력 구조 안에서 능력이 높은 학생에게 어떤 일이 일어나는지에 대해 물어본다. Tomlinson의 논문에서 주목할 만한 특징은 일반교육과 영재교육의 교육방법을 잘 설명하면서 두 교육과정의 결합을 제시하고 있다는 것이다.

제6권 문화적으로 다양하고 소외된 영재학생
제7권 장애영재와 특수영재
제8권 사회적·정서적 문제, 미성취, 상담

영재 프로그램에 참여하는 아동의 대부분은 우리 사회에서 다수 문화를 대표하는 학생이다. 그러나 경제적으로 어렵고 장애가 있으며 다른 문화적 배경을 지닌 소수의 학생은 영재 프로그램에 실제보다 적게 참여하는데, 이에 대하여 약간의 의혹이 존재한다. 의혹이 드는 첫 번째 이유는 영재의 판별에 사용되는 쓸모없고 부적절한 판별과 선발 절차가 이들의 추천 및 최종 배치를 제한할지도 모른다는 점이다. 이 시리즈에 요약된 연구는 영재 프로그램에서 전통적으로 혜택을 적게 받은 집단에 대해 다음의 몇 가지 요소가 고려된다면 좀 더 많은 영재가 출현할 수 있을 것이라고 지적한다. 고려될 요소란 영재성의 새로운 구인, 문화적이고 상황적인 가변성, 더욱 다양하고 확실한 평가방법 사용, 성취에 기초한 판별, 더욱 풍부하고 다양한 학습기회를 통한 판별의 기회다.

Alexinia Baldwin은 『Gifted Child Quarterly』에서 지난 50년간 영재교육에 대한 대화와 토론을 진행시켜 온 주요 관심사로, 영재 프로그램에서 문화적으로 다양하면서 영재교육의 혜택이 부족했던 집단에 대해 논의하였다. 이에 대한 3개의 주요 주제는 판별과 선발, 프로그래밍, 위원의 임무와 개발이다. 판별과 선발이라는 첫 번째 주제에서, 영재성은 광범위하면서 많은 판별기법을 통해 표현될 수 있다는 것을 확실하게 하기 위한 교육자의 노력은 아킬레스건과 같음을 지적하고 있다. Baldwin은 판별을 위한 선택을 확장한 Renzulli와 Hartman(1971), Baldwin(1977)의 호의적인 초기 연구를 인용하면서, 해야 할 것이 아직도 많이 남아 있다고 경고하였다. 두 번째 주제인 프로그래밍은 다양한 문화를 가진 학생의 능력을 알아보지만, 그들을 일괄적으로 설계된 프로그램 안에 있으라고 종종 강요한다. 세 번째 주제에서 그녀는 영재교육 프로그램을 담당하는 교사의 다양성뿐만 아니라, 이론을 만들고 그런 관심을 설명하며 조사하는 연구자의 태도나 마음가짐에 대해 관심을 표명하였다.

Susan Baum은 "영재는 일반 사람에 비해 더욱 건강하고 대중적이고 순응적이다."라고 제안한 Terman의 초기 연구를 요약하면서, 영재의 개별적인 특별한 요구에 대해 역사적 근원을 밝히고 있다. 더 중요한 것은 영재가 별다른 도움 없이 모든 영역에서 높은 수준의 성과를 낼 수 있을 것이라고 간주되어 왔다는 것이다. Baum은 영재에 대한 고정관념의 특징에 따라 특별한 요구를 지닌 영재가 특정 집단이 될 수 있는 가능성을 감소시켰다고 하였다. Baum은 이번 시리즈의 중요한 논문에서 영재가 위기에 직면하고 있으며 그들의 가능성을 실현하는 데 방해되는 장애물을 극복하기 위한 전략을 제안하였다. 논문은 세 개의 학생 집단에 초점을 맞추었다. (1) 학습장애와 주의력장애로 위기에 처한 중복-장애(twice-exceptional), (2) 계발되고 성취할 수 있는 능력을 사회적으로나 감정적으로 억제하는 성(gender) 문제에 직면한 영재, (3) 경제적으로 빈곤하고 학교에서 탈락할 위기에 놓인 학생이다. Baum은 이러한 아동 집단이 발달하는 데 하나 또는 그 이상의 장애의 영향을 받는다는 것을 연구하였다. 가장 큰 장애는 판별방법, 프로그램 설계의 결함, 적절한 사회적, 정서적 지원의 부족 등이다. 그녀는 이러한 비판을 통해 미래의 영재교육이 나아갈 방향에 대해 사려 깊은 질문을 던지고 있다.

Sidney Moon은 사회적, 정서적인 쟁점을 설명해 주는 영재학회의 프로젝트 팀이 기고한 영재의 사회적, 정서적 발달과 영재 상담에 대하여 중요한 논문을 소개하였다. 첫 번째 프로젝트는 2000년도에 '사회적, 정서적 문제를 위한 특별연구회(Social and Emotional Issues Task Force)'가 연구하였으며, 2002년에 연구결과를 『영재아동의 사회적, 정서적 발달: 우리는 무엇을 아는가?(The Social and Emotional Development of Gifted Children: What do we know?)』를 출판함으로써 마무리되었다. 이 부분에서는 영재의 사회적, 정서적 발달에 관한 문헌연구를 하였다(Neihart, Reis, Robinson, & Moon,

2002). Moon은 사회적, 정서적 발달과 상담 분야의 중요한 연구가 최근 영재교육 분야의 사회적, 정서적인 쟁점에 대한 연구의 장단점을 잘 설명해 준다고 믿는다. 논문은 영재의 잠재력을 계발하는 데 실패한 미성취 영재 집단 등의 특수영재 집단에 대하여 연구자의 관심을 증대시켰다. 또한 방해 전략과 좀 더 철저한 개입에 따라서, 이러한 학생에 대해 좀 더 경험적 연구를 요구하였다. 그녀는 비록 좋은 영재 상담 모형이 발전되어 왔지만, 아시아계 미국인, 아프리카계 미국인, 특수 아동과 같이 특수한 경우의 영재에 대하여 상담의 중재와 효과를 결정하기 위해 정확하게 평가될 필요가 있다고 하였다. 또한 Moon은 영재교육 분야의 연구자는 사회심리학, 상담심리학, 가족치료학, 정신의학과 같은 정서 분야의 연구자와 협력해야 한다고 주장한다. 이는 해당 분야의 전문가 집단에게 영재를 가장 효과적으로 중재하는 것을 배우기 위해서이며, 모든 영재가 최상의 사회적, 정서적, 개인적 발달을 할 수 있도록 도와줄 수 있는 좀 더 나은 방법을 배우기 위해서다.

제9권 예술 · 음악 영재학생
제10권 창의성과 영재성

Enid Zimmerman은 음악, 무용, 시각예술, 공간적 · 신체적 표현 예술 분야의 재능이 있는 학생에 대한 논문을 고찰하고, 시각과 행위 예술 분야의 재능 발달에 관한 책을 소개하고 있다. 논문에 나타난 주제는 (1) 예술 재능 발달에서 천성 대 양육에 관련된 문제에 관심을 보이는 부모, 학생, 교사의 인식, (2) 예술 재능이 있는 학생의 결정 경험에 관한 연구, (3) 다양한 환경 속에서 예술 재능이 있는 학생을 판별하는 학교와 공동체 구성원 간의 협동, (4) 교사가 예술 재능이 있는 학생을 격려하는 것에 관련된 리더십에 관한 쟁점이다. 이는 모두 어느 정도 예술 재능이 있는 학생의 교육에 관한 교사, 학부모, 학생과 관계되어 있다. 그리고 도시, 교외, 시골 등 다양한 환경에 놓여 있는 예술 재능 학생의 판별에 관한 논의도 포함되어 있다. Zimmerman

은 이러한 특별한 분야에서 교육 기회, 교육환경의 영향, 예술 재능이 있는 학생의 발달에 영향을 미치는 교사의 역할에 대한 연구가 필요하다고 하였다. 판별 기준과 검사도구의 영향, 시각과 행위 예술에 재능이 있는 학생의 교육 관계는 앞으로 연구가 매우 필요한 분야다. 예술 재능이 있는 학생의 교육에 관한 세계적이고 대중적인 문화의 영향과 비교 문화적 관계뿐만 아니라 학생의 환경, 성격, 성 지향성, 기법 개발, 그리고 인지적·정의적 능력에 관한 연구도 필요하다. 이 책에서 그녀가 소개하고 있는 사례연구는 이러한 관점에 대한 연구의 필요성을 제기하고 있다.

Donald Treffinger는 창의성과 관련된 개념적이며 이론적인 연구를 살펴보려는 연구자들이 공통적인 관심과 노력을 기울이고 있는 다음의 5가지 주요 주제, (1) **정의**(어떻게 영재성, 재능, 창의성을 정의하는가?), (2) **특성**(영재성과 창의성의 특성), (3) **정당성**(왜 창의성이 교육에서 중요한가?), (4) 창의성의 **평가**, (5) 창의성의 **계발**에 대해 논의하였다. 창의성 연구의 초창기에 Treffinger는 훈련이나 교육에 따라 창의성이 계발되는 것이 가능한지에 대해서 상당한 논의가 있어 왔다고 하였다. 그는 지난 50년 동안 교육자들이 창의성의 계발이 가능하다(Torrance, 1987)는 것을 배워 왔으며, '어떤 방법이 가장 최선이며, 누구를 위하여, 어떤 환경에서?'와 같은 질문을 통해 이러한 연구 분야를 확장시켜 왔다고 언급하였다. Treffinger는 효과적인 교수법을 통해 창의성을 발달시키고, 어떤 방법이 가장 큰 영향을 줄 수 있는지 탐구하려고 노력한 교육자의 연구를 요약하였다.

제11권 영재교육 프로그램 평가
제12권 영재교육의 공공정책

Carolyn Callahan은 적어도 지난 30년간 영재교육 분야의 전문가가 간과하였던 중요한 요소가 평가자와 참여자 간에 큰 역할을 한다는 평가에 대하여 비중 있는 논문을 소개하고 있다. 그녀는 평가에 관한 연구를 구분하였는데, 그중에서도 영재교육 프로그램의 평가에 관한 연구는 다음의 4가지 범주로 구분하였다. (1) 이론과 실제적인 지침 제공, (2) 평가의 구체적인 프로그램, (3) 평가 과정을 둘러싼 쟁점, (4) 평가 과정에 관한 새로운 연구 제안이다. Callahan은 연구자에 따라 평가 작업이 이미 수행되고 있으며, 재능아를 위한 프로그램의 효율성 증가에 평가가 중요한 공헌을 한다고 하였다.

James Gallagher는 가장 도전적인 질문이 증가하고 있는 공공정책을 소개하면서 전투 준비를 해야 한다고 하였다. Gallagher는 영재교육의 한 분야로, 영재교육의 강력한 개입을 통해 합의를 이끌어 내고, 우리가 어떻게 엘리트주의라는 비난에 대응할 것인지를 생각해야 한다고 제안하였다. 그는 영재교육 분야가 일반교사와 재능 교육 전문가의 개발을 지원하는 추가적인 목표에 노력을 더 기울여야 한다고 하였다. 그리고 부족한 자원을 획득하기 위한 공공의 싸움에 실패한 것은 이미 20년 전에 1990년을 전망하며 Renzulli(1980)가 던진 질문인 "영재아동의 연구동향이 2010년에도 계속 이어질 것인가?"를 다시금 생각하게 한다고 하였다.

결 론

영재교육 분야에 대한 고찰과 최근 수십 년 동안의 독창적인 논문에서 우리는 무엇을 배울 수 있는가? 첫째, 앞으로 영재교육을 계속하여 발전시켜야 하는 우리는 논문이 쓰였던 시기와 과거를 존중해야 한다. 우물에서 물을 마실 때 우물을 판 사람에게 감사해야 한다는 속담처럼, 선행연구가 영재교육 분야를 성장시키는 씨앗임을 알아야 한다. 둘째, 우리의 시리즈 연구가 영재교육 분야에서 매우 신나는 연구이며 새로운 방향 제시와 공통된 핵심 주제임을 알아야 한다. 마지막으로, 우리는 영재에 대한 연구에서 완전히 마무리된 연구결과물이란 없으며, 논문마다 제기한 독특한 요구를 어떻게 최선을 다해 만족시킬 수 있는지를 연구함으로써 미래를 포용해야 한다. 이 시리즈에서 보고된 논문은 앞으로 연구할 기회가 풍부하다는 것을 의미한다. 그러나 아직도 많은 질문이 남아 있다. 미래의 연구는 종단연구뿐만 아니라 양적, 질적인 연구에 기초해야 하고, 단지 수박 겉핥기만 해 온 연구를 탐구할 필요가 있는 쟁점과 많은 변수를 고려하여 완성시켜야 한다. 다양한 학생 중 영재를 판별해 내는 보다 포괄적인 프로그램을 개발하는 연구가 더욱 필요하다. 이것이 이루어질 때, 미래의 영재교육의 교사와 연구원은 교육자, 공동체, 가정에서 포용할 수 있는 답변을 찾을 것이고, 훈련된 교사는 학급에서 영재의 영재성을 보다 효과적으로 발달시킬 수 있을 것이다.

또한 우리는 일반적인 교육 분야가 어떻게 연구되고 있는지를 주의 깊게 고려해 볼 필요가 있다. 연구기법이 발전하고 새로운 기회가 우리에게 유용하게 찾아올 것이다. 이제 모든 학생이 새로운 교육과정을 시작하기 전에 교과과정을 먼저 평가할 수 있게 될 것이다. 그리고 이제는 학생이 많은 학점을 선취득했을 때, 그들을 자신의 학년 수준에 유지시키려는 문제는 사라질 것이다. 왜냐하면 우리는 새로운 기법으로 학생의 능력을 정확히 판별할 수 있기 때문이다. 새로운 기법으로 학생이 이미 알고 있는 것이 무엇인지를 더 잘 판별하게 되면, 학생의 강점과 흥미에 기초한 핵심적인 교육과정뿐만 아니라 다양한 기회에 도전하도록 격려하는 것이 꼭 필요하다. 이러한 특별한 영재 집단에 관심을 갖는 부모, 교육자, 전문가는 영재의 독특한 요구를 충족시켜 주기 위하여 정치적으로 적극적일 필요가 있으며, 연구자는 영재의 건강한 사회적, 정서적 성장을 위한 기회뿐만 아니라 재능 계발의 효과를 증명할 수 있는 실험연구를 수행해야 한다.

어떤 분야가 지속적으로 성장하려면 새로운 주장이 나타나야 하며 새로운 참여자가 있어야 한다. 위대한 기회는 우리 분야에서 활용될 수 있다. 우리가 지속적으로 영재를 위한 주장을 할 때, 우리는 변화하는 교육개혁의 움직임에서 중요한 역할을 해낼 수 있는 것이다. 우리는 영재와 심화 프로그램을 유지하기 위해 싸우는 한편, 모든 학생을 위해 그들이 더 도전적인 기회를 성취할 수 있도록 계속 연구할 것이다. 우리는 지속적으로 선행학습을 통한 차별화, 개별 교육과정의 기회, 발전된 교육과정과 개인별 지원 기회를 지지할 것이다. 이 시리즈의 논문에서 대답하고 제기한 질문은 우리가 영재교육 분야에서 진일보할 수 있도록 도움을 줄 것이다. 우리는 이 시리즈의 독자가 영재교육의 흥미로운 여행에 동참해 주기를 희망한다.

📝 참고문헌

Baldwin, A. Y. (1977). Tests do underpredict: A case study. *Phi Delta Kappan*, *58*, 620-621.

Gallagher, J. J. (1979). Issues in education for the gifted. In A. H. Passow (Ed.), *The gifted and the talented: Their education and development* (pp. 28-44). Chicago: University of Chicago Press.

Guilford, J. E. (1967). *The nature of human intelligence*. New York: McGraw-Hill.

Marland, S. P., Jr. (1972). *Education of the gifted and talented: Vol. 1. Report to the Congress of the United States by the U.S. Commissioner of Education*. Washington, DC: U.S. Government Printing Office.

Neihart, M., Reis, S., Robinson, N., & Moon, S. M. (Eds.). (2002). *The social and emotional development of gifted children: What do we know?* Waco, TX: Prufrock.

Renzulli, J. S. (1978). What makes giftedness? Reexamining a definition. *Phi Delta Kappan*, *60*(5), 180-184.

Renzulli, J. S. (1980). Will the gifted child movement be alive and well in 1990? *Gifted Child Quarterly*, *24*(1), 3-9. **[See Vol. 12.]**

Renzulli, J. S. (1982). Dear Mr. and Mrs. Copernicus: We regret to inform you... *Gifted Child Quarterly*, *26*(1), 11-14. **[See Vol. 2.]**

Renzulli, J. S. (Ed.). (1986). *Systems and models for developing programs for the gifted and talented*. Mansfield Center, CT: Creative Learning Press.

Renzulli, J. S., & Delcourt, M. A. B. (1986). The legacy and logic of research

영재교육에서 집단편성과 속진

on the identification of gifted persons. *Gifted Child Quarterly, 30*(1), 20-23. **[See Vol. 2.]**

Renzulli, J. S., & Hartman, R. (1971). Scale for rating behavioral characteristics of superior students. *Exceptional Children, 38,* 243-248.

Ross, P. (1993). *National excellence: A case for developing America's talent.* Washington, DC: U.S. Department of Education, Government Printing Office.

Sternberg, R. J. (1982). Nonentrenchment in the assessment of intellectual giftedness. *Gifted Child Quarterly, 26*(2), 63-67. **[See Vol. 2.]**

Tannenbaum, A. J. (1983). *Gifted children: Psychological and educational perspectives.* New York: Macmillan.

Torrance, E. P. (1984). The role of creativity in identification of the gifted and talented. *Gifted Child Quarterly, 28*(4), 153-156. **[See Vols. 2 and 10.]**

Torrance, E. P. (1987). Recent trends in teaching children and adults to think creatively. In S. G. Isaksen, (Ed.), *Frontiers of creativity research: Beyond the basics* (pp. 204-215). Buffalo, NY: Bearly Limited.

영재교육필독시리즈 소개

31

영재교육에서
집단편성과 속진에 대한 소개

Linda E. Brody(Johns Hopkins University)

아이를 교육시켜야 하는 일차적 책임이 가정에서 교육공동체로 옮겨간 이래, 학생들을 제대로 가르치기 위해서 어떻게 집단편성을 하는 것이 가장 적절한가 하는 문제가 교육공동체 내에서 논쟁을 불러일으켰다. 그리고 학교가 형성되었다. 오늘날 대부분의 학교가 나이에 따라서 학년으로 편성하고 있지만, 이제 교육자들은 생년월일에 비추어 입학 연도나 진급 연도를 결정하는 것에 대해서 검토하고 있다. 그 결과 그러한 결정 시기에 변화를 주려고 시도하며, 이러한 방식에 대해 어떠한 예외가 가능한지를 성찰하며, 연령별로 학년을 편성하였을 때 충족되지 않는 요구를 지니는 학생을 걱정하기에 이르렀다. 그중에서 특별한 관심사는 영재, 즉 그 나이 또래에 맞게 설계한 교육과정을 이미 숙달하였을지도 모르는 고급 인지능력과 성취를 보이는 영재의 요구를 충족시킬 수 있는 전형적인 수업 프로그램의 정도에 대한 것이다.

보다 도전적인 학습과제에 접근할 수 있도록 영재를 학업성적이 앞서는 또래와 집단편성을 하거나(능력이나 수업상의 집단편성), 더 나이 많은 학생들과 함께 공부하도록 하거나, 그렇지 않으면 앞선 수준의 고급 내용에 접근하도록 하는 것(속진)들이 광범위하게 실행되고 있는 옵션들 중의 하나다. 그러나 이런 중재적 전략들은 상당한 논쟁을 불러일으켜 왔다.

영재를 위한 특별 프로그램의 개발에 관심을 가지고 있는 영재교육자들은, 가끔 영재가 아닌 다른 집단의 학생들에 대해 더욱 관심을 가지는 사람들의 반대에 부딪히지만, 집단편성과 속진에 대한 논쟁은 영재교육 공동체 내에서도 이루어져 왔다. 속진 대 심화는 1970년대와 1980년대에 특히 논쟁이 되었고, 반면에 능력별 집단편성 대 협력학습은 1980년대 후반과 1990년대에 더욱 쟁점화되었다. 이러한 논쟁으로 생겨난 좋은 소식은 지지자들이 그들의 입장을 주장하기 위해 많은 연구를 격려하였다는 것이다. 그들은 또한 절충과 창의적 문제해결, 다양한 새 프로그램 모델의 개발 등을 자극하였다. 오늘날, 이 분야들은 집단편성과 속진에 대해 요청받고 제기되는 질문들 때문에 더욱 강조되고 있다. 우리는 새로운 프로그램 모델과 교육과정의 타당성에 기초한 연구들을 기대하고 있으며, 거기에는 영재에게 유용한 옵션들이 매우 많이 존재하고 있다.

속진과 집단편성에 대한 매우 많은 논의와 연구들이 영재교육 공동체 내에서 일어났기 때문에 『Gifted Child Quarterly』에서 오랫동안 발행되어 온 연구물들은 그것에 대한 관심사, 연구결과물, 그리고 그 결과물로서 나온 프로그램의 독창성을 매우 잘 대표하는 것들이다. 『Gifted Child Quarterly』에 실린 모든 논문 중에서 어떤 연구들은 이런 주제들과 관련하여 매우 중요하면서도 널리 인용되는 것들이다. 그중 일부는 집단편성과 속진을 다룬 1992년 봄 특집호에 포함된다.

속진에 관한 논문은 그 실제에 관해 흔히 있을 수 있는 수많은 오해들을 없애 주며, 전형적으로 나이에 따라 학년을 배정하는 교육과정 체제가 제공할 수 있는 것보다 더욱 도전적인 것을 필요로 하는 영재를 위한 전략으로서 속진을 이용할 것을 강하게 주장하기도 한다. 특히, 많은 저자들은 학생들이 이수 시간을 단축할 수 있게 하는 다양한 방법이라고 속진을 기술함으로써 학년을 뛰어넘는 것과 동등한 것으로 보는 생각에 반대하였다. 이런 논문들 중 일부는 속진하는 학생들이 사회적, 정서적 부적응을 경험할 것이라는 일반적인 생각에 반박하는 증거를 제공한다.

능력별 혹은 수업상의 집단편성에 대한 논문은 실제에 대한 논쟁을 야기하는 문제를 기술한다. 특히, 집단편성에 대한 효과성과 공정성이 제기되었다. 수업상의 목적을 위하여 학생들의 집단편성을 지지하는 연구결과들이, 공정하고 융통성 있게 집단편성을 이용하고자 하는 제안과 함께 나타났다.

속진이든 집단편성이든, 이러한 모든 논문들의 공통적인 주제는 평균적인 학생들의 요구를 위해 설계된 교육과정이 학업성적이 앞서는 상급 학생들의 요구를 수용할 수 있도록 수정될 필요가 있다는 것이다. 속진과 집단편성이 이런 목표를 성취하기 위해 효과적인 전략이라는 것을 증명한다. 이제 이런 주제들에 대하여 선정된 다른 출판물에 관한 참고문헌과 함께 이들 논문의 주요 요점을 요약해 제시한다.

속 진

속진하는 학생들의 사회적, 정서적 적응에 대한 교육자들의 계속되는 관심에도 불구하고 학업성적이 앞서는 학생들에게 학년을 건너뛰도록 허용하는 것은 미국 교육에서 꽤 일반적인 것이었다(Daurio, 1979). Terman(1925)은 자신의 연구에서 아주 뛰어난 학생들을 판별할 때, 영재들이 학년 배정에서 속진하였기 때문에 종종 반에서 가장 어린 것을 발견하였다. 지난 과거 세대에는, 특별하게 뛰어난 아이들의 의욕을 격려하고 도전적으로 자극하기 위한 방책으로서 종종 그들을 다음 상급 학년에 배치시켰다.

Julian Stanley가 1971년 존스홉킨스 대학교에서 수학 조숙아에 대한 연구(SMPY)라는 수학영재 프로그램을 확립하였을 때, 그는 특별하게 성적이 앞서는 상급 학업능력을 지닌 학생들의 요구를 충족시키기 위한 수단으로 속진에 대한 연구를 시작하였다. 교과 속진과 학구적인 여름 프로그램을 포함하는 다양한 속진 전략들이 사용되었음에도 불구하고, 수년 전 존스홉킨스 대학교에 조기에 입학하여 급격하게 속진한 학생들에 대한 SMPY의 연구가 가장 큰 관심을 끌었다(Stanley, Keating, & Fox, 1974). 급격하게 속진한 학생들에게 있을 법한 사회적, 정서적 부적응에 대한 염려는 영재를 위한 방법으로서의 속진에 대한 반대와 논쟁을 야기하였다. 속진과 심화에 대한 1977년 심포지엄의 회보는 이 논쟁의 문제들을 어렴풋이 감지하도록 하였다(George, Cohn, & Stanley, 1979).

Stanley와 동료들은 속진이 영재를 위한 적절한 전략이라는 것을 주장하기 위한 증거들을 찾으면서 그들의 연구대상인 학생들의 향상 과정을 연구하였다. 이 책에서 재발행된 Stanley의 논문(1985)은 6명의 매우 뛰어난 젊은 대학 졸업생들의 성취를 연구하였다. Stanley는 이 연구가 진행되던 당시에 6명 중 1명은 18세의 대학원생이었지만 나머지 5명은 박사학위를 받았고 훌륭한 지위에서 일하고 있다는 것을 발견한다. 분명하게도, 이 학생들은 매우 뛰어나게 잘 수행하였고, 연구에서는 그들에게 급격하게 이루어진 속진에서 기인한 어떤 부작용도 찾을 수 없다고 보고하였다.

대학 조기입학자들이 학문적으로, 사회적으로 잘하고 있다(Brody & Stanley, 1991)는 지속적인 연구결과물에도 불구하고, 속진한 학생들 중에서 부적응하고 있는 사례에 대한 일화적인 보고들이 계속되고 있다. 이 책의 Brody, Assouline 및 Stanley(1990)의 연구는 대학에 조기입학한 젊은 학생들의 성공을 확신할 뿐만 아니라, 그런 집단 내에서의 성공을 위해 가장 중요한 요소들을 확인하려고 한다. 흥미롭게도, 최상 수준의 학문적 성취를 한 학생들은 대학에 입학하기 전에 대학입학위원회의 AP(Advanced Placement) 프로그램에서도 가장 높은 점수를 받았다. 따라서 그들은 어린 나이에 대학에 입학함에도 불구하고, 전공이나 과목에서도 앞서간다는 것이다. 이 연구는 교과 속진을 학년 속진과 연결시키며, 내용지식을 포함하여 다양한 요인들을 학생들이 일반적인 나이보다 어린 나이에 대학에 입학하기 전에 평가해야 한다는 관점을 옹호한다.

영재교육에서 집단편성과 속진

속진을 결정하기 전에 학생들의 개인적 요구를 고려하고 적절한 평가와 상담을 제공하는 것의 중요성은 교과와 학년 배정에서 속진한 학생들에 대한 사례연구를 소개하는 Gross(1992), Rimm과 Lovance(1992)의 논문에서도 나타난다. Gross는 급격하게 속진한 학생들을, 정규 교육과정을 뛰어넘을 기회를 가지지 못한 매우 영리한 학생들과 비교하였다. 그녀는 속진하는 학생들이 속진하지 못한 학생들보다 학문적으로 우수하고, 더욱 동기유발되어 있으며 훨씬 더 좋은 사회적 관계를 가지고 있다는 것을 발견하였다. Rimm과 Lovance(1992)의 연구도 교과나 학년 배정에서 속진할 수 있는 기회를 가짐으로써 학업성공이 향상된 학생들을 대상으로 하는 설득력 있는 사례연구들을 제시한다. 사실, 어떤 경우에는 (기대된) 능력보다 낮은 성취의 반전이 관찰되었다.

대학의 조기입학자 준비도에 관한 관심으로 나타나는 한 가지 반응은 수많은 대학에서 대학 조기입학 프로그램을 편성하고 운영하는 것이다. 이런 프로그램들을 통하여 정상적인 입학 연령보다 어린 학생들이 동일한 자격으로 대학에 입학하고 대학생들에게 일반적으로 필요한 것 이상의 학문적 카운슬링과 사회적, 정서적 지지를 제공받는다. Lupkowski, Whitmore 및 Ramsey(1992)가 쓴 논문에서는 노스텍사스 대학교의 프로그램인 Texas Academy of Mathematics and Science(TAMS)의 첫 학기가 마칠 무렵에 학생들을 평가하였다. 관찰 결과, 많은 대학생 중 소수에게서 일반적으로 자기평가에 대한 부정적인 영향들이 나타나기는 하였으나, 연구자들은 이 프로그램에 적응하는 데에 심각한 어려움을 겪은 학생들은 없다고 결론지었다. 다른 대학의 영재 조기입학자 프로그램에 등록한 학생들에 관한 연구들도 영재교육 보고서에 잘 나타난다(예, Gregory & March, 1985; Janos & Robinson, 1985; Sethna, Wickstrom, Bothe, & Stanley, 2001).

속진을 지지하는 사람들은 대학 조기입학 프로그램을, 영재를 위한 유일한 혹은 주요한 속진 모형으로 결코 생각하지 않는다. 그리고 학년을 건너뛰지 않은 채 교과를 속진하기 위한 많은 방법이 최근에 확인되고 개발되고 있으며 여러 문헌에서도 나타난다. 이러한 것들에는 학년 단축 프로그램 (telescoped program), 압축된 교육과정, 시험 결과에 따른 이수 학점 신청제, 멘터십, 원격 교육, 시간제 대학 등록, AP제도, 학점 취득 여름 프로그램과 같은 옵션들이 포함된다(Rogers, 2001; Southern & Jones, 1991; Southern, Jones, & Stanley, 1993). Brody와 Benbow(1987)의 논문은 다양한 속진의 옵션들을 경험한 학생들의 학업성공과 사회적, 정서적 적응을 연구하였다. 학생들이 속진의 정도와 유형에 관계없이 사회적, 정서적 어려움을 수반하지 않는다는 긍정적인 효과들이 보고되었다.

VanTassel-Baska(1992)의 논문은 속진의 연구와 실제에 대한 개관을 나타낸다. 그녀의 연구는 영재에게 적절한 수준과 속도로 내용을 제공하기 위해 사용하는, 이러한 전략의 효과적인 사례를 제시해 주고 있다. 독자들은 속진에 대한 종합적이고 긍정적인 효과를 설명하는 Kulik과 Kulik(1984), Rogers(1992), Swiatek과 Benbow(1991)가 보고한 중요한 연구결과물을 살펴보아야 한다.

집단편성

많은 영재교육 논문에서 속진과 능력별 집단편성이 분리된 문제로 다루어져 왔지만, 실제로는 매우 관련성이 높다. 상급 수준의 교육과정을 공부할 수 있는 학생들끼리 집단편성하는 것은 속진하기 위한 수단을 제공할 수 있다. 이에 반해서 집단편성이 결여되어 학업성적이 앞서는 상급 학생들을 위해 내용의 차별화가 이루어지지 못할 때에는, 상급 학생들 자신의 요구를 해결하는 유일한 방법으로서 학년을 건너뛰는 쪽으로 가닥을 잡을 가능성이 매우 높다. 불행하게도, 상급 수준의 선행 내용에 대하여 미리 접하지 못하는 것은 더 높은 학년에서 이루어야 할 성취를 방해할 수도 있다.

나이에 따라서 학급의 학생을 집단편성하는 것은 대체적으로 의무교육

영재교육에서 집단편성과 속진

법과 학교 입학생의 지속적인 증가에 대한 반응으로 나타난 것이다. 등록한 다양한 학생들의 학업적 요구를 수용하기 위해 '능력별 학급편성' 혹은 '트래킹(tracking)'은 일반적인 것이 되었다. 즉, 학생들은 대개 IQ 점수에 기초하여 수업상의 목적을 위해 집단편성이 되었다. 트래킹에 대한 비판가들은 학생들을 배정하는 시험의 공정성에 대해서, 그리고 상대적으로 시간이 경과하면서 능력별로 편성한 교육과정 사이에 이동이 별로 없는 것에 대해서 의문시하였다. 학교개혁의 노력들은, 성취 점수가 낮은 학생들로 구성된 집단에서 이루어지는 빈약한 수업에 대해 개선해야만 한다는 목소리를 높였고, 많은 학교가 모든 능력과 성취 수준의 학생들로 구성된 통합 학급을 찬성하면서 동일한 학년 내에서 학생을 집단편성하는 어떠한 조치도 취하지 않음으로써 그 문제에 반응하였다. Feldhusen과 Moon(1992), Mills와 Durden(1992), VanTassel-Baska(1992)의 논문은 이런 관심을 요약하였지만, 만약 능력별 집단편성이 사라지면, 학업성적이 앞서는 상급 학생들의 교육적 요구에 맞추기 위한 교육을 수행하는 데 생기는 어려움을 설명하기도 하였다.

능력별 집단편성에 대한 비판과 함께, 다른 배경과 능력을 가진 학생들의 다양한 요구를 충족시키기 위한 도전은 교육자들이 학급 내에서 학생들을 집단편성하는 다른 방법을 찾도록 하였다. 이렇게 개발된 한 가지 전략이 협력학습이다(Slavin, 1988). 학생들을 유사한 수준의 능력이나 성취에 기초한 집단으로 나누는 대신, 협력학습은 함께 공부할 수 있는 이질적인 소집단을 형성하도록 한다. 보다 영리하고 학업성적이 앞서는 상급 학생들이 기능과 지식 습득에 어려움을 가지는 학생들의 학습에 기여할 수 있을 것이라고 기대한다. 협력학습이 인기를 얻으면서, 많은 영재교육 지지자들은 그 방법이 영재에게 상급 수준의 학습내용에 접근할 수 있는 기회를 제한한다고 주장하게 되었다. 결국, 뒤이어 계속되는 논쟁은 협력학습에 대항하여 능력별 집단편성의 옹호자들을 곤경에 빠뜨렸다(Robinson, 1990). 많은 사람이 이런 두 전략을 상호 배타적이고 양립할 수 없는 것으로 본다. Feldhusen과

Moon(1992), Mills와 Durden(1992)의 논문은 능력별 집단편성 대 협력학습에 대한 논쟁의 잠재된 문제들에 대한 통찰을 제공한다.

이 논쟁의 초기에 다양한 입장과 의견들이 피상적으로 다루어지는 동안, 능력별 집단편성의 효과에 기인한 연구들은 서로 상충되는 결과들이 나타났기 때문에 분명치 않았다. Kulik과 Kulik(1992)의 메타분석 연구는 능력별 집단편성의 연구에 대한 해명을 위해 매우 중요한 것을 제공한다. 그들이 얻은 결과에 따르면 교육과정에서 적절한 조절이 이루어지는 한, 집단편성이 상위 수준의 학생에게 매우 긍정적일 수 있다는 것을 보여 준다. 반면에 그들의 연구는 교육과정이 어떤 방법으로든 변하지 않으면 그 자체로는 집단편성이 성취에 영향을 주지 못할 것이라고 주장하고, 집단편성은 학생들에게 최선의 방법으로 기여하는 교육과정 조절을 용이하게 한다고 결론지었다. 그들의 연구에서 속진된 학급이 조사된 집단에서 가장 큰 성취를 이루었다는 점이 중요한 결과다. 좀 더 최근의 논문에서 Kulik(2003)은 능력별 집단편성에 관하여 최근의 연구와 실제를 평가하였다.

그러나 만약 집단편성이 잘 이루어져서 결과가 효과적이라면 특히 과거에 낮은 능력 집단에서 도전적이지 못한 채 남아 있던 낮은 성취 능력의 학생들에게는 공평한 일인가? 이것은 많은 능력별 집단편성 비판가들의 관심사다. Mills와 Durden(1992)의 논문은 모든 능력 수준의 학생들을 위해 그들의 교육적 요구와 모든 능력 수준의 학생을 위한 교육 프로그램 사이에서 집단편성이 가장 잘 조화를 이룰 수 있는 쉬운 방법을 설명하였고, VanTassel-Baska(1992)의 논문은 집단편성 활용의 효과와 소수의 상위 수준 학생을 위한 속진의 효과를 언급하였다. 그들의 논문에서 Feldhusen과 Moon(1992)은 트래킹과 달리, 집단편성이 어떻게 합리적이고 탄력적이며 학생의 능력뿐 아니라 학업성취에 기초할 수 있는지를 증명해 보였다. 사실, '능력별 집단편성(ability grouping)'이라는 용어는 학생들을 수업 집단에 할당할 때에 능력뿐 아니라 학업성취가 항상 고려되어야 하기 때문에 아마도 적당하지 않은 용어다.

영재교육에서 집단편성과 속진

신축적인 집단편성에 변화를 주는 방법 중 하나는 동질적인 학급 내에서 상위 성취 학생들에게 차별화된 학습기회를 제공하기 위해 개발된 '클러스터 집단편성'이다. 이 방법은 이런 요구들을 충족시키기 위해 유사한 교육적 요구를 지니는 학생들을 일반학급 내에서 함께 소집단으로 할당한다. 예를 들어, 만약 한 학년의 학생들이 읽기 과목에서 6단계의 서로 다른 수준에 있는 것으로 판별이 된다면 이 6단계(수준) 중에서 고작 2, 3단계의 능력을 나타내는 학생들은 한 명의 학급교사에게 배당될 수도 있다. 가장 상위 수준의 학습자들 모두가 한 학급에 할당될 것이고 따라서 그들이 하나의 집단으로 배운다는 것이 가장 중요하다. Gentry와 Owen(1999)은 그들의 논문에서 클러스터 집단편성이 한 학교에서 3년 동안 사용되었을 때 그들이 관찰한 모든 학생들의 기능 수준의 성취에 유익한 영향을 미쳤다고 기술하고 있다. 학생들의 집단편성 방법이 무엇이든 클러스터 집단편성의 효과성은 집단에서 학생들의 요구에 부합하기 위해 교육과정을 조정하는 것에 달려 있다.

정책과 실천상의 함의

이 책에서 다루고 있는 논문들은, 개별 학생이 능력별로 적절하게 집단편성이 이루어지고, 영재들의 요구를 충족시키기 위한 효율적인 전략으로서 교육과정을 적절하게 조절하여 융통성 있게 실행될 때 다양한 유형의 속진 방법을 사용하는 것을 강하게 지지한다. 양적이고 질적인 연구방법론을 모두 활용하고, 실제뿐 아니라 이론을 이끌어 내고, 이런 실제들을 보다 효과적으로 실행하기 위한 새로운 아이디어를 제공하면서, 여기에 제시된 여러 연구 논문들은 설득력 있는 주장들과 논쟁점들을 제공해 주고 있다. 영재들에게 유익한 실천 방안으로서의 집단편성과 속진을 타당화하기 위한 연구 증거를 찾는 사람들을 위하여 그 논쟁은 끝나야 하며, 그 논쟁은 대부분 영재 공동체 내에서 이루어져야 한다.

　속진과 심화는 모두 상호 배타적인 것으로 받아들여지기보다는 영재들을 위한 적절한 옵션으로서 광범위하게 받아들여지고 있고, 광범위한 프로그램 모델의 다양성은 속진과 심화라는 이 두 항목하에서 개발되었다. 영재 공동체는 집단편성에 관해서 그들 전부를 집단편성할 것인지 아닌지 하는 문제보다는 어떻게 학생들을 집단편성할 것인지에 더욱 집중하였다. 영재들을 함께 집단편성하는 것은 교육과정도 그들의 학업성취와 관련된 요구에 맞게 조정되었을 때에만 효율적이다.

　그러나 보다 많은 교육공동체들은 이 문제에 대하여 손쉽게 지지하지 않으며 여전히 이런 실행을 의심스러워하고 있다. Feldhusen과 Moon(1992), Mills와 Durden(1992), 그리고 VanTassel-Baska(1992)는 그들의 논문에서 집단편성과 속진에 대한 학교 체제의 결정에 영향을 끼치는 사회적ㆍ정치적 풍토를 기술하고 설명한다. 여전히 영재를 위한 이런 실행을 결정하는 데에 형평성/수월성에 대한 문제들이 분명히 영향을 미친다(Gallagher, 2003). 학교개혁 주도자들이 미국 교육에서 수월성과 형평성 모두의 중요성을 전하려고 노력함에도 불구하고 가장 낮은 성취 학생들에 대한 관심이 가장 주목받고 있다. 결과적으로, 상위 성취 학생과 하위 성취 학생을 분리하는 능력별 집단편성은 하위 성취 학생에 대한 더욱 많은 관심을 필요로 할 수 있고, 상위 성취 학생들을 빠르게 학습할 수 있게 한다. 상위 성취 학생과 하위 성취 학생 사이의 차이가 더 커지게 할 수 있는 속진은 교육공동체로부터 상대적으로 낮은 지지를 받고 있다.

　물론 모든 학교가 이런 전략들을 포기하는 것은 아니다. 이 책에 등장하는 그들의 논문에서, Jones와 Southern(1992)은 속진과 집단편성 모두 시골보다는 도시에서 널리 시행되지만 그들이 조사한 학교에서 실행 중이라고 보고하고 있다. 고등학교에서 AP 프로그램의 극적인 증가는 상급 수준의 과제가 많은 학교에서 유용하다는 것을 나타낸다. 정규학급에서 클러스터 집단편성과 심화와 같은 다른 실행들이 나타나기도 한다. 학문적으로 뛰어난 학생들을 위한 여러 주립 기숙식 고등학교를 포함하여 매우 엄격한 마그넷 스쿨들도 매우 많이 설립되어 있다(Koloff, 2003; Stanley, 1991). 그러나 형평성에 대한 관심 때문에 1학년 학급에서 속진한 독해 집단에 대한 지원이 부족한 학교 체제가, 학생들을 전일제 기숙을 원칙으로 하여 학업성적이 뛰어난 상급 학생들과 함께 집단편성하는 마그넷 스쿨로 보낸다는 것은 모순적이다.

대학들과 수많은 사설 기관들은, 교육적 진전을 속진하려는 학업성적이 뛰어난 상급 학생들을 위해 여름방학 프로그램, 토요일 주말 프로그램, 원격교육, 멘터십, 인턴십, 대학 조기입학 프로그램들을 포함하여 다양한 기회와 프로그램들을 만들어 왔다. 속진하기 위해 다른 방법들을 많이 만들어 내려고 하는 Stanley의 연구는 서비스를 원하는 부모와 학생의 요구에 따라 많은 프로그램을 개발해 왔다. 이와 비슷하게, 심화 지지자들은 과외 활동, 특별 프로그램 등과 같이 다른 기회를 통하여 학생들이 지식을 넓히는 데 더 나은 기회를 만들어 줌으로써 심화의 가치에 대한 논쟁에 반응하였다. 이전의 그 어느 때보다도 영재들에게 유용한 교육적 옵션들이 더 많이 있고, 그들 대부분은 전통적인 집단편성과 학교 중심 속진에 대한 대안으로 만들어졌다.

그러나 이런 프로그램들의 대부분은 학교 밖에 존재하며 재정적 원천들이 제한되기 때문에 몇몇 학생들은 참여를 못하게 된다. 게다가, 이런 프로그램들에서 학교로 돌아온 학생들은 그들의 능력과 성취 수준에 적절한 속도와 수준으로 계속 학습할 수 있는 기회가 필요하다. 학교는 영재의 교육적 성취를 더욱 향상시키기 위한 효과적인 교육과정으로서 능력별 집단편성과 다양한 속진의 유형을 실행해야 하고, 이를 지지하기 의해 강력하고 설득적인 연구 증거를 알아야 할 필요가 있다.

결 론

모든 학생을 위해 적절한 교육 프로그램들을 제공하는 것이 보편적으로 합의되어야 할 목표다. 그러나 그것을 어떻게 성취하는가는 분명치 않다. 앞서가는 교육적 능력과 성취를 가진 학생들은 자신의 교육적 요구에 맞는 프로그램들을 필요로 하고 이것은 종종 속진의 유형을 요구한다. 집단편성이 속진의 필수적 요소는 아니지만, 비슷한 교육적 요구를 가진 학생들을 함께 편성하는 것은 상급 수준의 교육과정을 전달하기 쉽고 효율적인 방법으로 실행할 수 있도록 한다.

여기에 포함된 논문들을 검토해 보면, 전체적으로 교육과정이 융통성을 가지고 각 학생들의 학습 요구에 응하는 것이 중요함을 강조한다. 교육자들은 학생들을 집단으로 편성할 때 융통성이 있어야 하며, 필요할 때 그 집단을 수정할 수 있어야 한다. 학생이 어떤 것을 배울 준비가 되어 있는 나이 또는 가르쳐야 할 속도를 결정할 때에도 융통성이 필요하다. 교육자들은 또한 학생들의 요구에 부합하기 위한 다른 프로그램들의 옵션을 고려하기 위해 학교가 제공하는 것을 생각해야 하고 이런 학습기회에 대한 믿음을 주어야 한다.

속진과 집단편성은 상이한 학습 요구를 가진 학생을 위해 차별화된 내용을 허용해 주는 도구다. 높은 인지능력과 성취 수준을 가진 학생에게 더욱더 상급의 교육 프로그램을 제공하기 위한 한 가지 방법으로 사용될 때, 속진과 집단편성은 모든 학생들을 적절하게 교육할 수 있는 목표를 성취하도록 도울 수 있을 것이다.

🔖 참고문헌

Brody, L. E., & Stanley, J. C. (1991). Young college students: Assessing factors that contribute to success. In W. T. Southern & E. D. Jones (Eds.), *The academic acceleration of gifted children* (pp. 102-131). New York: Teachers College Press.

Brody, L. E., & Benbow, C. P. (1987). Accelerative strategies: How effective are they for the gifted? *Gifted Child Quarterly, 3*(3), 105-110 **[See Vol. 3, p. 57.]**

Brody, L. E., Assouline, S. G., & Stanley, J. C. (1990). Five years of early entrants: Predicting successful achievement in college. *Gifted Child Quarterly, 34*(4), 138-142. **[See Vol. 3, p. 3.]**

Daurio, S. P. (1979). Educational enrichment versus acceleration: A review of the literature. In. W. C. George, S. J. Cohn, & J. C. Stanley (Eds.), *Educating the gifted: Acceleration and enrichment* (pp. 3-63). Baltimore: Johns Hopkins University Press.

Feldhusen, J. F., & Moon, S. M. (1992). Grouping gifted students: Issues and concerns. *Gifted Child Quarterly, 36*(2), 63-67. **[See Vol. 3, p. 81.]**

Gallagher, J. J. (2003). Issues and challenges in gifted education. In N. Colangelo & G. A. Davis (Eds.), *Handbook of gifted education* (3rd ed.) (pp. 11-23). Boston: Allyn & Bacon.

Gentry, M., & Owen, S. V. (1999). An investigation of the effects of total school flexible cluster grouping on identification, achievement, and classroom practices. *Gifted Child Quarterly, 43*(4), 224-243. **[See Vol. 3, p. 115.]**

George, W. C., Cohn, S. J., & Stanley, J. C. (Eds.) (1979). *Educating the gifted: Acceleration and enrichment.* Baltimore: Johns Hopkins University Press.

Gregory, E., & March, E. (1985). Early entrance program at California State University, Los Angeles. *Gifted Child Quarterly, 29*(2), 83-86.

Gross, M. U. M. (1992). The use of radical acceleration in cases of extreme intellectual precocity. *Gifted Child Quarterly, 36*(2), 91-99. **[See Vol. 3, p. 13.]**

Janos, P. M., & Robinson, N. M. (1985). The performance of students in a program of radical acceleration at the university level. *Gifted Child Quarterly, 29*(4), 175-179.

Jones, E. D., & Southern, W. T. (1992). Programming, grouping, and acceleration in rural school districts: A survey of attitudes and practices. *Gifted Child Quarterly, 36*(2), 112-117. **[See Vol. 3, p. 147.]**

Koloff, P. B. (2003). State-supported residential high schools. In N. Colangelo & G. A. Davis (Eds.), *Handbook of gifted education* (3rd ed.) (pp. 238-246). Boston: Allyn & Bacon.

Kulik, J. A. (2003). Grouping and tracking. In. N. Colangelo & G. A. Davis (Eds.), *Handbook of gifted education* (3rd ed.) (pp 268-281). Boston: Allyn & Bacon.

Kulik, J. A., & Kulik, C. C. (1984). Effects of accelerated instruction on students. *Review of Education Research*, 54, 409-425.

Kulik, J. A., & Kulik, C. C. (1992). Meta-analytic findings on grouping programs. *Gifted Child Quarterly, 36*(2), 73-77. **[See Vol. 3, p. 105.]**

Lupkowski, A. E., Whitmore, M., & Ramsay, A. (1992). The impact of early entrance to college on self-esteem: A preliminary study. *Gifted Child Quarterly, 36*(2), 87-90. **[See Vol. 3, p. 47.]**

Mills, C. J., & Durden, W. G. (1992). Cooperative learning and ability grouping: An issue of choice. *Gifted Child Quarterly, 36*(1), 11-16. **[See Vol. 3, p. 91.]**

Rimm, S. B., & Lovance, K. J. (1992). The use of subject and grade skipping for the prevention and reversal of underachievement. *Gifted Child Quarterly, 36*(2), 100-105. **[See Vol. 3, p. 33.]**

Robinson, A. (1990). Cooperation of exploitation? The argument against cooperative learning for talented students. *Journal for the Education of the Gifted, 14*(3), 9-27.

Rogers, K. B. (1992). A best-evidence synthesis of the research on acceleration options for gifted learners. In. N. Colangelo, S. G. Assouline, & D. L. Ambroson (Eds.), *Talent developmemt: Proceedings from the 1991 Henry B. and Jocelyn Wallace national symposium on talent development* (pp. 406-409). Unionville, NY: Trillium Press.

Rogers, K. B. (2001). *Re-forming gifted education*. Scottsdale, AZ: Great Potential Press.

Sethna, B. N., Wickstrom, C. D., Boothe, D., & Stanley, J. C. (2001). The Advanced Academy of Georgia: Four years as a residential early-college-entrance program. *Journal of Secondary Gifted Education, 13*(1), 11-21.

Slavin, R. (1988). *Cooperative learning: Theory, research, and practice*. Englewood Cliffs, NJ: Prentice Hall.

Southern, W. T., & Jones, E. D., (Eds.) (1991). *The academic acceleration of gifted children*. New York: Teachers College Press.

Southern, W. T., Jones, E. D., & Stanley, J. C. (1993). Acceleration and enrichment: The context and development of program options. In K. A. Heller, F. J. Monks, & A. H. Passow (Eds.), *International handbook of research and development of giftedness and talent* (pp. 387-409). Oxford, England: Pergamon Press.

Stanley, J. C. (1985). How did six highly accelerated gifted students fare in graduate school? *Gifted Child Quarterly, 29*(4), 180. **[See Vol. 3, p. 1]**

Stanley, J. C. (1991). A better model for residential high schools for talented youths. *Phi Delta Kappan, 72*, 471-473.

Stanley, J. C., Keating, D. P., & Fox, L. H. (Eds.) (1974). *Mathematical talent: Discovery, description, and development*. Baltimore: Johns Hopkins University Press.

Swiatek, M., & Benbow, C. P. (1991). Ten-year longitudinal follow-up study of ability-matched accelerated and unaccelerated students. *Journal of Educational Psychology, 83*, 528-538.

Terman, L. M. (1925). *Mental and physical traits of a thousand gifted children. Genetic studies of genius*, Vol. I. Stanford, CA: Stanford University Press.

VanTassel-Baska, J. (1992). Educational decision making on acceleration and grouping. *Gifted Child Quarterly, 36*(2), 68-72. **[See Vol. 3, p. 69.]**

01

상당히 속진한 6명의 영재는
대학원에서 어떻게 지냈는가?[1]

Julian C. Stanley(Johns Hopkins University)

이 논문은 나이 어린 6명의 대학 졸업생들에 대한 추수(follow-up) 정보를 보고한 것이다. '일찍 익은 과일이 일찍 상한다'라는 미신은 이들 6명의 어린 속진자들이 보여 준 괄목할 만한 성공으로 분명하게 반박당하고 있다.

1977년 10월 잡지 『스미스소니언(Smithsonian)』은 7명의 어린 대학 졸업자들에 대해 대서특필하였다(Nelvin, 1977; Time, 1977). 그들 중 6명은 다섯 군데의 다른 종합대학에서 대학원 연구를 시작하였다. 그들 중 다섯 명은 박사학위를 갖고 있고 나머지 1명은 여전히 공부 중이다. 다음의 정보들이 나타내듯이, 이러한 사실은 놀랄 만한 기록이다.

콜린 패럴 캐머러(Colin Farrell Camerer)는 17세 되던 달에 존스홉킨스 대학교를 졸업하였고 19세에 시카고 대학교 경영대학원에서 M.B.A를 받았으며 1981년 22세에는 박사학위를 받았다. 1981~1983년 노스웨스턴 대학교의 경영대학원 조교수가 된 후, 펜실베이니아 대학교의 와턴 스쿨(Wharton

---

1) 편저자 주: Stanley, J. C. (1985). How did six highly accelerated gifted students fare in graduate school? *Gifted child Quarterly, 29*(4), 180. ⓒ 1985 National Association for Gifted Children. 필자 승인 후 재인쇄.

School)로 옮겼다(Holmes, Rin, Tremblay, & Zeldin, 1984 참조).

15세에 브루클린 대학을 수석 졸업한 에릭 로버트 자브로우(Eric Robert Jablow)는 20세가 되던 1982년 12월에 프린스턴 대학교에서 수학 박사학위를 받았다. 그는 1983년 가을에 스토니브룩(Stony Brook)의 뉴욕 주립대학교에서 수학과 조교수가 되었다.

18세에 존스홉킨스 대학교의 파이베타카파(Phi Beta Kappa; 성적이 우수한 미국 대학생·졸업생으로 조직된 단체) 회원이었던 마이클 토머스 코첸로이트(Michael Thomas Kotschenreuther)는 24세가 되던 1982년 12월에 프린스턴 대학교에서 플라즈마 물리학 이론으로 박사학위를 받았다. 1982년에 그는 텍사스 대학교 오스틴 캠퍼스에서 연구자가 되었다.

17세에 존스홉킨스 대학교의 파이베타카파 회원이었던 폴 프레드릭 디즈(Paul Frederic Dietz)는 24세가 되던 1984년 5월에 코넬 대학교에서 컴퓨터 과학 박사학위를 받았다. 그는 1981년에 남부 캘리포니아 대학교의 조교수가 되었고 최근에는 코네티컷에 있는 슐룸베르거 돌 컴퍼니(Schlumberger Doll Company)의 컴퓨터과학자다.

17세에 존스홉킨스 대학교를 영예롭게 졸업한 유진 윌리엄 스타크(Eugene William Stark)는 1984년 6월에 매사추세츠 공과대학(MIT)에서 컴퓨터과학 박사과정을 마쳤다. 그해 가을 스토니브룩의 뉴욕 주립대학교에서 컴퓨터과학과 조교수가 되었다.

18세에 조지워싱턴 대학교의 파이베타카파 회원이었던 마크 톨릿 제이콥슨(Mark Tollet Jacobson)은 스탠퍼드 대학교의 통계학 박사과정 학생이었다.

이들 집단에서 분명한 것은 '일찍 익은 과일이 일찍 상한다'라는 속담이 의미가 없다는 점이다. 5명은 일반적인 학생보다 5년에서 8년 일찍 일류 대학의 난해한 학문 분야에서 박사학위를 받았으며 자신의 조숙함을 유지하였고 우수한 대학에서 조교수의 지위를 얻었다. 나머지 1명은 아직 어리다. 그들이 전문적으로 나아지고 향상되는 상태를 따라가는 것은 흥미로울 것이다.

영재교육에서 집단편성과 속진

참고문헌

Holmes, J. S., Rin, L., Tremblay, J. M., & Zeldin, R. K. (1984, May/June). Colin Camerer: Radical educational accelerant, now well along professionally. *G/C/T*, 33-35.

Nevin, D. (1977, October 7). Young prodigies take off under special program. *Smithsonian, 8*, 76-82, 160.

Smorgasbord for an IQ of 150. (1977, June 6). *Time, 109*(23), 64.

조기입학자의 5년:
대학에서 성공적 학업성취의 예측[1]

Linda E. Brody(Johns Hopkins University)
Susan G. Assouline(University of Iowa)
Julian C. Stanley(Johns Hopkins University)

이 연구는 엄선된 대학에서 65명의 어린 신입생의 성취를 평가한 것이다. 전체 집단은 매우 성공적인 것으로 나타났다. 비속진 학생과 비교하여 조기입학자는 단기간에 졸업하고, 학위 취득에서 보다 우수한 경향이 있었다. 조기입학자들을 위해 다수의 AP 프로그램 이수로 대학을 시작하는 것은 탁월한 학업성취를 가장 훌륭하게 예언하는 지표임을 알 수 있었다. 어린 대학 입학자들이, 그들이 다닐 대학의 전형적인 신입생들과 성적이 같거나 그 이상의 SAT 점수와 내용지식을 가지는 것은 권장할 만한 것으로 보인다.

대학 조기입학자(예를 들면, 전형적인 대학 신입생보다 몇 년 일찍 대학에 입학하는 사람)의 성공 혹은 실패에 대한 지각과 고정관념은 흔히 일화적 증거나 소수의 개인에 대한 사례연구에 기초하고 있다. 속진 학생 연구에 대한 더욱 경험적인 시도는 표본의 수가 적다. 그 이유는 흔히 대학에 입학한 신

---

1) 편저자 주: Brody, L. E., Assouline, S. G., & Stanley, J. C. (1990). Five years of early entrants: Predicting successful achievement in college. *Gifted Child Quarterly, 34*(4), 138-142. ⓒ 1990 National Association for Gifted Children. 필자 승인 후 재인쇄.

입생으로서 조기입학자들이 거의 없기 때문이다. 그러나 대학 입학 관리자들이 대학에서 어린 지원자의 성공 가능성을 보다 잘 예측할 수 있도록, 그리고 대학 조기입학을 기대하는 학생들이 대학 경험에 관해 학구적이고 인격적으로 준비하는 데 모든 노력을 기울일 수 있도록 이에 대한 연구가 더욱 필요하다.

수학적으로나 언어적으로 영재인 대부분의 학생들은 빠른 속도로 진행되는 도전적인 강좌를 추구하기 때문에 고등학교에서 고급 강좌를 모두 이수하고 난 후, 대학에 조기입학한다(Brody & Stanley, 인쇄 중). 미국 전역에 걸쳐 대학에 조기입학하는 학생들에 대한 연구에서 대부분의 학생이 대학 1학년 동안 학구적으로나 사회적으로 매우 성공적이었다는 것을 발견하였다(Brody, Lupkowski, & Stanley, 1988). 이 연구에서는 (a) 언어 추론과 쓰기능력이 대학 입학 전에 잘 발달하고, (b) 고등학교를 졸업하기 이전에 AP 혹은 대학 수준의 강좌에 참여하며, (c) 대학에 조기입학하는 것이 높게 동기화된다면, 성취와 적응은 고양될 것이라고 결론을 내렸다. 그렇지만 이 연구에서 표본 크기는 단지 17개의 다른 대학에 다니고 있는 24명의 학생으로 구성되어 있어 매우 적었다.

대학 조기입학자의 선택성, 교과학습의 곤란성, 많은 기타 변인들이 상당히 다르기 때문에, 단일한 상황의 범위에서 조기입학자들의 성공률을 조사하는 것이 유용하다. Stanley는 1976년과 1982년 사이에 19세 이전에 그 대학에서 학사학위(BA)를 받은 32명의 학생들뿐만 아니라 1980년과 1981년에 매우 엄선된 대학에 입학한 전형적인 대학 신입생보다 최소 2세 어린 학생들을 연구하였다(Stanley, 1985; Stanley & McGill, 1986). 이 연구들은 현명하고 열의가 있는 대학 조기입학자들이 대학과 대학 졸업 후의 삶에서 매우 성공적일 수 있다는 가설을 상당히 뒷받침하고 있다. 그러나 이 결과의 일반화는 표본이 작기 때문에 다소 제한적이다. 현재 이 연구는 5년간의 대학 조기입학자의 비교적 큰 표본을 포함하는 Stanley(1985), Stanley와 McGill (1986)의 연구로 발전하고 있다.

영재교육에서 집단편성과 속진

연구방법

연구대상 1980년에서 1984년에 이르기까지 엄선된 사립대학에 입학한 38명의 남학생과 27명의 여학생 등 총 65명이 이 연구 목적을 위해 조기입학자로 선정되었다. 5개 학급 집단의 60명의 학생은 통상적인 입학 연령보다 최소한 2세 일찍 입학할 자격이 주어졌다. 즉, 그들의 17번째 생일은 전일제 학생이 되는 가을을 지나 12월 31일 이후에 있었다. 17번째 생일이 12월 31일보다 몇 달 앞서 있었던 5명의 학생이 추가로 포함되었다. 그러나 그들은 대학의 최소 이수 단위인 24학점으로 입학하였고, 충분히 2학년의 지위가 주어졌다. 최연소자는 13세 8개월이었으며, 최고령자는 17세 7개월이었다. 이 기관에 들어간 신입생의 평균 연령은 정확히 18세였다(기관의 기록원과 개인적 의사소통). 어떤 학생들은 고등학교 4년 모두를 이수하였고, 어떤 학생들은 고등학교 시기에 더욱 일찍 속진하였으며, 다른 학생들은 고등

연구의 활용도

매우 뛰어난 영재들은 흔히 보다 도전적인 교육 기회를 얻기 위해서 매우 속진하고 싶어 한다. 그러나 학교 카운슬러, 부모, 대학 입학 관리자들은 일반 학생이 대학에 입학하는 것에 비해 영재들이 대학에 조기입학할 학구적·사회적 준비가 제대로 되어 있지 않을 것이라는 두려움이 있다. 이 연구가 사회적 요인들을 조사하지 않는다 하더라도, 대학의 학업준비도를 확인하는 것과 관련된 어떤 지침은 제시한다. 특히 대학에 조기입학하려는 계획을 세우는 학생들은 고등학교를 졸업하기 이전에 다양한 AP를 치루거나 기타 고급 고등학교 강좌를 수강할 수 있도록 격려받아야 하고, 그들의 교과를 잘 학습하기 위해 열심히 공부하도록 격려받아야만 한다. 또한 어린 입학자의 SAT 점수는 최소한 그들이 진학하고자 하는 특정 대학의 평균은 되어야 한다는 것은 충고할 만하다. 그들의 점수가 이 수준에 미치지 않는다면, 아마 다소 덜 유명한 대학을 선택하거나 그와 같은 어린 나이에 대학에 입학하는 것을 재고해야 한다.

학교의 1년에서 3년까지 월반하였다. 이들 65명의 학생들은 1980년에서 1984년에 입학해 설계된 준거를 충족시켰던 전체 대학생 수다. 그들은 이 기간 동안 인정된 대학생 집단의 약 2%를 차지한다.

연구절차 이 연구는 연구대상자가 대학을 졸업한 이후에, 소급하여 수행되었다. 조기입학과 대학 성취 자료는 대학 기록에서 입수하였다. 비교를 위해서, 비속진 학생들의 자료도 입수하였다. 이 비교 작업에는 활용 가능한 자료가 어떤 것인지에 따라서 항상 동일한 피험자가 참여하지는 않았다. 그러나 비교집단 학생은 전형적으로 조기입학자들이 대학에 입학한 해인 1980년부터 1984년 사이의 신입생 중 비속진 학생의 일부 또는 전부였다. 선정된 사전 입학 변인과 대학 성취 변인에 관해 속진 학생들과 비속진 학생들을 비교하기 위해 카이스퀘어 분석이 사용되었다. 조기입학 집단 내에서 사전 입학 변인으로 대학에서 높은 성취의 예언 가능성을 사정하기 위해 단계적 다중회기분석이 사용되었다.

비속진 학생들과의 비교

사전 입학 특성 속진 학생들은 상당히 능력 있는 집단이다. 〈표 2-1〉은 1980~1984년에 동일한 상황에서 대학 신입생 중 비속진 학생들의 학업적성검사(SAT) 점수와 비교하여 조기입학자의 평균 SAT 점수를 나타내고 있다. 어린 나이에도 불구하고, 속진 집단은 SAT-M($p = .001$)에서 평균 43점이 더 높게 나타났고, SAT-V($p = .001$)에서 평균 49점이 더 높게 나타났다. 더욱이 많은 속진자들이 고등학교 4년을 다니지 않았음에도 불구하고, 비속진자에 비해 대부분의 속진자가 AP 프로그램($p = .05$)에서 받은 학점으로 입학한 것은 의미가 있다(이 대학교는 고등학교를 졸업하는 입학자들에게 그것을 요구하지 않았으며 미적분학 3은 미적분학의 한 강좌에 대한 학점으로 귀착하는 것을 제외하고, 학점은 AP 시험상에서 4s 또는 5s의 점수가 부여된다). 태도와 고급 고등학교 교과학습이라는 관점에서, 전형적으로 대학에서의 성공 예측을 측정하였고, 조기입학자들은 성공적인 대학생의 자질을 잘 갖추고 있는 것으로 나타났다. 공립 고등학교에 대하여 사립 고등학교에 다니고 있는 각 집단 학생들의 일부분을 비교하는 카이스퀘어 검사가 통계적으로 의미가 없었다.

대학 성취 65명의 조기입학자들 가운데 57명은 여전히 남아 있으며, 이들 중 3명을 제외한 나머지는 4년 혹은 그 이전에 졸업하였다. 그래서 입학 집단의 83%는 4년 혹은 그 이전에 대학을 졸업하였다. 이 비율은 1983년 가을에 입학하고, 4년 혹은 그 이전에 졸업한 학년에 있는 비속진 학생들의 78%와 유사한 것이다(〈표 2-1〉 참조). 3년 6개월 혹은 그 이전에 졸업하는 것은 조기입학자들 사이에서 더욱 공통적 현상이었고, 그들 중의 32%는 1983년 입학 학년의 비속진 학생들의 12%와 비교하여 빠르게 마친 것이다(〈표 2-1〉 참조, $p = .001$). 4년이 채 걸리지 않고 대학을 마친 학생들은 AP나 대학 학점으로 입학하고 여름 혹은 학기와 학기 사이의 강좌를 이수하는 것을 포함한 다양한 메커니즘을 통해 정규 학년 동안 일반적인 과정 이수량보다 더 과중하게 등록하였다.

또한 조기입학자들은 선발된 우등생과 장학금(awards)에 관해서도 1983년과 1988년 사이에 졸업한 비속진 학생들과 비교되었다(〈표 2-1〉 참조). 조기입학자들은 지극히 잘 수행하였다. 그들 중의 17%는 학사학위와 석사학위를 동시에 취득하였다. 비속진 학생들의 단지 1%만이 학사학위와 석사학위를 동시에 취득한 것과 비교된다($p = .001$). 학사학위와 석사학위를 동시에 취득하는 적격자가 되기 위해서, 그들은 전공 분야에서 특별한 작업을 해야만 하였고, 부가적인 작업을 하는 데 초대되거나 적합하여야 하였다. 이 작업은 더 높은 고급 강좌나 논문과 같은 부가적인 것을 포함한 것이다. 구체적인 요구 사항은 연구 분야에 따라 다양하다.

표 2-1　조기입학자와 비속진 대학생의 비교

조기입학 지표	조기입학자 (N=65)	1980~1984년 비속진 신입생(N=3,055)	유의 검증 통계량
SAT-M 평균	718	675	4.67***[1]
SAT-V 평균	672	623	4.86***[1]
공립 고등학교 %	75	66	2.59[2]
AP 학점 획득 %	66	53	4.76*[2]

	조기입학자 (N=65)	1983년 비속진 신입생 (N)	카이스퀘어 값
4년 혹은 4년 이내 졸업 %	83	78	98
3 1/2년 혹은 3 1/2년 이내 졸업	32	12	16.29***

	졸업한 조기입학자 (N=57)	1983~1988년 졸업한 비속진자(N=3,670)	카이스퀘어 값
BA/MA 동시 취득 %	11	1	37.86***
일반적 우등생 졸업 %	42	25	8.75***
부문별 우등생 졸업 %	35	16	14.45***
파이베타카파 혹은 타우 베타파이 클럽으로 졸업 %	26	12	10.04**

[1] SAT-M과 SAT-V 점수에 관한 두 집단 사이에 유의미한 차이를 결정하기 위하여 t검정이 수행되었다. 1980~1984년 집단의 표준편차(SD)는 활용 가능하지 않기 때문에, 최상의 추정이 가능한 SAT-V 74와 SAT-M 70인 1989년 입학생의 SD가 사용되었다.
[2] 이 값은 카이스퀘어 유의성 검사로 계산되었다.
* $p \leq .05$
** $p \leq .01$
*** $p \leq .001$

대학 졸업 당시 우등생의 경우에서도 유의미한 차이가 있었다. 비속진 학생의 25%와 비교되는 속진 학생의 42%($p = .01$)는 그들의 누가학년평균(= 4점 척도상 3.50)에 기초하여 총체적 우등생이 수여되었다. 비속진 학생들의 16%와 비교되는 속진 학생들의 35%($p = .001$)는 부문별 우등생을 받았다. 비속진자들에 대하여 속진자들은 대략 2배의 비율로(26% : 12%) 파이베타카파 클럽의 회원, 혹은 국가 엔지니어링 우등생 단체(The national engineering honor society)인 타우베타파이(Tau Beta Pi) 클럽의 회원으로 선정되었다 ($p = .01$).

조기입학 변인에 따른 학업성취의 예측

조기입학 집단의 모든 학생들은 매우 엄선된 대학에서 승인받았기 때문에 유능한 것으로 여겨지고, 전체로서 집단이 실제로 성공적이었다는 사실에도 불구하고, 조기입학의 특성과 대학에서 성공의 정도에서 상당히 폭 넓은 증거가 있다. 〈표 2-2〉는 선정된 조기입학에 대한 최소, 최대, 평균 점수와, 원래 입학하였던 대학을 졸업한 57명의 속진 학생에 대한 성취 변인을 나타내고 있다. 예를 들어, SAT-M 점수는 평균 721.23을 나타내고, 그 범위는 530에서 800까지다. 범위가 360에서 770에 있는 SAT-V에서 더욱 크다. 조기입학 집단의 학생들은 AP 학점이 겨우 0 혹은 30 정도로 대학에 진학하였다. AP의 총학점은 그들이 0에서 49의 범위로 진학하는 정시제 대학 강좌를 얻는다.

표 2-2 다중회귀분석에 사용된 평균, 표준편차, 변량의 범위(대학을 졸업한 조기입학자, N=57)

	평 균	표준편차	최 소	최 대
예측 변인[1]				
SAT-M	721.23	59.55	530	800
SAT-V	668.77	80.40	360	770
AP 학점 수	9.04	9.27	0	30
입학 연령	16.14	0.57	13.67	17.25
입학 시 획득한 학점	15.58	12.06	0	49
종속 변인				
신입생 GPA	3.21	0.72	1.24	4.00
졸업 시 GPA	3.37	0.39	2.29	3.97
우등생 명단에 관한 학기 %	40.83	32.18	0	100
졸업 시 우등생[2]	1.04	1.22	0	3

[1] 성별은 예측 변인의 하나다. 조기입학자 중 남학생이 38명, 여학생이 27명이다. 다중회귀분석에서 성별의 평균값은 .60이었고, 표준편차는 .49였다.

[2] 부문별 우등생, 총체적 우등생, 파이베타카파 클럽 혹은 타우베타파이 클럽을 포함하는데, 이들 각각의 우등생은 이 변인의 최대 3점에 1.0을 제공한다.

학생들의 성취에서 무시하지 못할 정도의 범위가 있다. 신입생의 최초 1학기 동안에 학년 평균(GPA)은 1.24에서 4.00에 걸쳐 있다. 졸업 시의 GPA 범위는 2.29에서 3.97로 나타나 여전히 고려할 만하였다. 학년에서 이 가변성은 또한 우등생 명단(Dean's List)의 자격이 있고, 국가 우등생 단체(national honor society)에 선정되며, 졸업 시에 총체적 우등생과 부문별 우등생이 수여되는 것과 같은 기타 성취 측정에 영향을 준다.

단계적 다중회귀분석은 조기입학 요인에 따른 학업성취의 정도를 예측하기 위해 사용되었다. 연구된 종속 변인들은 첫 학기 동안에 학년 평균, 졸업 시에는 가중 학년 평균, 우등생 명단에 관한 학기의 비율, 졸업 시에 우등생 등이었다(학생이 총체적 우등생, 부문별 우등생으로 졸업하든지, 혹은 파이베타카파 클럽 혹은 타우베타파이 클럽에의 가입 여부에 기초하여, 가능한 3점 척도가 사용되었다). 사용된 예측 변인은 성별, SAT-M 점수, SAT-V 점수, AP 학점 수, AP와 정시제 대학 과정의 등록 학점 수 등이었다.

모든 4가지 성취 측정에서 유일하게 의미 있는 예측을 한 것은 AP 과정이었다(신입생 GPA, GPA, 우등생 명단은 $p = .01$, 우등생은 $p = 0.5$). AP 변인으로 설명된 변량의 비율은 예측 가능한 신입생 GPA에 대해 16%, 졸업 시 누가 GPA에 대해 12%, 우등생 명단에 대해 14%, 졸업 시 우등생에 대해 6%였다. 다른 말로 표현하면, 수료한 고등학교의 가치뿐만 아니라 입학 시의 연령이 상당히 다양하고 SAT 점수가 인상적이지만, 무시하지 못할 범위를 나타내는 상당히 큰 학생 집단에서, 대학에서 고등 성취 예측의 공통적인 분모는 의미 있는 수의 AP 과정을 성공적으로 완수하는 것이다. 기여 요인은 AP 과정을 제공하는 학교가 교육과정을 통해 높은 질의 교과학습을 제공할 것이라는 점이다. 그러나 이들 학생들이 다니고 있는 고등학교의 전반적인 질을 평가하기 위해 필요한 자료는 이 연구에서는 활용하지 않았다.

입학한 학교를 졸업하지 않은 조기입학자

65명의 속진 학생들 중 8명(12%)은 졸업하기 이전에 철회하였는데, 1983년 입학한 전체 학생에서 철회한 것보다 적은 비율이다. 8명 중 4명은 다른 대학으로 전학하였고, 그들 중의 한 명은 졸업할 때까지 2등이었다. 1/5은 대학의 야간반으로 옮겼고, 우등생으로 졸업하였다. 다른 학생들은 대학에 정시제로 등록하였으나, 알고 있는 범위에서 학위는 수여되지 않았다. 다른 두 학생의 행방은 알려지지 않고 있다. 철회한 속진자 중 4명은 남학생이고, 4명은 여학생이기 때문에 성별은 요인이 아닌 것으로 보인다. 철회한 비속진 학생을 추적하는 어떤 방법도 가지고 있지 않기 때문에, 비교를 이끌어 내는 것은 어려웠다. 그렇지만 대부분의 모든 조기입학자들이 최소한 학사 학위를 취득하였다는 것은 입증되었다.

논 의

속진이 초등학교와 고등학교에서 뛰어난 영재학생들에게 상당한 이점이 있다는 경험적 증거가 늘어남에도 불구하고(Brody & Benbow, 1987; Daurio, 1979; Janos, Robinson, & Lunneborg, 1989; Southern & Jones, 인쇄 중), 속진 학생이 학업상의 문제나 사회적 문제에 부딪히는 특수한 사례를 (가끔은 소문을 통해서) 알고 있기 때문에 실제에 대해 많이 염려한다. 그래서 성공적 속진에 기여하는 구체적 요인들을 확인하는 것은 중요하다.

대학에 2년 혹은 그 이상 조기입학하는 학생들에 대한 이 연구는 그들을 매우 성공적인 집단으로 생각한다. 비속진자들과 비교할 때, 그들은 단기간에 졸업하는 경향이 있고, 졸업 시에 더 많은 우등을 보인다. 대학 졸업 후 그들의 활동에 대하여 전체 집단에 관한 체계적 자료를 가지고 있지 않다 하더라도, 한 속진 학생은 로즈 장학금(Rhodes Scholarship)를 받았고, 몇몇 다른 학생들은 미국에서 대학원에 다니기 위해 대학의 특별 연구비나 조교 수당을 받았다. 원래 대학을 졸업한 57명의 학생들 중 49명은 대학 생활 동안 최소한 3.0의 GPA를 획득하였고, 평균 GPA는 3.4였다. 나머지 소수는 대부분 다른 대학으로 전학을 가서 졸업하였다. 이 집단에서 단지 한 명의 학생이 대학을 졸업하지 못한 것으로 알려졌다.

조기입학자들은 매우 높은 SAT 점수와 대학 입학 이전에 (AP 교과학습의 성공적 완결로 입증된 것처럼) 고등학교에서 더욱 잘 준비한다는 관점에서 다른 학생들에 비해 유리한 점을 가지는 것으로 나타났다. 높은 SAT, AP 과정, 동기를 가진 학생들이 (아마 조기입학자들은 진보적으로 동기화된다) 대학에서 성공하는 경향이 있지만, 여전히 대학에 조기입학하는 학생들을 염려하고 막으려는 사람들이 있다. 그리고 어떤 속진 학생들은 대학에서 학구적으로 성공하지 못하는 경우도 있다.

그래서 이 연구의 주요 초점은 전체 집단이 일반적인 학생들과 비교할 때 상대적으로 성공적이었다는 것을 확증한 이후에, 차이를 만드는 구체적 요인들을 확인하는 것이다. 즉, 어떤 조기입학 요인들은 '비범한' 학업성공을 예측한다. 단지 상대적으로 평균 대학생이 되게 학생들을 속진시키는 것은 바람직하지 않으며, 집단의 성취 범위가 있다는 것을 고려해야 한다. 뛰어난 영재들은 대학에서 잘 성취하고 싶어 한다. 이 점에서 속진은 축소될 것이 아니라, 격려되어야 한다.

연구된 다양한 조기입학 변인들 가운데, 고등학교에서 학생들이 획득한 AP 학점의 수는 대학에서 고등 성취를 예측하게 하는 것으로 알려져 있다. 대학입학시험위원회(College Board)가 지원한 AP 프로그램은 매우 다양한 교과 영역에서 교육과정을 제공하고, 수준 높은 고등학교 학생들을 위해 29번의 시험을 제공한다. 강좌 내용은 선정된 대학의 신입생에게 제공되는 내용과 동등하게 설계된다. AP 검사의 성공적 점수는 고등학교에서 이수한 강좌에 대해 대학에서 학점을 주는 결과를 가져온다.

영재교육에서 집단편성과 속진

우리는 영재들을 위한 AP 프로그램의 이점을 강력하게 지원하지만, 이 성과가 AP 과정에 등록하지 않은 학생들이 대학에서 성공적이지 않다는 것을 반드시 제안하는 것은 아니다. 우리는 비속진 학생들을 위한 정규 프로그램을 평가하지 않았고, AP 학점 없이 잘 수행하는 학생들의 사례가 있는 속진 집단 내에서조차 프로그램을 평가하지 않았다. 그렇지만 대학 조기입학 학생들은 흔히 상당한 양의 고등학교 교과학습을 건너뛰었다. 이 연구의 결과는 교과학습이 제공한 토대가 중요하다는 것을 제시하고 있다. 학생들은 전형적인 나이에 정규 속도로 교과학습을 이수할 필요는 없다. 그러나 대학에 조기입학하고자 하는 학생들은 그 준비의 일환으로 다양한 교과 영역에서 수준 높은 고등학교 교과학습을 이수하는 것이 바람직하다고 권고되어야 하며, 그렇게 함으로써 엄격한 대학 강좌를 다룰 수 있다는 것을 입증하여야 한다. AP로 지정된 수업에 참여하지 않았더라도, 우수한 교사에게 자극을 받는 강좌를 거치면서 12학년 내용을 숙달하는 것은 필요한 배경지식을 제공할 것이다. AP 프로그램은 학생들이 배우는 내용을 제시한 문서에 기여하고, 대부분의 AP 학점은 매우 다양한 교과 영역의 강력한 배경지식을 제안한다.

'다양성'이라는 단어는 여기서 중요하다. 가능한 한 학생들은, 예를 들어, 수학과 같은 하나의 교과 영역을 선택하고, 아마 지역사회 대학의 야간 강좌 혹은 일반 강좌와 같은 다소 덜 선택적인 대학을 택하기 때문에, 정시제 대학 강좌는 관련된 것으로 입증되지 않는다. 대부분의 AP 강좌는 높은 수준에서 지식의 폭을 나타내고, 높은 수준의 고등학교에 다니고 있음을 나타내는 것으로 여겨진다.

SAT 점수가 다중회귀에서 의미가 없다 하더라도, 그처럼 많은 학생들이 그와 같이 높은 점수를 가지기 때문에, 집단으로서 속진 학생들은 대학의 전형적인 신입생보다 의미 있게 SAT 점수가 높다. 대학 조기입학을 계획하는 학생들은 최소한 그들이 입학하고자 하는 대학의 신입생 학년의 평균을 목표로 언어와 수학의 SAT 점수를 가지는 것이 중요하다고 믿는다. 그래서 그들이 마치 다소 덜 선택적인 대학에 다니기보다 더욱더 선택적인 대학에 다니고 있는 것처럼 높은 점수를 가질 필요가 있다.

결론적으로 말하면, 어린 속진 학생들은 성공적이고, 한결같이 탁월한 대학생이 될 수 있다는 것이다. 그렇지만 조기입학을 위한 후보자로서 학생을 선정할 때, 학생들이 자신들이 다닐 대학의 전형적인 신입생과 대등하거나 더 뛰어난 능력(SAT 점수로 측정된 것)과 내용적 배경지식(높은 수준의 고등학교 교과학습에 상응하는 성공적 완수를 통해 측정된 것)을 가져야 한다는 것은 권고할 가치가 있다.

📝 참고문헌

Brody, L. E., & Benbow, C. P. (1987). Accelerative strategies: How effective are they for the gifted? *Gifted Child Quarterly, 3,* 105-110.

Brody, L. E., Lupkowski, A. E., & Stanley, J. C. (1988). Early entrance to college: A study of a academic and social adjustment during freshman year. *College and University, 63,* 347-359.

Brody, L. E., & Stanley, J. C. (in press). Young college students: Assessing factors that contribute to success. In W. T. Southern and E. D. Jones (Eds.), *Academic acceleration of gifted children.* New York: Teachers College Press.

Daurio, S. P. (1979). Educational enrichment versus acceleration: A review of the literature. In W. C. George, S. J. Cohn, & J. C. Stanley (Eds.), *Educating the gifted: Acceleration and enrichment* (pp. 13-63). Baltimore: Johns Hopkins University Press.

Janos, P. M., Robinson, N. M., & Lunneborg, C. E. (1989). Markedly early entrance to college. *Journal of Higher Education, 60,* 495-518.

Stanley, J. C. (1985). Young entrants to college: How did they fare? *College and University, 60,* 219-228.

Stanley, J. C., & Benbow, C. P. (1983). Extremely young college graduates:

영재교육에서 집단편성과 속진

Evidence of their success. *College and University, 58,* 361-372.

Stanley, J. C., & McGill, A. M. (1986). More about "Young entrants to college: How did they fare?" *Gifted Child Quarterly, 30,* 70-73.

Southern, W. T., & Jones, E. D. (Eds.). (in perss). *Academic acceleration of gifted children.* New York: Teachers College Press.

지적으로 매우 조숙한 영재에 대한 급진적인 속진 활용[1]

Miraca U. M. Gross(University of New South Wales)

이 논문은 급진적으로 속진한 IQ 160~200의 지적으로 매우 탁월한 영재 5명의 학교 생활사를 검토한 것이다. 속진 이전에 이들은 그들의 생활연령과 학년 배치에 기초해 융통성 없는 고정된 방식의 교육과정(lockstep curriculum)을 운영하는 정규 교실에 있었다. 그들은 동년배 학생 때문에 심각한 지적 좌절, 지루함, 동기의 결여, 그리고 사회적 거부 반응을 겪었고, 낮은 수준의 사회적 자아존중감을 유의미하게 나타내었다. 이 영재에게 그들의 학업성취 수준에 적절한 교육과정에 접근하도록 월반과 급진적인 교과목 속진의 조합을 제공하였고, 능력과 흥미를 공유하는 다른 영재와의 지적·사회적 교우 관계가 주어졌다. 어린 속진자는 평균 능력을 가진 동년배와 함께 유지된 동등한 영재에 비해 더욱 지적으로 자극되고, 보다 밀접하고 생산적인 사회적 관련성을 즐기며, 보다 건강한 사회적 자아존중감 수준을 나타내었다.

---

1) 편저자 주: Gross, M. U. M. (1992). The use of radical acceleration in cases of extreme intellectual precocity. *Gifted Child Quarterly, 36*(2), 91-99. ⓒ 1992 National Association for Gifted Children. 필자 승인 후 재인쇄.

"어떤 사람은 높은 수준의 정신능력을 가진 인구가 매우 희박하기 때문에, 천재는 필연적으로 고독하다고 말한다. 그렇지만 성인 천재는 감정이 풍부하고, 자신의 모습을 열심히 찾는다. 사회적 문제가 가장 심각한 것은 특별히 높은 IQ를 지닌 아동의 사례에 있다. IQ가 180이라면, 6세의 지적 수준은 평균 11세의 아동과 거의 동일하고, 10세나 11세의 지적 수준은 평균적으로 고등학교 졸업생과 유사하다. … IQ 180의 아동이라면 누구나 마주치는 가장 어려운 사회 적응 문제를 가지는 것은 필연적 결과다."

— Burks, Jensen, and Terman (1930, p. 264)

Terman과 동료의 연구가 지적 영재성이 신경질적인 불안정성과 정서적 부적응과 연결되어 있다는 사회적 통념을 반박하는 데 상당히 신뢰할 수 있다 하더라도(Tannenbaum, 1983; Grinder, 1985), 교육공동체는 특별한 영재성을 지닌 젊은 사람이 동년배에 따른 사회적 고립과 거부를 당할 심각한 위험에 있다는 경고를 흔히 무시한다.

지적 영재의 심리사회적 발달에 관한 연구의 종합적 검토에서 Janos와 Robinson(1985)은 일반적으로 평범한 영재아동의 연구에서 나온 순조로운 사회적 적응에 관해 언급하였다. 지적으로 매우 비범한 영재(exceptionally gifted/ IQ 160~179)와 심원한 영재(profoundly gifted/ IQ 180 이상) 아동이 사회적으로 수용할 수 있는 것보다 큰 문제를 가지는 경향이 있다는 것을 제안한, 극도로 IQ가 높은 영재의 사회적 · 정서적 발달을 조사한 연구는 거의 없다(Hollingworth, 1942; Gallagher, 1958; DeHaan & Havighurst, 1961; Barbe, 1964; Janos, 1983).

Hollingworth(1926)는 IQ 125~155를 '사회적으로 적정한 수준의 지능'으로 정의하였다. 그녀는 이 범위 내의 아동이 온건하고, 자신 있으며, 사회적으로 효과적인 개인이라는 것을 발견하였다. 그러나 IQ 160 이상의 비범한 영재아동과 그들의 동년배 간의 차이가 너무나 현저하기 때문에 사회적 고립과 관련된 특수한 발달상의 문제에 이르게 된다고 주장하였다.

미국과 오스트레일리아에서의 연구는 정규 교실에 제한되어 있는 극도

영재교육에서 집단편성과 속진

연구의 활용도

비범한 영재아동은 인구 1만 명 당 1명보다 적은 비율로 나타난다. 연구에 따르면 이들 아동이 많은 인지적·정의적 변수에서 일반 영재 동년배와 상당히 의미 있는 차이를 가진다. 이러한 이유로 자료실에서의 개인연구 프로그램 혹은 풀 아웃(pull-out)과 같이 일반 영재학생을 위해 설계된 정시제 프로그램에 그들을 배치시키는 것으로는 충분하지 않다. 그들의 정신연령과 사회－정의적 발달 수준에 가까운 아동과 함께 전일제 배치를 필요로 한다. 연구에 따르면 비범하고 심원한 영재학생은 학교생활을 통해 적절하게 구분되고, 요구되는 교과 속진으로 보충된 많은 월반을 통합하는 급진적 속진 프로그램의 도움을 가장 많이 받는다. 학생이 각 단계에서 측면의 강화를 제공받는 것 또한 중요하다. 급진적 속진은 비범한 영재아동에게 인지적·정의적 발달의 유사 단계에서 아동의 지적·사회적 사교성을 제공한다. 동년배와 함께 유지되거나 단지 1년만 속진하는 비범한 영재아동은 동료 거부와 사회적 고립의 심각한 위기에 처한다.

로 IQ가 높은 영재아동 사이에서 동기가 감소한다는 점을 지적하였다(Janos, 1983; Silverman, 1989; Gross, 1989a). 극도로 IQ가 높은 영재를 여러 해 동안 연구한 후, Hollingworth는 단지 심화학습만으로는 그들의 학업적·사회적 필요에 충분히 응답할 수 없다는 것을 확신하였다. 그녀는 비범한 영재아동을 위해 전일제 수업과 독립적 수업을 수행할 것을 설득력 있게 주장하였다(Hollingworth, 1926, 1936, 1942; Hollingworth & Cobb et al., 1923; Hollingworth & Cobb, 1928). Terman과 Oden(1947)은 비범한 영재아동을 위한 단일 학년 월반과 같은 전통적인 속진 절차가 충분하지 않다고 강하게 주장하였다. 그들은 학교생활에서 적절하게 구분된 몇 개 학년 월반을 통한 급진적 속진을 조언하였다.

이러한 권고는 비범한 영재아동이 경험하는 사회적 격리가 정서적 장애의 임상적 격리가 아니라 관련된 동료 집단이 없기 때문에 생긴 부과된 조건이라는 점을 제시하는 Sheldon(1959), Janos(1983), Silverman(1989)의 연이은 연구로 강한 지지를 받고 있다. 동년배 집단에 의해 사회적으로 거부되어 왔던 비범한 영재아동을 부적절한 학년에 배치할 것이 아니라 지적 동료와 함께 배치한다면, 이전에 있었던 사회적 곤란은 사라진다(Hollingworth, 1942; Silverman, 1989).

현재 연구

1980년대 초반 이래, 나는 Stanford-Binet 지능검사(L-M)에서 IQ 160이나 그 이상을 획득한 40명 아동을 대상으로 지적, 학업적, 사회적, 정서적 발달에 대한 종단 연구를 수행하였다. 그 아동은 오스트레일리아 8개 주 가운데 6개 주에 살고 있으며, 현재 나이는 6세에서 16세 사이다. 나는 몇 년에 걸쳐 아동 발달을 연구하였고, 가장 어린 아동이 고등학교를 졸업할 때까지 계속할 것이다. 아동의 학업적 · 심리사회적 발달 측면은 이미 보고되었다(Gross, 1989b, 1990; Gross & Feldhusen, 1990; Gross & Start, 1991; Gross, 인쇄 중). 그리고 연구 초기에 나의 박사학위 논문에서 깊이 있게 보고되었다(Gross, 1989a).

이 연구는 광범위하게 질적 · 양적 관찰 기법을 채택하였고, 연구의 타당도와 신뢰도를 증가시키기 위해 삼각화 기법을 사용하였다(Kidder & Fine, 1987). 아동은 몇 가지 교과 영역에서 표준화된 성취검사를 받았다. 그리고 그들의 성취검사 수준은 수업에서 수행해야 할 작업 수준들과 비교되었다. 이것은 연구자가 아동의 입증된 성취 간 '적합성' 정도를 판단할 수 있도록 하며, 학교는 아동을 위해 프로그램을 제공한다. 덧붙여서 오스트레일리아의 학교는 일반적으로 아동의 학업 진전에 대한 보고서를 문서화하여 학생의 부모와 의사소통하기 때문에, 다른 학년 수준에 속하는 아동의 학교 보고서들은 아동의 능력과 성취 수준에 대한 교사의 지각을 분석하기 위해 검토되었다.

영재(gifted and talented)를 연구하는 많은 교육자와 심리학자들은 지적 잠

영재교육에서 집단편성과 속진

재성의 실현에서 유의미한 긍정적 자아개념을 강조하였다(Hollingworth, 1926; Carroll, 1940; DeHaan & Havighurst, 1961; Feldhusen & Hoover, 1986). 정의적 측면의 자아개념인 자아존중감은 주로 개인이 자기 행위의 가치나 효과성에 대하여 유의미한 타인에게서 받는 정적 혹은 부적 피드백으로 파생된다(Foster, 1983). 특히 고도의 평등주의 사회 풍조가 대부분 '우수한 사람을 추려 내는'(Ward, 1958; Goldberg, 1981; Start, 1986) 것에 기초하는 오스트레일리아와 같은 사회에서, 비범한 영재학생은 그들의 능력과 잠재성에 관해서 고의적으로 오도된 피드백을 동급생과 교사에게서 받을 위험이 있다. 이 연구에서 쿠퍼스미스 자아존중감 검사목록(Coopersmith Self-Esteem Inventory: SEI)이 아동의 일반적 자아존중감, 사회와의 관련성과 가족과의 관련성, 학업 활동의 자아존중감 등을 측정하기 위해 사용되었다.

읽기 흥미 조사에서, 비범한 영재아동은 흔히 그들에 비해 5~7세 나아가 더 많은 아동을 위해 쓰인 문헌을 완전히 이해하고 즐기면서 읽는다(Burks, Jensen & Terman, 1930; Hollingworth, 1942; Gross, 1989a). 2년 간격으로 실시한 조사에서 각 아동은 21일 동안 자발적으로 매일 읽기—모든 읽기 자료의 제목, 저자, 주제 분류, 아동이 현재 선호하고 이들 특별한 책을 선호하는 이유—에 시간을 소비한다. 또한 정규 조사는 몇 주에 걸쳐 TV 시청의 성격과 정도, 컴퓨터 사용, 취미와 놀이의 중요성, 스포츠에 대한 관심 혹은 참여 등으로 이루어진다.

발달적이고 인구학적인 자료는 설문지, 진료 기록, 부모의 일기, 가족의 기록에서 얻고 있다. 규칙적인 간격으로 각 아동의 부모와 아동 자신이 반구조화된 면접을 실시한다. 이들 면접은 설문지, 성취검사와 인성 검사, 학교의 성적표, 모든 기타 정보원을 철저히 조사하고 명료화하며, 더욱 상세하게 부연한다. 또한 면접은 아동의 교육 프로그램, 교사와 동료 학생과의 관련성, 사회 정서적 발달과 같은 보다 민감한 쟁점에 대한 부모의 견해를 이끌어 낸다. 유사하게 학생 면접은 학교에서의 진전, 학교 경험에 대한 감정, 사회적 관련성, 자신과 자신의 능력을 지각하는 아동의 관점을 이끌어 낸다.

이 연구에서 40명의 아동 가운데서, 학교가 매우 두드러진 지적 잠재성을 지닌 존재로 인식하는 경우는 소수였다. 그렇지만 대다수의 경우에 교사는 비범한 지적 잠재성을 인식하지 못하고 있다. 혹은 이념적 근거상 이에 대한 정신측정학의 증거가 유용하게 사용되는 학교는, 영재아동을 위해 차별화된 교육과정 형태를 개발하려고 하지 않는다(Gross, 1989a). 이 연구에서 비범한 영재아동의 대다수는 다른 영재성, 심지어 일반적인 영재성을 지닌 학생과도 가까이하지 않고 이질적인 교실에서 고정된 방식의 교육과정을 공부하면서 초등학교 시기를 보냈거나 보내고 있다.

그러나 이 연구에서 40명의 아동 중 9명은 급진적으로 속진되어 3세 위인 학생과 학교교육의 전체 혹은 일부분을 수행하고 있었다. 이 논문은 이 5명의 아동이 학교에서 어떻게 생활하는지를 보고하고 있으며, 개별화 프로그램 성공의 요인들을 논의하고 있다. 이 논문에서 아동과 그들의 가족이 인정한 이름은 아동 스스로가 지은 가명이다.

오스트레일리아 학교 체제는 영국의 학교 체제에 기초하고 있다는 것에 주목하여야 한다. 따라서 오스트레일리아 아동은 4세에 유아원 혹은 유치원에 들어가고, 미국의 학교 체제보다 1년 빠른 5세에 형식적인 학교교육을 받는다.

이안 베이커(Ian Baker)

이안 베이커는 2세 이전에 다른 사람의 도움이 없이 읽고, 쓰고, 셈하기를 할 수 있었다. 4세에는 다른 아동에게 이야기를 읽어 주며 유치원 교사를 도왔다. 5세에 학교에 입학할 때까지 그는 매우 즐겁게 화이트(E. B. White)의 『샬롯의 거미줄(Charlotte's Web)』을 읽었다. 그는 더하기, 빼기, 곱하기, 나누기를 스스로 하며 수학문제 풀기를 즐겼다.

이안의 탁월한 능력에도 불구하고 교사는 읽기 준비도 프로그램과 1에서 10까지의 수를 인지하는 것을 포함한 수학 프로그램에서 다른 5세 아동들과 함께 이안을 배치시켰다.

학교에서 첫해 6개월이 되었을 때 이안의 부모는 학교 교감과 함께하는 비상 회의를 요청하였다. 교감은 이안에게 행동적으로 장애가 있는 아동을 위한 특수학교에 위탁하기 전에 사전 준비로서 정신측정학적으로 검사받을 것을 학교가 원한다고 이안의 부모에게 알린 사람이다. 교감에 따르면 이안은 교실에서 거의 통제가 불가능하였고, 다른 아동에게 물리적 폭력의 호전적인 시합을 보여 주었다.

학교 심리학자는 이안이 Stanford-Binet 지능검사에서 170 이상을 나타 냈다고 알렸다. 표준화된 읽기 성취검사인 Neale Analysis of Reading에서 이안은 12세 정도의 읽기 정확도와 이해력을 가지고 있음이 발견되었다. 그는 실제로 5세 이상의 능력을 소유하고 있었다.

심리학자들은 이안의 교육에 대한 학교의 그릇된 관리에 아연실색하였다. 그리고 아동의 행동적 장애는 정서적 장애에서 야기되는 것이 아니라, 심각한 지적·사회적 좌절에 기인한다는 점을 교장에게 알렸다. 심리학자는 이안에게 그의 요구에 맞는 교육 프로그램이 반드시 필요하고, 다른 지적 영재학생과 규칙적으로 만날 필요가 있다는 것을 학교에 충고하였다.

단기간에 학교는 이안을 위한 교육과정 적응성을 구성하였다. 이안은 7학년 수학을 하도록 허용되었고(그러나 1학년 교실을 떠나지는 않는다), 풀 아웃 프로그램(pull-out progam, 혹은 소규모 이동 프로그램)이 확립되었다. 그의 지적 좌절은 다소 완화되었으며, 행동도 개선되었다. 그러나 지극히 평등주의적 견해를 지닌 신임 교장이 임명되면서 영재를 위한 특별한 규정을 배제하였고, 풀 아웃 프로그램을 종결지었으며, 이안을 정신연령과 성취 수준보다는 생활연령과 학년 배치에 기초한 엄격한 교육과정으로 되돌려 놓았다. 이것은 이안의 검사된 성취 수준과 그를 위해 처방된 교육과정 사이에 놀랄 만한 부조화를 이끌었다. 4학년이지만 9세의 나이에 이안은 이 연구를 위한 자료 수집 절차의 부분으로서 수학 학업적성검사(SAT-M)를 치렀다. 그는 대학에 진학하려고 계획하는 17세와 18세 학생을 위해 표준화된 이 검사에서 평균을 상회하는 표준편차 .6의 척도 점수 560을 얻었다. 한편, 4학년 교실에서 이안은 4학년 수학에 관해 9세 급우와 고정된 방식(lockstep)으로 공부하도록 요청받았다. 이안에게 편두통, 혐오스러운 발작, 복부 경련 등과 같은 심신 장애와 반사회적 행동들이 다시 나타났다. 이안은 아침마다 학교에 가지 않으려고 부모와 전쟁을 치루고, 학교에 갔다.

9세 3개월의 나이에 이안은 다시 Stanford-Binet 지능검사를 받았다. 이때 그는 18세 6개월의 정신연령을 나타내었다. 심원한 영재에 특별히 흥미를 가진 심리학자들은 아동들이 심지어 Stanford-Binet 지능검사의 최고 한도를 넘어서는 유의미한 점수를 획득하더라도, IQ 비율은 계산되어야만 한다고 주장하였다(Silverman & Kearney, 1989). 비율 계산은 이안의 IQ를 대략 200 정도로 본다.

이안이 4학년 말에 접어들었을 때, 그의 부모는 주 정부가 운영하는 초등학교에서 이안을 퇴교시키고, 영재에 특별한 관심을 가진 교장이 있는 자율(사립) 학교에 등록시켰다. 여기서 이안은 두각을 나타냈다. 그는 급진적인 교과 속진, 월반, '능력에 상응하는 적절한 학업 심화학습(relevant academic enrichment)'(Stanley, 1979), 멘터십을 통합시키는 프로그램에 참여하였다. 1991년 11세의 나이에 그는 13세에 하는 8학년에 기초를 두고 11학년과 함께 수학과 컴퓨터과학을 공부하였고, 10학년과 함께 과학, 역사, 지리학을 공부하였다. 이안은 교사에게 인기가 있었고, 다른 학생들도 그를 따뜻이 대하였다. 그리고 자신이 남과 다르다고 하더라도, 이것은 그가 정규 교실에서 지적 동료로부터 고립되었을 때처럼, 온정적이고 지원적인 사회적 관련성을 방해받고 있다는 것을 입증할 필요가 없다는 것을 수용하기 시작하였다. 그는 속진과 심화된 교육과정을 즐기고, 2~3년 내에 대학의 수학 강좌를 공부하는 것을 생각하고 있다.

크리스토퍼 오트웨이(Christopher Otway)

현재 14세인 크리스토퍼는 이안과 같이 심원한 영재다. 그는 10세 11개월에 Stanford-Binet 지능검사에서 22세의 정신연령을 획득하여, 비율 IQ는 약 200 정도에 해당한다. 11세 4개월에 SAT-M에서 710점이라는 탁월한 점수를 얻었다.

일찍부터 크리스토퍼는 수학과 언어에서 비범한 재능을 나타냈다. 그는 2세에 스스로 읽고, 4세에 아동 백과사전을 읽었으며, 대부분의 5, 6학년에게도 어울리지 않는 일반적 지식 수준을 보였다. 그의 수학 능력은 굉장할 정도로 발달하였다. 3번째 생일이 지나고 얼마 안 가서 그는 단순한 더하기와 빼기 혼합계산을 고안하기 시작하였다. 그리고 일반적으로 유치원에 들어갈 시기인 4세에, 4학년 수준의 수학 공부를 할 수 있었다. 4번째 생일이 지나고 얼마 안 가서 정신측정학 검사에서 최소한 7세의 정신연령을 소유하였음을 나타냈다.

이안 베이커가 학교에 입학할 당시 마주쳤던 장해와는 대조적으로, 크리스토퍼의 초등학교 교장과 교사는 그가 입학한 지 며칠 내에 그의 비범한 능력을 인지하고, 그의 능력에 맞는 교육을 적절하게 받을 수 있도록 기꺼이 보장해 주었다. 크리스토퍼의 부모는 속진에 관한 문헌을 공부하였다. 따라서 부모는 교장에게 크리스토퍼가 교과 속진이나 월반을 위한 적절한 후보라고 제시하였다. 그리고 얼마간의 숙고 후에 교장은 실험에 동의하였다. 행운의 기회를 맞아 공부를 잠시 중단하고, 크리스토퍼는 존스홉킨스 대학교에서 수학 조숙아 연구(The Study of Mathematically Precocious Youth)를 행한 Stanley와 Benbow를 방문하였다. 그리고 속진의 이점을 인식하였다.

처음에 크리스토퍼는 매일 몇 시간 동안 1학년 수업에서 나와, 영어는 2학년에, 수학은 5학년에 합류하였다. 그러나 곧바로 이러한 처치는 크리스토퍼의 완전한 성취에 부응할 수 없다는 것이 명백해졌다. 크리스토퍼는 다음해에 2학년 학생으로서 매일 7학년 수학 수업에 참석하였다. 그의 교과 속진은 계속되었는데, 수학을 위해 8학년에 참여하였고, 명백한 음악적 인지로 8학년 급우와 함께 플루트 수업을 시작하였다. 이 연구에서 몇몇 높은 수준의 영재 수학자는 높은 수준의 음악적 조숙 또한 나타낸다(Gross, 1990).

월반과 교과 속진에 관한 크리스토퍼의 프로그램은 매우 성공적이었다. 12세의 나이에 2~3세 많은 학생과 함께 9학년에 기초를 두었지만, 11학년 수업의 물리학, 화학, 영어, 수학, 경제학을 들었다. 13번째 생일 이후 몇 주가 지나 1990년에 10학년에 들어갔지만, 개별 교과에서 12학년에 속진하기보다는 인문학과 외국어 교과를 듣는 시간인 다른 교육과정 영역에서 11학년을 스스로 '반복' 선택하였다. 그는 동일한 방식으로 12학년을 '반복'하였다. 15세(통상적으로 18세가 아니라)에 고등학교의 마지막 학년을 끝마칠 때까지, 그는 대학에서 공부할 것을 선택할 수 있는 놀랄 만한 교과 영역을 수행할 것이다.

그러나 속진과 영어 심화가 허용됨에도 불구하고 크리스토퍼가 여전히 이 교과 영역에서 능력에 대해 비현실적으로 낮은 지각을 가진다는 것은 걱정스러운 것이다. 11세 4개월의 나이에 SAT-V 검사에서 그는 580이라는 득점에 놀랐고, 검사를 재채점해 줄 것을 요청하였다. "나는 저렇게 잘할 수가 없다." 그는 진실로 걱정스럽게 말하였다. "교사는 내가 영어에서 적당한 평균이라고 생각한다." 이 연구에서 많은 아동이 그들의 능력과 성취 수준에 대하여 학급교사로부터 지극히 부정확하고 부정적인 피드백을 받는다는 것을 주목하는 것은 혼란스럽다.

로시니 싱(Roshni Singh)

로시니 싱은 7세이며 Stanford-Binet 지능검사에서 IQ 162를 획득하였다. 로시니의 어머니 사라는 오스트레일리아 사람이고, 그녀의 아버지 저스프릿은 시크교도로 싱가포르에서 태어났다. 로시니는 지적으로 살아 있는 표현이 풍부한 검은 눈을 가진 섬세한 아름다움을 지녔다. 그녀는 '펀자브 사람'으로서의 정체성과 시크교도의 신념에 충실성을 인식하고 있다. 로시니는 3세에 읽을 줄 알았고, 4세에는 가족의 개인용 컴퓨터로 싱가포르에 있는 친척에게 편지를 썼다. 5세 5개월에 영국과 오스트레일리아에서 공통적으로 사용하는 수학 성취도에 대한 표준화된 검사로서 8세 대상의 Leicester Number Test에서 84%를 획득하였다.

로시니의 비범한 능력은 유년기에 알려졌고, 3세에 유치원에 조기입학하였으며, 속진한 읽기능력을 근거로 4세 때 초등학교에 조기입학하였다. 그러나 유치원과 학교는 그녀의 조기입학을 제안하여 촉진시키고자 한 실제적 재능에 맞추어 교육과정을 수정할 준비가 전혀 되어 있지 않았다. 평균적인 2학년 학생 수준으로 읽을 수 있는 능력에도 불구하고 유치원은 로시니에게 알파벳 입문으로서 커다란 컷아웃 문자를 제시하였다. 그림책은 자유롭게 활용 가능하였지만, 전문성이 있는 도서는 없었다. 놀랄 일은 아니지만, 로시니는 읽기를 중단하였다. 로시니는 유치원으로부터 3세과 4세 아동은 읽기를 상정할 수 없고, 그렇게 하는 것은 다소 '그릇된 것'이라는 솔직한 메시지를 받았다. 그래서 교사의 바람과 학급 동료의 기대치에 순응하기 위하여, '일반적인' 3세 아동인 체하는 데에 최선을 다하였다. 재치, 격려의 사랑, 그리고 상당한 인내심을 가지고 로시니의 부모는 로시니에게 자신의 읽기능력을 부끄러워하지 말아야 한다는 것을 설득하였다. 그리고 몇 주 후, 그녀는 읽기를 다시 시작하였다. 그러나 로시니가 공식적인 학교교육에 입학한 다음 해, 그 패턴은 반복되었다. 로시니는 모든 지식과 학습이 교사를 통해 아동에게 유입되어야 하는 환경에 들어갔다. 교사는 읽기를 4세가 아니라 5세에 가르쳐야만 한다고 믿었고, 로시니의 자기 속진(self-acceleration)을 저해하였다. 로시니는 고분고분하게 읽기를 다시 중단하였다.

이 시기의 좌절은 보다 심각하며, 로시니의 의도적인 미성취는 역전시키는 것을 더욱 어렵게 한다. 5세 학급에서 그녀의 능력이나 흥미를 공유할 수 있는 아동은 없었다. 매우 따분하고 외로우며 의기소침하게 되었다. 로시니의 교사와의 협의에서 그다지 성공적이지 못한 몇 달 이후에, 사라와 저스프

릿은 교장에게 그들의 염려를 말하였다. 그리고 학교가 정규 교실 내에서 학업적으로 그녀를 확장시킬 것으로 여겨지지 않기 때문에, 그들은 어떤 형태의 속진을 고려해 줄 것인지 말 것인지를 물었다. 운 좋게도 학교에 관계된 심리학자와 초등학교 교사 중의 한 사람이 영재교육에 대해 알고 있었으며, 학교는 다소 마지못해 동의하였다. 로시니는 수용학습(reception class)에서 학교의 한 해가 끝나기 8주 전에 1학년으로 이동하는 것이 허용되었다. 이러한 처치는 상당히 성공적이었기 때문에 그녀는 다음해 시작 시점에 새로운 학교 급우가 있는 2학년으로 옮겼다. 그녀는 관례보다 완전히 2세 어린 5세 4개월의 나이에 2학년에 들어갔다.

쓰기를 할 때, 로시니는 7번째 생일이 막 지나고 있었고, 그녀보다 2~3세 많은 아동과 함께 4학년이었다. 교실은 능력에 따라 집단편성되었고, 로시니는 모든 교과에서 최고 집단에 위치하고 있다. 그럼에도 불구하고 로시니는 그녀가 공부하는 수학이 여전히 그녀의 능력보다 상당히 아래에 있다는 것을 인정하였다. 그러나 그녀는 학교생활을 철저하게 즐겼다. 교사는 그녀를 좋아하였고, 학교 급우에게 지극히 인기가 있었다. 앞서 언급한 것처럼 대부분의 오스트레일리아 학교는 아동의 진보에 관한 규칙적인 문자 보고서를 가정에 보낸다. 로시니의 최근 보고에 따르면 교장은 다음과 같이 썼다. "로시니는 모든 과제에 부지런히 자신을 적합하게 하고, 높은 위치를 유지하고 있다. 그녀는 다른 나이에도 불구하고 동료 관계를 매우 잘 해결하고 있다. 이것은 자신의 지식을 개발하고 확장시키도록 제시된 기회를 활용하는 것이다. 나는 로시니의 장난기 있는 유머 감각으로 생동감 있는 개성을 즐기도록 하고 있다!"

로시니의 학교 프로그램에서 한 가지 결점은 계획된 심화를 거의 포함하지 않고 있으며, 다른 영재아동과 공부할 기회가 거의 없다는 것이다. 로시니가 2학년일 때, 학교는 영재학생을 위한 풀 아웃 프로그램을 도입할 것을 고려하였지만, 엘리트주의에 대해 있을 법한 비난과 그 프로그램에 선발될 수 없는 아동의 부모에게서 제기되는 잠재적 반대에 대한 학교의 걱정 등의

영재교육에서 집단편성과 속진

정치적 이유로 이 계획은 포기되었다. 로시니의 부모는 속진만으로는 딸을 위한 교육적·사회적으로 균형 잡힌 식이요법을 제공할 수 없을 것이라고 인식하였다. 그리고 그들은 로시니의 속진 프로그램을 유지하면서, 또한 다른 영재학생과의 상호작용을 촉진시킬 수 있는 다른 학교로 전학할 가능성을 조사하였다.

프레드 캠벨(Fred Campbell)

프레드 캠벨은 열정과 탐구심을 지녔고 작고 강단이 있으며, 지속적으로 방심하지 않는 어린이다. 프레드는 14번째 생일이 지난 2주째에 11학년에 들어갔다. 그의 학교는 월반, 교과 속진, 그리고 수학과 과학에서 프레드의 비범한 능력을 촉진시키기 위해 설계된 개별화 프로그램에서의 심화가 조합되어 있다. 불행하게도 그의 초등학교는 그의 능력에 대해 큰 관심을 가지고 있지 않았다.

프레드는 비범한 능력을 소유하고 있으며, 다중재능(multitalented) 학생이다. 그는 Stanford-Binet 지능검사에서 IQ 163을 획득하였다. 12세 1개월이 되었을 때, SAT-M에서 640, SAT-V(언어)에서 500을 획득하였다. 3번째 생일 이전에 스스로 읽을 줄 알았고, 탁월한 수학 기능은 그 후 곧 계발되었다. 더욱이 그는 뛰어난 영재 예술가다.

프레드는 초등학교에서는 지독히 불행하였다. 많은 비범한 영재아동처럼, 그는 활용 가능한 자원을 소모할 때까지 자신을 교과에 파묻으며, 그리고 나서 같은 열정을 쏟아 부으며 다른 제재로 옮겨감으로써 많은 분야를 깊이 있게 읽는다. 9세에 그는 심리학의 흥미를 예리하게 발달시켰고, 이 학문 분야에서 그가 살았던 대도시의 도서관에서 빌려 온 성인 교재를 탐독하였다. 그렇지만 그는 학교에서 사회적 추방자였고, 상이한 존재로 조롱받고 거절당하였다. 프레드의 급우들은 심리학, 철학, 음악에 대한 그의 흥미를 이해하지 못하였다. 그들은 수학에 대한 프레드의 열정을 이해할 수 없었다. 프레드가 자신의 행동, 반응, 견해를 표현하고자 시도할 때, 다른 학생의 가치 체계에서 완전히 멀어져 갔다. 그들은 프레드를 무자비하게 비웃고 조롱하며 공격하였다. 그리고 그의 삶을 비참하게 만들었다. 학교는 프레드에게 차별화된 교육과정 형태를 제공하는 것을 거부하였다. "프레드는 그 자신의 목적을 설정하고, 자신의 학습에 책임을 지는 것과 같은 독립적인 사람이다. 그리고 이것은 그의 초등학교에서 수용될 수 없었다."라고 프레드의 어머니 엘리노어는 말하였다. "그들의 태도는 프레드가 다른 9세 학생과 같아야만 하고, 스포츠에 더 많은 흥미를 가져야 하며, 9세 교실 수준에서 공부하여야 한다는 것이었다."

결국 프레드가 5학년 때 그의 부모는 필사적으로 지역의 고등학교(오스트레일리아의 대부분 주에서 고등학교는 7학년에서 12학년까지 아동을 다룬다)에 접촉하였으며, 교장에게 프레드가 좀 더 일찍 입학할 수 있는지를 물었다. 프레드를 만난 이후 교장은 진심으로 동의하였다. 결국 10세의 나이에 프레드는 7학년에 입학하였고, 즉시 1년을 월반하였다. 다음해 그는 8학년에 기초를 두었지만, 11학년과 함께 수학과 과학을 수강하였다. 이 프로그램은 그가 수학, 과학, 컴퓨터 사용에서 교과 속진을 계속하는 사이에 9학년으로 월반하도록 허용하였다. 프레드의 말에 따르면, 학업적으로나 사회적으로 속진은 "이제까지 나에게 일어나지 않았던 가장 좋은 일"이다. 처음으로 그는 자신과 유사한 사고방식과 관점을 지닌 학생과 연합할 수 있었다. 그보다 2~3세 많은 그의 급우들은 학급의 한 사람으로 프레드를 받아들였고, 그는 따뜻함과 지속적인 우정을 많이 나누었다.

해들리 본드(Hadley Bond)

해들리 본드는 9세이고 7학년에 재학 중이며, Stanford-Binet 지능검사 IQ 비율은 178이다. 그의 현상학적 수학(mathematical) 능력은 유년기에 입증되었다. 18개월 되던 때, 그는 가족의 개인용 컴퓨터로 2세 위의 형이 사용하던 수학 훈련 프로그램에 이미 매혹되었다. 그는 단순한 더하기 문제를 매우 즐겼다. 그는 플라스틱 구슬을 사용하여 질문의 답을 해결하고, 그 반응이 입증되었을 때 즐겁게 웃으며 컴퓨터에 그것을 타이핑하였다. 해들리는 2세 이전에 소책자를 읽었고, 3세에 이르러 8세 아동의 읽기능력을 소유하였다.

로시니와 같이 해들리는 취학 전에 확인되고 사정되었던 수학과 언어의 탁월한 능력에 근거해 조기입학이 허용되었다. 불행하게도 해들리의 학교는 로시니의 학교처럼 그의 필요에 따른 교육과정을 적용시키지 않았다. 해들리가 더하기와 빼기를 스스로 학습한 이후 3세 때, 그는 다른 5세 아동과 함께 1~10까지의 수를 순서대로 놓는 것을 요청받았다. 해들리는 따분해하고 분개하였다. 그리고 부모에게 학교는 시간을 낭비하는 곳이라고 솔직하게 말하였다. 그와 같은 부정적 경험이 계속된다면, 학교를 싫어하여 해들리가 학교에 가지 않을 것을 우려한 그의 부모는 그를 자퇴시켰다. 몇 달이 지난 후, '적절한' 연령이 되었을 때, 부모는 해들리를 몇 마일 떨어진 다른 학교에 등록시켰다. 두 번째 학교의 교장은 해들리의 탁월한 능력을 인지하였고, 곧 열두 달을 월반한 1학년에 그를 배치하였다.

비범한 영재아동은 흔히 매우 어린 나이에 능력과 흥미가 다른 아동과 근본적으로 다르다는 것을 깨닫고, 조화되지 않는 존재로 자신을 비난하거나 모욕한다(Hollingworth, 1926; Gross, 1989a). 두 번째 학교에서 해들리는 가능한 한 다른 5세 아동과 많이 '다르다'는 사실을 속이려 하였다. 그는 급우의 행동을 조심스럽게 모방하였고, 심지어 학급 도서에서 그림책이나 몇 단어만으로 되어 있는 책을 선택함으로써 급우를 따라 하였다. WPPSI[2]의 전체 척도 IQ가 150을 나타내는 심리학자들의 사정에도 불구하고, 교사는 액면 그대로 그의 읽기 수행을 믿었고, 몇 달이 지난 후에야 학교는 그의 비범한 읽기능력을 인지하고 대응하게 되었다. 운 좋게도 교과 속진이 이와 같

---

2) 역자 주: Wechsler 유아 지능검사(Wechsler Preschool and Primary Scale of Intelligence)

은 대응의 한 부분으로 형성되었고, 해들리는 수학 수업을 위해서는 2학년, 컴퓨터 수업을 위해서는 3학년에 가도록 허용되었다.

해들리는 개별화된 수업과 학교가 처음 시도하는 심화학습 수업을 하는 것보다 속진에 대해 상당히 긍정적으로 반응하였다. 그는 단지 열두 달 많은 급우와의 관계보다도 컴퓨터 수업을 함께 하는 3학년 학생과의 관계에 더욱 행복해하였다. 따라서 1학년 말에 가서 해들리는 그보다 2세 더 많은 아동이 있는 3학년으로 월반하였다. "그것은 해들리에게 사회적으로 굉장히 좋은 곳이다."라고 그의 어머니가 말하였다. "처음에 해들리는 그의 학년에 있는 다른 아동에게 전적으로 수용되었으며, 좋은 친구를 많이 만들었다. 그리고 이전의 학년에서 얼마나 좋지 않게 지냈으며, 얼마나 외롭고 격리되어 있음을 느꼈는가에 대해 이야기하기 시작하였다."(Gross, 인쇄 중) 해들리가 새롭게 찾은 행복은 성취동기를 고조시켰고, 4학년 말에 이르러 교장, 해들리, 부모는 6학년으로 바로 월반하도록 결정하였다. 이전의 두 경우와 같이 월반은 매우 성공적이었다. 그리고 1991년 초반 9세의 해들리는 12세 급우가 있는 7학년로 옮겼다. 놀랍고 기쁘게도 그는 수학 배치 검사에서 125명의 학생 가운데 수석을 차지하였다.

부적절한 교육 제공의 사례

이 연구에서 비범하고 심원한 영재 40명 중 31명이 정규 교실에 보류되거나 1년의 토큰 월반이 제공되었다. 이들의 몇몇 학교 프로그램은 교육적 실수의 교과 사례다.

4세의 리처드(Richard)는 2진법, 8진법, 16진법으로 암산을 해서 오스트레일리아의 주요 대학 수학 교수를 놀라게 하였다. 12세 6개월의 나이가 되었을 때, 그는 SAT-M에서 780을 득점하였다. 그는 영재 음악가이자 작곡가이며, 2개 주 전체 초등학교 체스 선수권 대회에서 우승하였다. 학교생활을 거쳐 리처드는 수학과 모든 다른 학교 교과에서 동년배와 함께 계속 지내왔다.

아나스타샤(Anastasia)는 Stanford-Binet 지능검사에서 IQ 173을 기록하였다. 6세 때 그녀가 가장 좋아하는 과외 읽기는 『National Geographic』이었다. 7세 때 그녀는 Richard Adams의 『워터십 다운의 토끼들(Watership Down)』을 읽었다. 8세 때 그녀는 『레미제라블』의 영역본을 읽었다. 공연을 보여 준다고 해도 그녀는 책 읽기를 원하였다. 아나스타샤는 한 학년을 월반하였다. 성인 소설을 읽는 8세 아동을 9세 아동과 함께 배치시키는 것이 그녀의 따분함과 사회적 격리를 임시로 완화시키는 것 이상의 무엇을 제공할 것인지 의문이 간다.

IQ 162인 애덤(Adam)은 3세 때 유능하고 열정적인 독자였다. 그는 처음 3개 학년이 한 교실에서 같이 지내는 작은 시골 학교에서 어린 시절을 보냈다. 애덤이 교수 경력에서 마주친 가장 현명한 아동이라고 말한 교사는, 애덤이 18개월 안에 3개 학년의 공부를 완수할 수 있도록 허용하였다. 6세 10개월이 되었을 때, 그는 찰스 킹슬리(Charles Kingsley)의 고전 『Water Babies』를 읽었으며, 읽기의 정확성과 이해력은 7학년 수준으로 나타났다.

그러나 교장은 속진이 사회적 손상이나 정서적 손상을 이끌 수 있다는 많은 학교 행정가의 염려를 공유하였다(Southern, Jones, & Fiscus, 1989). 애덤의 속진 과정은 중지되었다. 그의 3학년 교사는 다른 학생처럼 동일한 자료를 읽고 공부할 것을 주장하였다. 이것은 이미 이전 학년에서 다루었던 많은 작업을 반복하게 하는 것이었다. 애덤의 계속적인 지루함, 의기소침, 지적 좌절은 학교와 가정에서 그 자체로서 명백해졌다. 교사는 그를 건방지고, 혼란스러우며, 무례하다고 보고하였다. 가정에서 그는 공격적이고 불끈하였다. 시간이 지나면서, 그는 반항할 의지조차 잃었다. 그는 교사의 요구와 급우의 학업 기준에 순응하기 시작하였다. 교사는 애덤의 행동이 '개선'되고 있다며 기뻐하였고, 그의 부모에게 훌륭하다고 언급하였다. 학기 중에, 애덤의 아버지는 내게 편지를 써서 그의 두려움을 표현하였다.

내가 그것을 정의할 수 없기 때문에 그들에게 말하기는 어렵지만, 애덤은 항상 가지고 있던 '번뜩임(spark)', 또는 더 이상 표현할 수 없는 무엇인가를 잃어버렸다. 이것은 예리함, 즉 영리하고 흔히 유머 감각이 있는 논평이며 그가 일련의 아이디어를 통해 추구하기 시작할 때, 열정적인 것을 능가해 갑작스럽게 기운이 넘치는 것이다. 그는 오히려 예리한 끝이 많이 있는 돌과 같다. 교사들은 이 예리한 끝을 깎아 내었으며, 그 결과 애덤은 학급에서 더욱 부드럽게 구르고 있으며, 그들은 그것에 행복을 느낀다. 나는 그들이 애덤의 중요한 부분을 사장시킨 원인을 제공하고 있다고 느낀다. 그러나 예리한 끝은 여전히 거기에 있다. 때때로 가정에서 불거지고 있으나, 애덤은 그것을 숨기는 것을 배웠다. 교사들에게 그것을 설명하려고 노력하였으나, 매번 실패하였기 때문에 나는 당신이 내가 무엇을 설명하려고 하는지 이해하였으면 좋겠다. 그들은 매우 성공적이라고 믿고 있으나, 나는 그들이 어떤 중요한 번뜩임을 내리누르고 있다는 것을 알고 있다(Gross, 1989a, p. 228).

속진 프로그램의 성공 요인들

프로그램 설계와 계획

이 연구에서 40명 아동 중 9명은 급진적으로 속진되어 왔다. 각각의 경우에서 월반과 교과 속진은 아동의 학업성취뿐만 아니라 사회적·정서적 성숙에 중점을 두면서 신중하게 계획되고 모니터링되어 왔다. 한꺼번에 한 개 학년 이상을 월반하는 학생은 없다. Terman과 Oden(1947)이 권고한 것처럼, 월반은 각 월반 사이에 최소한 1년 정도 통합하도록 함에 따라 아동이 학교를 통해 진전할 수 있는 것으로서 적절하게 간격을 가져야 한다. 조숙아의 월반 지침에서 Feldhusen, Proctor 및 Black(1986)이 충고한 것처럼, 각 학생은 그들의 지적 능력을 확립하기 위해서, 그리고 아동이 속한 학년의 평균을 능가하여 상당한 수준을 성취하는 것을 보장하기 위해 정신측정학적으로 사정되었다. 각각의 경우에서 속진은 시험적 토대로 수행되고 있는 것으로 이해하여야 한다. 그리고 아동은 언제나 자신의 초기 배치 상태로 돌아갈 수 있는 선택권이 있다는 것을 알고 있다. 그렇지만 모든 경우에서 속진은 성공적이라는 것이 압도적으로 입증되었다.

각각의 경우에 아동의 부모와 아동 자신은 속진 프로그램의 계획과 모니터링에 참여하였다. 실제로 대다수 경우에 초기 월반은 교사가 제안한 것이 아니라, 영재의 적절한 교육적 대비에 관한 연구 문헌에 친숙한 부모가 제안하였다. 몇몇 경우에 학교는 어떤 형태의 속진을 극히 마지못해 허용하였는데, 이는 단지 심화수업 중의 토큰 단서의 제공, 혹은 풀 아웃 프로그램과 더불어, 아동이 동년배 학생과 함께하는 것이 아동의 학업적이고도 사회적인 필요에 대해 매우 부적절하다는 것이 명백하게 입증되었을 때다(Gross, 1989a).

속진과 심화의 상대적 장점은 상당한 논쟁거리가 되어 왔다. 많은 연구자들(Glodberg, Passow, Camm, & Neil, 1966; Sisk, 1979; Feldhusen, 1983)은 뛰어난 영재학생을 위한 가장 효과적인 처치 구조가 개별 학습과 멘터십과 같은 기타 준비로 고양된 두 가지 절차의 조합이라고 결론지었다. 로시니의 예외와 더불어, 아동의 속진은 풀 아웃 프로그램, 멘터십, 혹은 교과별 트래킹(tracking)의 형태로 심화와 능력별 집단편성으로 보충되어 왔다. 일반적으로 허용된 것보다 상당히 어린 나이에 주와 국가에서 실시하는 수학경시대회에 나가도록 허용함으로써, 추가적인 확장이 크리스토퍼와 이안을 위해 제공되어 왔다. 심지어 급진적 속진과 더불어 이들의 정신연령이 그들이 입학한 학급의 평균 학생보다 여전히 상당히 높았다. 그리고 부가적으로 교육에 잘 적응하기 위해서는 학업적 도전과 지적 동료를 제공할 것을 보장할 필요가 있다.

사회적 자아존중감의 고양

이 연구에서 아동의 자아존중감을 측정하기 위해 사용된 쿠퍼스미스 자아존중감 검사목록은 각각 상이한 자아존중감의 측면을 측정하는 4가지 하위척도, 즉 사회적 자아동료(social self-peers), 가정부모(home-parents), 학교학업(school-academic), 일반적 자아(general self)로 구성되어 있다 (Coopersmith, 1981). 두드러진 차이는 급진적 속진아와 기타 학생의 학업적 자아개념 득점과 사회적 자아개념 득점 사이에 나타난다.

급진적으로 속진한 비범한 영재아동은 학업적 자아존중감의 지표에서 고득점일 것으로 예상된다. 대조적으로 그들 연령 집단의 평균과 .7 이상의 표준편차 사이에 긍정적이지만 적당한 득점이 나타났다. 그들의 학업성적을 몇 살 위인 급우들의 학업성적과 비교하였다. 그들은 여전히 급우보다 기량이 뛰어나고, 지적이고 학업적인 도전을 즐긴다. 그러나 그들은 성공하기 위해 공부하여야만 한다. 이들 결과는 속진 아동이 학업능력에 대하여 자만심을 가질 것이라는 일반적인 신념과 모순된다.

흥미롭게도, 학업적 자아존중감에서 유별나게 자만하는 아동은 급진적으로 속진되지 않은 아동이다. 비범한 영재아동에게 제시된 학교공부는 노력을 거의 요구하지 않으며, 그들의 수행은 일반적으로 급우의 수행을 상당히 능가한다. 그들은 성취 수준이 자신에게 접근하는 다른 아동, 그리고 현실적으로 자신과 비교할 수 있는 다른 아동과는 접촉하지 않는다.

비범한 영재의 이전 연구(Hollingworth, 1942; DeHaan & Havighurst, 1961; Janos, 1983)처럼, 이 연구에서 정규 교실에 있는 대다수의 아동은 그들의 급우와의 긍정적인 사회적 관련성 확립에 상당한 어려움을 겪는다. 그들이 자신의 사회적 기능과 다른 아동의 눈에 비친 자신의 이미지를 개발하고자 하는 강력한 부정적 지각은 지극히 낮은 수준의 사회적 자아존중감이 반영된 것이다. 연구에서 절반 이상의 아동이 최소한 평균 이하의 한 표준편차에서 사회적 자아존중감 득점을 보였다. Z 점수에 표현된 아나스타샤와 리처드의 사회적 자아존중감 득점은 각각 -2.59와 -1.14이다. 고등학교에 조기입학이 허용되기 이전에 이안의 사회적 자아존중감은 불안할 정도로 낮은 -1.97이었다.

유의미하게 SEI의 사회적 자아동료 하위척도에 관해 평균 이상의 한 표준편차보다 많은 득점을 한 유일한 아동은 급진적으로 속진되어 온 아동이다. 이들은 최소한 자신의 흥미, 지적 탐구의 기쁨, 그리고 세계를 보는 방식을 공감할 수 있는 다른 아동과 공부하고 사회화한다. 이들은 급우와의 감정적 유대를 확신한다. 그들은 아동기의 사회적 기쁨을 즐기며, 동시에 도전적인 학업 과제에 대한 지적 만족감을 경험한다.

지적 동료 집단의 제공

아동의 사회적 발달과 지적 발달 수준은 생활연령보다는 정신연령과 보다 높은 상관이 있다는 것은 현재 일반적으로 이해되고 받아들여지는 것이다(Hallahan & Kauffman, 1982; Tannenbaum, 1983; Janos & Robinson, 1985). 이것의 중요성은 IQ가 높으면 높을수록 생활연령과 정신연령 사이의 불일치가 더 커지고, 따라서 영재아동의 심리사회적 발달과 동년배의 심리사회적 발달 사이의 간격을 더욱 넓히기 때문에 비범한 영재를 다룰 때 매우 크다. 아동은 생활연령보다는 정신연령에 기초해 우정을 선택하는 경향이 있다(Hubbard, 1929; O'Shea, 1960). 그리고 지난 60년 이상에 걸친 연구에 따르면 일반적으로 지적 영재아동은 그들보다 다소 나이가 많은 아동을 동료로서 선호한다(Davis, 1924; Terman, 1926; Hollingworth, 1931; Janos & Robinson, 1985). 이 연구에서 크리스토퍼, 이안, 프레드, 기타 급진적 속진자들은 유사한 지적 발달단계와 정서적 발달단계에 있는 아동 집단에 접근할 수 있도록 허용되어 있다.

비범한 영재아동의 읽기 흥미와 선호하는 레저 활동이 평균 아동의 능력이나 흥미 영역에서 전적으로 외부에 놓여 있는 경향이 있다는 사실 때문에 사회화가 저해될 것이다(Zorbaugh & Boardman, 1936; Hollingworth, 1942; Gross, 1989b). 비범한 영재아동이 동년배 집단과 더불어 읽기 흥미를 공유하려고 시도한다면, 이것은 심각하게 중요한 문제와 가능한 사회적 거부 반응을 초래할 수 있다. 8세 아동 중 아나스타샤처럼 『레미제라블』을 읽으려는 아동은 거의 없으며, 9세이며 4학년인 프레드는 심리학과 예술사에 열정적인 흥미를 이해하는 친구를 가까이하기가 쉽지 않았다. 대조적으로 같은 9세이지만 7학년인 해들리는 과학적 환상을 공유하는 10대 급우가 있으며, 그가 선호하는 소설은 완전히 그의 동년배의 이해력을 능가하고 있다. 디킨스(Dickens)와 브론테 자매(the Brontës)에 매료된 12세 크리스토퍼는 그의 열정을 11학년 급우와 공유하였다.

미성취의 반전

비범한 영재가 고등 수준의 과제에 신념을 가지고 열성적이고 학술적으로 성공한다는 공통된 지각은, 많은 탁월한 영재아동이 정규 교실에서 심각하게 미성취한다는 것과 초등학교 말에 탁월한 학습 동기를 거의 완전히 상실하였다는 것을 입증하는 연구로 반박되어 왔다(Pringle, 1970; Painter, 1976; Whitmore, 1980; Gross & Feldhusen, 1990).

이 연구에서 대부분의 비범한 영재아동은 학교생활에서 실질적인 기간 동안 그들의 능력을 고의적으로 숨기거나 급우와 교사의 분노를 가라앉히려고 그들의 학업성취를 의미 있게 완화하였다는 것을 솔직하게 진술하였다. 일반적으로 급진적인 속진자는 현재 그들에게 제공된 상당히 수준 높은 교육과정조차도 자신의 지적 능력에 미치지 못한다는 것을 인정한다. 그렇지만 그들은 지적 동료와 배치되어 현재 경험하는 정서적 안심 때문에, 사회적 수용을 위한 미성취 압력이 완화되거나 완전히 제거된다는 것을 일관성 있게 진술한다.

그러나 미성취의 반전에 잠정적 제한이 있다. 몇 년 동안 그들의 잠재성 이하로 의미 있게 공부해 온 영재 고등학교에서 학업 미성취를 반전시키려는 시도는 다양하게 성공하였다(Tannenbaum, 1983). 이안의 아버지는 어떻게 이안이 회복할 수 없는 정도로 학습 동기를 잃게 되어 종결되었는가를 인식하고 있다. 수학의 급진적 교과 속진이 이안에게 처음 허용되었을 때,

Brock은 "그는 모든 점에서 다시 시작하였고, 학교에서 공부를 배웠다."라고 기술하였다. "여러 해 동안 그는 수업 중에 자신이 받은 어떤 것에 대해 생각하였다. 그리고 자신이 집중해야만 하였던 것이 그에게 상당히 충격적인 것으로 다가왔다. 처음에 그는 심지어 그것에 분개하였다. 그러나 학교를 대하는 그의 태도는 뚜렷이 나아졌다. 지난 몇 주 동안 이안은 어렸을 당시처럼 번뜩이는 눈으로 귀가하였다. 지금에야 우리는 그가 얼마나 많이 변하였는지 깨달았다. 나는 우리가 방심해서는 안 된다고 생각한다. 그러나 우리는 그가 눈치채지 못하도록 그에게 매우 가까이 다가갔다고 생각한다."

급진적 속진이 허용되지 않은 비범한 영재아동이 이안처럼 운이 좋은 것은 아니다. 거의 모든 경우에, 아동의 부모는 동년배 집단과 함께 정규 교실에 남게 하거나 애덤의 부모와 같이 성취 동인, 지적 탐험의 기쁨, 그리고 유년기에 그의 아이를 특징짓던 새로운 지식을 추구하는 즐거움 등이 심각하게 줄어들거나 완전하게 사라졌다는 1년 보고서를 받고야 월반시킨다. 불행하게도 이 아동이 소속된 학교는 이것의 원인을 조사하기보다는 아동이 더 이상 영재가 아니라 '동등화된(leveled out)' 것이고, 그들의 동기 감소를 학업 달성의 하락에 따라서 부수적으로 나타나는 경향으로 본다.

요 약

여기서 보고된 연구는 미국 이외의 나라에서 수행한 비범한 영재아동, 혹은 심원한 영재아동에 관한 종단 연구다. 그 결과는 급진적 속진이 비범한 영재의 지적 요구와 심리사회적 요구에 실제적이고 효과적인 응답이라는 Stanley와 Benbow(1983), Pollins(1983), Janos(1988) 등과 같은 미국 연구자들의 결론을 지지한다.

모든 경우에, 급진적으로 속진된 학생, 그들의 교사와 부모는 현재 학업적으로나 사회적으로 더욱 적절하게 배치되어야 한다고 강력하게 믿고 있다. 이들 학생은 보다 높은 수준의 동기를 나타내며, 동료를 얻기 위해 미성취해야 한다는 압력은 상당히 줄어들거나 완전히 사라진다. 그리고 그들에게 제공된 교육과정이 그들의 학업 요구를 완전하게 표현하지 못한다 하더라도, 능력별 집단편성, 심화 혹은 멘터링으로 고양될 때, 도전적이고 자극적인 지적 환경을 제공한다. 급진적 속진은 학교에 대해 긍정적인 태도를 가지게 하고, 교사는 그들을 따뜻하게 대한다고 믿는다. 그들은 속진 이전에 비하여 더욱 많은 친구가 있으며, 더욱 밀접하고 생산적인 사회적 관련성을 즐긴다. 그들은 동년배 혹은 1년 속진한 동일한 지적 능력의 아동이 행하는 것보다 상당히 높은 사회적 자아존중감과 일반적 자아존중감을 가진다.

속진하기 이전에, 많은 속진자들은 급진적으로 속진하지 않은 비범한 영재학생의 특징인 부정적 태도와 행동을 여전히 나타낸다. 이들은 혼란스러울 정도로 낮은 수준의 동기를 나타내고, 급우에 따라 사회적 거절을 더 많이 받는 경향이 있으며, 흔히 동년배나 교사의 수용을 얻으려고 미성취한다고 진술한다. 이들 중 몇몇은 수업 도중에 그들의 검사 성취보다 아래에 있는 7세 수준이나 보다 높은 연령에서 공부해야 할 필요가 있다.

미국처럼, 오스트레일리아도 많은 교사가 속진은 아동의 사회적 발달과 정서적 발달을 위협할 것이라고 주장한다. 이 연구는 사회적 문제나 정서적 문제들이 속진에 대해 잘 계획되고 신중하게 모니터링된 프로그램을 통해 발생한다고 제시할 수 있는 증거를 찾지 못한다. 우리는 오히려 계속되어 온 잘못된 교육적 배치에 따라 생기는 부적응 효과에 관심을 가져야만 한다고 주장한다. 비범한 영재나 심오한 영재를 단지 1년 속진시키는 것은 동년배와 정규 교실에 남아 있게 하는 것과 마찬가지로 효과가 없다.

📑 참고문헌

Barbe, W. B. (1964). One in a thousand: *A comparative study of highly and moderately gifted elementary school children.* Columbus, OH: F. J. Heer.

Burks, B. S., Jensen, D. W., & Terman, L. S. (1930). *Genetic studies of genius: Vol. 3: The promise of youth.* Stanford, CA: Stanford University Press.

Carroll, H. A. (1940). *Genius in the making.* New York: McGraw Hill.

Coopersmith, S. (1981). *Self-esteem inventories: Manual.* Palo Alto, CA: Consulting Psychologists Press.

Davis, H. (1924). Personal and social characteristics of gifted children. In G. M. Whipple(Ed.), *Report on the Society's Committee on the Education of Gifted Children*(pp. 123-144). The Twenty-Third Yearbook of the National Society for the Study of Education. Bloomington, IL: Public School Publishing Company.

DeHaan, R. F., & Havighurst, R. J. (1961). *Educating gifted children.* Chicago: University of Chicago Press.

Feldhusen, J. F. (1983). Eclecticism: A comprehensive approach to education of the gifted. In C. P. Benbow & J. C. Stanley (Eds.), *Academic precocity: Aspects of its development* (pp. 192-204). Baltimore, MD: Johns Hopkins University Press.

Feldhusen, J. F., Hoover, S. M. (1986). A conception of giftedness: Intelligence, self-concept and motivation. *Roeper Review, 8*(3), 140-143.

Feldhusen, J. F., Proctor, T. B., & Black, K. N. (1986). Guidelines for grade advancement of precocious children. *Roeper Review, 9*(1), 25-27.

Foster, W. (1983). Self-concept, intimacy and the attainment of excellence. *Journal for the Education of the Gifted, 6*(1), 20-27.

Gallagher, J. J. (1958). Peer acceptance of highly gifted children in elementary school. *Elementary School Journal, 58,* 465-470.

Goldberg, M. L. (1981). *Issues in the education of gifted and talented children in Australia and the United States.* Canberra, Australia; Commonwealth

Schools Commission.

Goldberg, M. L., Passow, A. H., Camm, D. S., & Neill, R. D. (1966). *A comparison of mathematics programs for able high school students* (Vol. 1). Washington, DC: U. S. Office of Education, Bureau of Research.

Grinder, R. E. (1985). The gifted in our midst: By their divine deeds, neuroses and mental test scores we have known them. In F. D. Horowitz & M. O' Brian (Eds.), *The gifted and talented: Developmental perspectives* (pp. 5-36). Washington, DC: American Psychological Association.

Gross, M. U. M. (1989a). *Children of exceptional intellectual potential: Their origin and development.* Unpublished doctoral dissertation, Purdue University, West Lafayette, IN.

Gross, M. U. M. (1989b). The pursuit of excellence or the search for intimacy? The forced-choice dilemma of gifted youth. *Roeper Review, 11*(4), 189-194.

Gross, M. U. M. (1990). Relationships between musical precocity and high intellectual potential. *Australian String Teacher, 12*(1), June, 7-11.

Gross, M. U. M., & Feldhusen, J. F. (1990). The exceptionally gifted child. *Understanding Our Gifted, 2*(5), 1, 7-10.

Gross, M. U. M., & Start, K. B. (1991). "Not waving but drowning": The exceptionally gifted child in Australia. In S. Bailey, E. Braggett, & M. Robinson (Eds.), *The challenge of excellence: A vision splendid* (pp. 25-36). Wagga Wagga, Australia: Australian Association for the Education of the Gifted and Talented.

Gross, M. U. M. (in press). The early development of three profoundly gifted young boys of IQ 200+. In A. J. Tannenbaum and P. N. Klein (Eds.), *To be young and gifted.* New York: Ablex.

Hallahan, D. P., & Kauffman, J. (1982). *Exceptional children.* Englewood Cliffs, NJ: Prentice Hall.

Hollingworth, L. S. (1926). *Gifted children: Their nature and nurture.* New York: Macmillan.

Hollingworth, L. S. (1931). The child of very superior intelligence as a special problem in social adjustment. *Mental Hygiene, 15*(1), 3-16.

영재교육에서 집단편성과 속진

Hollingworth, L. S. (1936). The founding of Public School 500, Speyer School. *Teachers College Record, 38,* 119-128.

Hollingworth, L. S. (1942). *Children above IQ 180.* New York: World Books.

Hollingworth, L. S., Cobb, M. V., et al. (1923). The special opportunity class for gifted children, Public School 165, Manhattan, *Ungraded, 8,* 121-128.

Hollingworth, L. S., & Cobb, M. V. (1928). Children clustering at 165 IQ and children clustering at 145 IQ compared for three years in achievement. In G. M. Whipple (Ed.), *Nature and nurture: Their influence upon achievement.* The Twenty-Seventh Yearbook of the National Society for the Study of Education, Part 2 (pp. 3-33). Bloomington, IL: Public School Publishing Company.

Hubbard, R. (1929). A method of studying spontaneous group formation. In *Some new techniques for studying social behavior,* Child Development Monograph 1 (pp. 55-61). New York : Bureau of Publications, Teachers College, Columbia University.

Janos, P. M. (1983). *The psychological vulnerabilities of children of very superior intellectual ability.* Unpublished doctoral dissertaion, Ohio State University, Columbus, OH.

Janos, P. M., & Robinson, N. M. (1985). Psychosocial development in intellectually gifted children. In F. D. Horowitz and M.O' Brien (Eds.), *The gifted and talentd: Developmental perspectives.* Washington, DC: American Psychological Association.

Janos, P. M. (1988). A cross-sectional developmental study of the social relations of students who enter college early. *Gifted Child Quarterly, 32,* 210-215.

Kidder, L. H., & Fine, M. (1987). Qualitative and quantitative methods: When stories converge. In M. M. Mark & R. L. Shotland (Eds.), *Multiple methods in program evaluation* (pp. 105-139). San Francisco: Jossey-Bass.

O' Shea, H. (1960). Friendship and the intellectually gifted child. *Exceptional Children, 26*(6), 327-335.

Painter, F. (1976). *Gifted children: A research study.* Knebworth, UK: Pullen

Publications.

Pollins, L. D. (1983). The effects of acceleration on the social and emotional development of gifted students. In C. P. Benbow & J. C. Stanley (Eds.), *Academic precocity: Aspects of its development* (pp. 160-178). Baltimore, MD: Johns Hopkins University Press.

Pringle, M. L. K. (1970). *Able misfits*. London: Longman.

Sheldon, P. M. (1959). Isolation as a characteristic of highly gifted children. *The Journal of Educational Sociology, 32*, 215-221

Silverman, L. K. (1989). The highly gifted. In J. F. Feldhusen, J. Van Tassel-Baska & K. R. Seeley (Eds.), *Excellence in educating the gifted* (pp. 71-83). Denver, CO: Love.

Silverman, L. K., & Kearney, K. (1989). Parents of the extraordinarily gifted. *Advanced Development, 1*, 1-10.

Sisk, D. (1979). Acceleration versus enrichment: A position paper. In W. C. George, S. J. Cohn, & J. C. Stanley (Eds.), *Educating the gifted: Acceleration and enrichment* (pp. 236-238). Baltimore, MD: Johns Hopkins University Press.

Southern, W. T., Jones, E. D., & Fiscus, E. D. (1989). Practitioner objections to the academic acceleration of gifted children. *Gifted Child Quarterly, 33*, 29-35.

Stanley, J. C. (1979). Identifying and nurturing the intellectually gifted. In W. C. George, S. J. Cohn, & J. C. Stanley (Eds.), *Educating the gifted: Acceleration and enrichment* (pp. 172-180). Baltimore, MD: Johns Hopkins University Press.

Stanley, J. C., & Benbow, C. P. (1983). Extremely young college graduates: Evidence of their success. *College and University, 58*, 219-228.

Start, K. B. (1986). A deprived group thought too clever by half. *Sydney Morning Herald*, p. 14.

Tannenbaum, A. J. (1983). *Gifted childern: Psychological and educational perspectives*. New York: Macmillan.

Terman, L. M. (1926). *Genetic studies of genius : Vol. 1. Mental and physical traits of a thousand gifted children*. Stanford, CA: Stanford University Press.

영재교육에서 집단편성과 속진

Terman, L. M., & Oden, M. H. (1947). *Genetic studies of genius: Vol. 4. The gifted child grows up.* Stanford, CA: Stanford University Press.

Ward, R. (1958). T*he Australian legend.* Melbourne, Australia: Oxford University Press.

Whitmore, J. (1980). *Giftedness, conflict and underachievement.* Boston: Allyn and Bacon.

Zorbaugh, H. W., & Boardman, R. K. (1936). Salvaging our gifted children. *Journal of Educational Sociology, 10,* 100-108.

미성취의 방지와 반전을 위한
교과 월반과 학년 월반의 활용[1]

Sylvia B. Rimm and Katherine J. Lovance
(Family Achievement Clinic, Oconomowoc, Wisconsin)

유치원 조기입학을 포함하여 속진(acceleration), 월반(grade skipping), 교과 속진(subject skipping)은 영재학생을 위해 선정된 집단에서 미성취를 방지하고 반전시키기 위한 전략으로 사용되어 왔다. 14명의 부모와 11명의 학생은 속진 전략의 효과성에 대한 자신들의 전략을 결정하기 위해 면접 대상이 되었다. 모든 부모와 학생은 그 전과 동일한 결정을 내렸다는 것이 지적되었다. 단지 두 명의 학교 행정가와 영재학생을 맡고 있는 6명의 교사만이 월반에 대해 초기에는 긍정적이었으나, 그들의 대부분은 최소한 특별한 속진아의 성공에 대한 입장이 변하였다. 교사는 학생의 적응에 관하여 걱정을 나타냈지만, 그 시기에(1분기와 1학기 사이) 학생은 적응상의 어려움을 가지지 않는다고 자각하는 것으로 나타났다.

속진은 영재학생이 적절한 비율로 자신의 지적 능력을 높이도록 촉진하는 전략으로, 그리고 일반학생의 느린 행보에 순응하기를 요구하는 것에서

---

1) 편저자 주: Rimm, S. B., & Lovance, K. J. (1992). The use of subject and grade skipping for the prevention and reversal of underachievement. *Gifted Child Quarterly, 36*(2), 100-105. ⓒ 1992 National Association for Gifted Children. 필자 승인 후 재인쇄.

그들을 보호하기 위한 전략으로 사용되어 왔다. 영재교육에서 속진의 가치와 심화의 가치에 대하여 선구자들 사이에 지속적인 논쟁이 있다(Davis & Rimm, 1989). 속진의 옹호자들(Stanley & Benbow, 1986)은 심화학습을 "바쁘기만 하고 성과 없이 시간 때우기식의 부적절한 공부(busywork dad irrelevant)"라고 주장하였고, 심지어 "속진이 수반되거나 뒤따르지 않는다면 잠재적으로 위험한 것"이라고 간주하였다(Stanley, 1978, p. 181).

종단 연구(Swiatek & Benbow, 1991)와 속진의 메타분석 연구(Rogers, 1990)는 속진의 학업적 이점과 심지어 사회적 이점을 확신하였다. 그렇지만 속진이 미성취를 반전시키기 위한 기법으로서 특별하게 사용되어 왔다고 인식할 만한 연구는 없다.

Family Achievement Clinic은 미성취하는 영재아동을 위한 처치 계획에서 3초점 렌즈 모형(TRIFOCAL Model, Rimm, 1986)의 일부로 속진 전략을 사용하고 있다. TRIFOCAL 모형은 다음과 같은 세 가지 활동 무대, 즉 (a) 학생의 자기 지각, (b) 육아 전략, (c) 학교 교육과정 등을 고려한 6단계 계획이다. 미성취는 아동의 수행과, 지능, 성취, 창의성 점수, 관찰 자료와 같은 능력의 지표 사이에 나타나는 불일치로서 위의 클리닉에서 포괄적으로 정의하였다(Davis & Rimm, 1989). 교과 월반과 학년 월반이 단지 처치와 관련된 부분이라 하더라도, 학생, 부모, 심리학자들은 문제를 반전시키는 데 중요한 요인들로 간주하고 있다. 학년 또는 교과 속진으로 더욱 도전적인 교육과정을 제공하는 것과 TRIFOCAL 모형의 구성요소를 기술하면 다음과 같다.

학업 도전의 결여를 인식하는 것은 Family Achievement Clinic에서 속진 전략의 사용을 탐구하는 데 초기 요인이다. 이 결여는 부모나 교사를 참조하여 클리닉에서 주의를 기울일 것이다. 개인의 학업능력검사(IQ)와 성취는 속진의 의사결정을 위해 사용된 가장 중요한 평가 척도로 계속 사용된다. 많은 문서화된 IQ 검사의 문제들에도 불구하고, 그들은 성공적 속진을 위해 훌륭한 조언을 할 것이다.

아동이 속진한 학급의 학업 구조(academic makeup)뿐만 아니라 아동의 현재 학급의 학업 구조는 항상 고려의 대상이 되었다. 학업 환경은 학년에 따라 다양할 수 있고, 가끔 도전적인 동료 집단은 보다 저학년에게 더욱 적절한 학습을 제공할 수 있다. 또한 학교 심화 프로그램의 활용 가능성과 질은 의사결정에 영향을 줄 것이다.

실제 의사결정에 거의 영향을 미치지 않지만, 고려되어야 할 다른 변인은 동기 혹은 동기의 결여, 사회적 적응, 신체 크기와 성숙도, 학년, 교사의 태도 등이다. 이러한 것들은 그다지 중요하지 않다. 그 이유는 다음과 같다. (a) 속진은 흔히 동기를 개선시킨다. (b) 연구에 따르면 속진은 사회적 적응에 관해 더 이상 부적 효과가 없으며(Swiatek & Benbow, 1991), 실제로는 사회적 적응을 돕는다(Rogers, 1990). (c) 신체 크기, 성숙 정도, 학년 등은 차이를 만들지 않는다(Lueck, 1989). (d) 교사의 태도는 극적이고 즉각적인 차이를 만들 수 있지만, 장기적 효과를 가질 것으로 생각되지 않는다(Lueck, 1989).

학업 속진을 위해 고려되는 변인을 검토하는 데, 가장 중요한 준거는 학업적으로 도전적인 환경과 관련되어 있으며, 모든 다른 변인들은 다소 중요성

연구의 활용도

학부모, 교사, 행정가는 학년 월반과 교과 월반, 혹은 유치원 조기입학에 대하여 상당히 주저하는 경향이 있다. 이러한 형태의 속진은 영재학생이 성취를 동기화시키는 데 훌륭한 전략이라는 연구가 많음에도 불구하고 이 두려움은 지속된다. 부모와 학생과의 면접은 부수적인 것으로서 간단한 치료를 제공한다. 또한 어려운 교육적 결정을 하여야만 하는 부모와 학생에게 학년 월반과 교과 월반은 실제로 어떤 종류의 미성취를 방지하고 반전시킬 수 있다고 확신하도록 구체적인 사례를 제공한다. 학년과 교과 속진은 검사점수가 지극히 높지만, 학교에서 비생산적인 활동을 하는 아동을 위해 고려될 수 있다. 영재학생의 부모는 자신의 아동을 위한 속진의 적절성에 대하여 가능한지를 결정하는 교사와 함께 이들 사례연구를 공유하기를 원할 것이다. 그렇지만 이 연구는 영재성의 연구에 대한 지식이 있는 전문 심리학자나 학교 심리학자가 이러한 중요한 결정을 할 때, 부모와 교사를 지도하기 위해서는 심리교육적 평가를 수행하여야 함을 강조한다.

이 떨어진다는 것이 명백하다. 또한 검사점수는 검사의 한계에도 불구하고, 학년이나 교과 속진을 위해 최상의 지표라는 것이 상대적으로 명백하다.

이러한 틀을 염두에 두고서, 이 연구의 목적을 2가지 요소로 구성하였다. 학년 월반 혹은 교과 월반 학생의 사례연구 예제가 요약되고 기술되었다. 그들의 이야기는 속진에 관해 이미 활용 가능한 경험적 연구 보충을 위해 구체적으로 사용될 수 있다. 또한 교실의 산출이 너무 빈약해서 교사나 부모가 월반을 고려할 잠재적 후보자로서 일반적으로 간주되지 않는 미성취 학생을 위한 월반의 효과에 관해서 더욱 깊게 경험적 연구를 할 필요가 있다.

연구방법

과거 7년 동안 교과 월반 혹은 학년 월반을 한 14명 아동의 부모는 최근에 구조화된 면접 계획을 사용한 제2 저자와 면접하였다.[2] 유치원생과 1학년 학생을 제외한 아동도 면접에 참여하였다. 14명 이상의 아동이 클리닉 센터의 권고에 따라 속진하였다 하더라도, 지리학적 이동성이나 제한된 연구 자료로 가족을 찾는 것은 어려웠다. 이 14명의 아동은 또한 단지 그들의 치료사였던 제1 저자의 즉각적 회상에 기초하여 선정되었다. 대부분의 경우, 이들의 부모는 자신의 아동이 적절하게 도전을 받고 있다는 것을 확인하기 위해 클리닉 센터와 접촉하고 있는 상태였다. 이 자료가 편견이 있을 것이고, 실제 연구 결론을 도출하는 데 사용될 수 없다는 것이 명백하다 하더라도, 사례연구는 교과 월반 혹은 학년 월반을 고려하는 학생을 위한 의사결정에 부모, 교사, 그리고 심리학자를 지도하는 중요한 정보를 제공할 수 있다.

---

2) 면접 계획은 요청에 따라 입수한 것이다.

영재교육에서 집단편성과 속진

연구결과

유치원과 1학년 속진자

표본 학생 중 10명은 유치원 조기입학, 1학년 월반, 혹은 1학년에서 교과 월반으로 최초 속진하였다. 이들 중 일부는 최근 속진자(3명)이고 다른 이들은 현재 8세와 14세 사이에 있다. 유치원과 1학년 수준에서 속진을 한 10명 가운데 3명은 유치원에 조기입학하였고, 2명은 1학년에 월반하였으며, 5명은 1학년에 교과 월반하였다.

3명의 조기입학자와 2명의 1학년 '월반자(skippers)'의 모든 부모는 그들의 결정이 옳았다는 것을 느꼈다. 단지 현재 6학년인 유치원 조기입학자 1명은 그녀의 도전을 유지하기 위해 더욱 깊은 교과 속진을 필요로 한다. 조기 교과 월반자 5명 모두는 결국 학년 월반을 하였고, 2명은 전적으로 1학년을 월반하는 것이 점진적인 교과 속진에 비해 보다 많은 이점을 가질 것이라고 생각하였다.

검사점수는 이들의 속진 결정을 위한 주요한 고려대상이 된다. 이들이 최초로 검사를 받았을 때, 이 집단의 평균 Wechsler(Wechsler, 1974) IQ 검사[3] 점수는 언어(verbal) 144, 수행(performance) 129, 전체 척도 140이었다. 속도와 소근육 협력 과제들은 수행검사 점수에서 낮은 효과를 나타내는 경향이 있었다. 이들 학생을 위한 Average Peabody Individual Achievement Test 점수는 읽기 인지 92%, 독해력 97%, 수학 88%였다. 키 또는 성별이 주요 고려대상이 아니었다 하더라도, 10명의 아동 중 9명은 그들의 나이에 비해 키가 컸으며, 한 명은 중간 정도였다. 그 집단에는 6명의 여학생과 4명의

---

3) Wechsler IQ 검사는 하위검사 점수가 교육과정 관련 의사결정을 위해 중요한 것으로 간주되기 때문에 초기 검사에 사용된다. 학생이 최소 2개의 하위검사에서 최고 득점이거나 그 근처에 있을 때, 클리닉은 Stanford-Binet 지능검사(L-M형)을 활용해 더욱 깊은 검사 실시를 권고하였다. 항상 그런 것은 아니지만, 일반적으로 부모는 더욱 깊은 검사 실시에 동의한다.

남학생이 있었다.

　10명의 아동은 8개의 서로 다른 학교에 등록하였는데 2명은 사립학교, 6명은 공립학교였다. 조기입학과 조기 학년 월반에 대한 교사와 행정가들의 태도는 일관되게 주저하고 부정적이었다. 교사는 모두 학년 월반의 적절성에서 믿음이 결여된 사람이었다. 그렇지만 단지 조기 교과 속진에 대해서는 주로 긍정적이었다. 가끔 어떤 주저함이 있지만, 교장과 교사들은 아동이 그들 연령의 학년에 남아 있고, 단지 특별한 교과의 학년 월반만을 허용하도록 권고하였다. 그러나 아동이 이미 한 학년을 월반하였다면, 교사는 더욱 깊은 교과 속진이 요구될 때 불편한 것으로 보였다. 표본 사례를 아래에 기술한다.

대니(Danny)

　대니의 부모는 교장의 권고로 클리닉 센터에 왔다. 그의 부모는 대니가 여전히 유치원에 있는 동안 1학년에 있어서 도전의 결여에 대해 걱정된다는 것을 교장에게 지적하였다. 그는 2세 때부터 읽기를 시작하였고, 유치원 급우에게 소리 내어 책을 읽어 주었다. 그는 유치원에서 2년을 보냈고 키가 컸으며 교실에서 가장 나이 많은 소년 중의 하나였다.

　대니는 학교에 재학 중인 동안 사회적으로 나아지지 않았고, 학교에 있는 동안 어머니를 보고 싶어 하였다. 유치원과 탁아소에서 그는 친구를 많이 사귀지 못하였고, 한번에 단지 한 명의 좋은 친구를 사귀었다. 대니의 부모는 대니의 어려운 사회 적응 때문에 평가하는 데 주저하였다. 그러나 그들은 대니가 1학년에서 지루해할 것을 두려워하였다.

　현재 대니는 4학년이며 유치원 때부터 규칙적으로 검사를 받아 왔다. 그는 유치원 WISC-R IQ 검사에서 언어 155+, 수행 128, 전체 척도 147+였다.

　그의 언어 점수는 1~19의 척도상에서 모두 완전한 19였다. Peabody Individual Achievement Test 점수는 4학년 첫째 달에 읽기 인지, 3학년 첫째 달에 독해력, 4학년 둘째 달에 수학을 실시하였다. 그의 GIFT(Group

Inventory for Creative Talent, Rimm, 1980) 창의성 점수는 98%였다. 3학년에 그가 다시 검사를 받았을 때, 그의 Stanford-Binet IQ 검사는 185였다. 그의 읽기는 7학년 6개월 수준이었고, 수학은 11학년 3개월 수준이었다.

대니에게 1학년을 월반하라는 권고는, 경쟁적인 스포츠를 하기에 너무 어리다는 부모의 걱정을 하지 않아도 된다고 제1 저자가 확신시킨 이후에 이루어졌다. 클리닉에 아동을 보낸 교장은 학년 월반이 이후 심각한 문제들을 야기하였다는 자신의 개인적인 경험을 인용하면서 주저하였다. 유치원 교사는 학업에 근거하여 학년 월반을 권고하였으나, 그의 사회적 미성숙에 대한 그녀의 걱정을 지적하였다. 1학년 교사는 학년 월반을 하는 것이 어렵다고 생각하였고, 2학년 교사는 불가능한 변화라고 확신하였다. 그러나 검사점수는 충분하게 확신할 수 있는 것이었다. 모든 사람은 대니에게 시도할 수 있는 기회를 기꺼이 제공하려고 하였다. 심리학자들은 부모가 그에게 여름 동안 간단한 이야기를 연습 삼아 쓰게 할 것을 충고하였고, 그가 1학년을 뛰어넘을 때 놓치게 될 것을 가르치라고 충고하였다.

2학년 6주째, 교사와 교장은 부모, 심리학자(그리고 제1 저자)를 긴급회의에 초대하였다. 교사는 대니가 잘못 배치되었다고 확신하였고, 즉시 1학년으로 되돌아갈 것을 권고하였다. 대니의 쓰기는 미흡하였고, 사회적 기능은 미성숙되었으며, 수업에 거의 자발적이지 않았다. 교사는 대니가 소설보다 논픽션 읽기를 선호하기 때문에 상상력이 결여될 것을 염려하였다. 더욱이 교사들은 학교가 매우 현명한 아동을 많이 끌어당기고, 교육과정은 매우 진보적이라는 것을 지적하였다. 교사는 그의 실제 읽기와 수학 기능이 상위 학생에게 적합하다고 보았다. 회의 동안에 심리학자는 과학을 덧붙인 비현실적인 이야기, 단지 한 명 혹은 두 명과 노는 그의 패턴 등과 같은 대니의 개성이 변화가 없다고 설명하였다. 심리학자는 대니가 교사의 높은 기대치에 학업적으로 적응하고 있다고 확신하였다. 심리학자는 대니가 부모와 그녀에게 2학년과 그의 교사를 좋아한다는 사실에 대해 알렸다고 교사에게 확신시켰다. 그 당시에 심리학자의 최상의 추측은 대니가 1학기 말이면 적응할 것이라는 것이었다. 1학기 말에 심리학자는 교사와 교장이 대니의 진보를 기뻐한다고 말하는 대니 부모의 전화를 받았다.

현재 4학년 2학기에 다니는 대니는 편안하게 급우에게 적응하고 있으며, 5명의 가장 좋은 친구와 이야기를 나눈다. 대니는 5학년 수학을 교사의 지도와 더불어 독립적으로 공부한다. 교사는 "나는 대니와 함께 공부할 수 없다. 그는 수학 천재다."라고 말하는 다른 여학생과 그를 함께 집단편성하는 것을 선호하였다. 다음 관심사는 수학에서 도전적인 과제를 어떻게 지속적으로 제공하느냐다. 교과 압축과 월반이 미래에, 특히 수학과 과학에서 일어날 것 같다.

이후 학년의 월반

표본에서 5명[4]의 학생은 한 학년을 능가하는 학년이나 학년의 부분들로 월반하였다. 이들 중 3명은 2학년을 월반하였고, 1명은 3학년을 월반하였으며, 나머지 1명은 6학년을 월반하였다. 그들은 현재 6학년에 1명, 7학년에 1명, 8학년에 2명, 9학년에 1명이 각각 있다. 5명 어린이 모두와 부모는 월반이 의사결정의 시기에 행하는 정당한 일이었다는 데 동의한다. 3명의 여학생은 그들이 그 당시에 걱정하거나 주저한다는 것을 지적하였다. 월반으로 불쾌해하는 동료의 논평을 경험한다 하더라도, 5명 모두 학업적으로나 사회적으로 잘 적응하였다.

5명 중 3명은 실제로 의미 있는 학업 개선이 있었다. 그들은 주로 우등생(A students)이 되었다. 두 명의 여학생이 속진되기 이전에, 1학년에서 극적으로 미성취되었다. 한 명은 즉각적으로 개선하였고, 다른 한 명은 약간의 상담과 어느 정도의 적응 시간이 요구되었다. 초기에 3학년을 월반한 학생은 조직 기능과 쓰기에서 어떤 어려움을 겪고, 학업적으로 '아주 망연자실

---

4) 어떤 아동은 한 가지의 범주 이상을 뛰어넘기 때문에 동일한 각각의 범주에 있는 숫자는 총체적인 것 이상이다.

한(at sea)' 것으로서 보다 일찍이 기술되어 왔다. 학년 월반 이후 1년 뒤, 그의 어머니는 그가 '곧 벗어났다(just taken off)', 그리고 읽기 대회에서 성공하였다고 보고하였다. 그의 부모는 그 변화를 그의 훌륭한 교사, 약간의 상담, 그리고 주로 학년 월반의 조합 때문으로 돌렸다.

5명의 어린이는 4개의 상이한 학교에 입학하였다. 두 명의 자매가 학년 월반을 하였던 공립학교에서 교장과 교사들은 월반을 권고하였고, 선호하였다. 다른 세 학교에서 행정가와 교사들은 처음에 반대하였다. 그러나 일단 의사결정이 이루어지자 한 교사는 지극히 도움을 주었다. 다른 두 교사에 따른 수용은 의심의 여지가 있다. 이 다섯 명 중 세 명의 학생은 그들의 연령에 비해 크고, 두 명의 키는 중간 정도다. 표본의 사례는 아래에 기술하였다.

샐리(Sally)

샐리의 부모가 도움을 받기 위해 그녀를 데리고 클리닉에 갔을 때, 샐리는 이미 유치원에 조기입학하였다. 샐리는 1학년에서 과제를 수행하는 것을 거절하였고, 위협적일 만큼 불행한 학교로부터 가정으로 오고 있는 중이었다. 샐리는 너무나 쉬워서 '단조로운' 작업에 대해 부모에게 불평하였다. 부모는 교사와 함께 이미 어떤 깊이 있는 속진을 탐색하고 있었다. 그러나 교사는 교실에서 샐리의 좋은 성취를 이해하지 못하였고, 샐리의 부모가 그녀를 강요하는 것으로 추정하였다.

6세에 샐리의 WISC-R[5] IQ 점수는 언어 150+, 수행 135, 전체 척도 147+였다. 샐리의 읽기 인지와 독해력 점수는 4학년 5개월 수준에 있으며, 그녀의 수학은 2학년 4개월 수준에 있었다. 그녀의 GIFT(창의성 검사)는 84%에 있었다. 이후 Stanford-Binet IQ 점수는 160+였다.

샐리의 영재성을 대비하기 위한, 혹은 심지어 이해하기 위한 공립학교의 의지 결여로 개인적 좌절을 겪었기 때문에, 샐리의 부모는 샐리를 사립학교

---

5) 역자 주: Wechsler 아동용 지능검사(Wechsler Intelligence Scale for Children-Revised)

로 옮기기를 바랐다. 교사들과 교장과의 회의를 가진 후, 샐리는 1학년에서 시작하기로 하였고, 3학년 읽기를 하는 것이 허용되었다. 관계자들은 샐리가 편안하도록 배치해야 하는 것과 재촉하지 않을 필요가 있다는 것을 알았다. 그러나 그들은 또다시 어떤 깊이 있는 속진을 조언하였다.

1학년 말이 되자, 샐리는 도전감이 없는 수학 교육과정에 참을 수 없다고 말하였다. 학업검사 실시 이후에, 교사는 그녀가 2학년으로 월반하는 데 마지못해 동의하였다. 3학년 교사는 그 결정에 동의하지 않았다. 샐리의 3학년 학교 성취가 훌륭하다 하더라도, 3학년 교사가 사회적 적절성을 이유로 샐리의 월반을 결코 수용하지 않을 것이라고 부모는 믿었다. 그리고 샐리는 교사가 그녀를 수용할 것이라고 느끼지 않았다. 교과 월반은 독서, 수학, 과학에서 몇 차례 더욱 깊이 요구된다. 어떤 교사는 교과 속진을 격려하였고, 다른 교사는 그녀의 나이와 이미 급속한 속진을 하였기 때문에 샐리를 보류시키기를 원하는 것처럼 보였다.

샐리의 면접에서, 샐리는 교사가 자신의 속진을 좋아하지 않고, 어떤 학생은 자신을 받아들이기 쉽지 않다는 것을 느낀다고 지적한다. 샐리의 말로 표현하면 다음과 같다. "나를 받아들이고자 하는 사람은 나를 받아들인다. 나를 받아들이지 않고자 하는 사람은 결코 나를 받아들이지 않을 것이다." 그러나 샐리가 마치 어떤 사회적 문제를 가지고 있는 것처럼 물을 때, 대답은 확고하였다. "아니요, 나는 나를 수용하지 않는 아이와 친구가 되기를 원치 않아요." 샐리는 월반하였을 때 기뻤다고 말하였고, 변화를 원하기 때문에 더욱 깊이 있게 월반하기를 희망할 것이다. 샐리는 또한 항상 "너무 쉬운 것을 공부하는 것은 어렵다."라고 말하였다.

샐리는 13세이며 9학년에 있지만 주로 11학년 강좌를 수강하였다. 그리고 의학 분야의 직업을 고려 중이며, 샐리는 14세에 고등학교를 졸업하기를 원한다. 그러나 즉시 대학에 진학할 것인지, 아니면 독일에서 1년의 예비대학 프로그램을 공부할 것인지는 아직 결정하지 않았다.

교과 속진

14명의 아동은 모두 교과 속진을 경험하고 있지만, 표본에서 3명의 학생은 학년 월반을 하지 않고, 단지 교과 월반만을 경험하였다. 이들 3명 중의 한 명은 1년 일찍 졸업할 계획을 하고 있으며, 나머지 학생은 고등학교로 월반하려고 한다. 교과 속진은 Family Achievement Clinic에서 가장 흔히 사용된 속진 유형이다. 교과 속진은 특별한 학업 태도를 가진 학생을 위해, 사회적 성숙성이 의심스러운 아동을 위해, 그리고 아동이 월반에 적응할 수 있는지의 여부를 실험적으로 결정하기 위해 손쉽게 사용될 수 있다. 부모와 교사는 교과 속진이 월반보다 수용하기 쉽다는 것을 아는 것 같다. 클리닉에서는 아동의 적응 기간을 제공하기 위하여 단지 한번에 한 개 학년의 교과 월반을 권고한다. 더욱 깊이 있는 속진은 흔히 그 이후에 권고된다.

표본에서 '단지 교과 월반'만을 하는 소수의 학생은 권고될 만한 수를 나타내지는 않는다. 너무 빈번하게 일어나기 때문에, 학생이 교과별로 건너뛰는 것을 선발하고 기억하는 것은 상당히 어렵다. 최근까지 교과 속진은 교사에게 가장 흔히 수용 가능한 것으로 받아들여져 왔다. 전체 학급 수업과 협력학습을 새롭게 강조하고, 집단편성에 중점을 두지 않는 것은 교사가 교과 속진을 더욱 받아들이지 않게 하는 원인으로 생각된다. 사례를 아래에 제시하였다.

스티브(Steve)

스티브는 5학년 말에 클리닉에 왔다. 그는 미성취였고, 행동문제가 있었다. 그가 실제로 교사를 경멸하는 것은 아니다. 그는 단지 그리 심각하지 않은 '학급의 어릿광대(class-clown)' 문제에 빠진 것처럼 보였다. 그가 학교에서 실제로 보여 준 수행은, 그가 검사받은 능력에 비해 상당히 아래에 있었다. 스티브의 WISC-R 언어 점수는 152+였고, 그의 수행 점수는 131이었다. 그리고 전체 척도 점수는 145+였다. 읽기와 수학 점수는 각각 12학년 9개월로 검사의 최상위에 있었다.

　그가 보여 준 학교 수행이 낮았기 때문에 공립학교 교사와 행정가는 속진에 반대하였다. 스티브의 부모는 그를 위해 보다 유연한 교육과정을 제공할 의사가 있는 독립 학교에 등록하기로 결정하였다. 스티브의 높은 검사점수에도 불구하고, 학교 성적이 나빴기 때문에 학교는 학년을 뛰어넘는 것을 주저하였다. 그러나 학교는 수학과 과학에서 그를 검사하였고, 이들 교과에서 즉시 월반시켰다. 이후에 그는 이들 두 교과뿐만 아니라 라틴어, 프랑스어, 역사에서도 보다 깊이 있게 월반하였다. 매년 자문 회의가 개최되었다 하더라도, 학교는 매번 교과 월반을 선도하였다. 교사들이 추천하였기 때문에 교사가 받아들이는 데에 문제는 없었다.

　스티브는 현재 15세이고 대학에서 2학년에 재학 중이다. 그는 1년 일찍 졸업하려고 계획하고 있다. 그는 상급 고등학교 모든 교육과정을 거의 대부분 '쓸모없는 것'으로 만들었다. 처음에 미성취 징후에 대한 명목상의 잔재, 즉 우연하게 실수한 과제가 있다 하더라도 그의 문제는 새로운 도전과 더불어 거의 대부분 완전히 사라졌다. 스티브와 그의 부모는 단지 서너 번의 상담 시간을 가졌다.

　스티브는 처음에 자신감이 다소 결여되어 있었고, '약간 부적당하다'고 느꼈다고 하였다. 그는 학급 수업이 보다 어려운 일이지만, 도전은 단지 그가 보다 많은 것을 하기 원하도록 고무시킨다는 것을 알았다. 스티브는 "아이들은 놀랐지만, 개별 수업이 점진적으로 적응하게 만들기 때문에 나는 급우에게서 단절되는 것을 결코 느낀 적이 없다."라고 말하였다. 그는 그것을 다시 한다 하더라도 동일한 결정을 할 것이라고 말하였다. 그리고 그의 부모는 단지 그가 보다 일찍 속진하였기를 원하였다고 덧붙였다.

면접의 요약

　면접을 받고 상황을 설명받은 부모가 있는 14명의 아동은 이미 미성취하고 있는 것을 걱정하는 부모나 교사에 기초하여 클리닉에 온 어린이이기 때문에, 편견이 있는 표본이다. 이들 중 일부는 교실에서 성취자가 되며, 논리적으로 좋은 공부습관을 가지고 있지만, 나머지 다른 아동은 약간의 행동문제를 가지고 있어 혼란해하거나 과제를 완수하지 않는다. 참여하고 있는 모든 가족이 상담을 받지만, 대부분 극히 미약하였다. 〈표 4-1〉은 현재 문제, IQ 점수, 학년 월반과 교과 월반, 적응 시간, 기대된 심화 속진을 요약한 것이다.

14명의 행정가 중 11명은 처음에 교과 월반 혹은 학년 월반을 요청하였을 때 부정적이었다. 두 명은 매우 긍정적이었고, 한 명은 어떤 부분에 대해서는 긍정적인 반면, 다른 부분에 대해서는 부정적이었다. 월반을 요청받은 교사 6명은 처음에 긍정적이었다. 다른 8명의 교사는 혼란해하거나 월반을 강하게 반대하였다. 그들의 대부분은 적어도 특별한 아동에 대해서는, 아동이 적응하는 정도에 따른다고 입장을 바꾸었다.

이 당시, 모든 아동이 매우 훌륭하게 학업에 적응하였다. 14명의 부모 모두는 다시 동일한 의사결정을 하였다. 5명의 부모는 곧 속진에 대한 의사결정을 하여야만 한다고 지적하였다.

모든 부모 면접에서 드러난 주제는 월반 이후에 대부분 적응 기간이 항상 있다는 것이었다. 일반적으로 적응 기간은 학교의 분기와 학기 사이이며, 그것은 교사와 부모가 그 변화에 편안함을 느끼기 이전이다. 대부분의 아동은 적응 문제를 일찌감치 설명하지 않는다. 그러나 그들은 동료에게 어떤 불편한 설명을 해야 하였던 경험이 있다. 학년 월반을 한 아동은 교과 월반만을 한 아동에 비해 보다 쉽게 설명하는 것을 발견하였다. 그리고 몇몇 아동은 초기에 교과 속진을 하고, 이후 전체적으로 속진을 한 후에 전체 학년과 동일성을 가졌을 때 오는 안도감을 설명한다. 아동의 월반을 고려하는 다른 부모에게 어떤 충고를 할 것인가를 요청받았을 때, 부모는 검사점수, 사실과 상징, 그들의 요청으로 그들에게 돌아오는 전문성 등을 권고하였다.

표 4-1 다중회귀분석 요약: 학생 연구대상자

아동의 성별	현재 문제	Wechsler FS IQ와 비네[1] 점수 (가능하다면)	현재까지 학년/교과 월반	적응 기간 (교사 지각)	부가적 필수 치료	학[4]년	계획된 미래 속진
F	권태에 대한 부모의 걱정; 가정에서의 행동문제	147+[*] 151	조기 배치된 유치원	1학기	예–짧음[2]	1	미정[5]
F	권태에 대한 부모의 걱정	141	조기 배치된 유치원; 교과 월반	없음	예–짧음	6	미정[5]
F	취학 전 행동문제	139	조기 배치된 유치원	1학기	예–짧음	K	미정[5]
M	가정과 학교에서의 행동문제	144 172	1학년 월반	1분기	예–짧음	2	수학과 읽기 월반 혹은 컴퓨터 교육과정
M	권태에 대한 부모의 걱정; 동료 적응 문제; 의존성	151+ 185+	1학년 월반; 4학년 수학 속진	1학기	예–짧음	4	더욱 심오한 수학 속진
F	학교공부 수행 거절	152+ 160+	1학년 읽기 월반; 2학년 수학 월반; 기타 영어, 수학, 과학, 외국어 월반	1학기	예–경우에 따라[3]	8	교과 월반과 조기 졸업
M	권태에 대한 부모의 걱정	141+ 173	1학년과 2학년 읽기, 2학년 수학 월반; 1학년의 마지막 절반 월반; 4학년 수학 월반	없음	없음	4	교과와 학년 월반
F	권태에 대한 교사의 걱정	133+	2학년의 마지막 절반과 3학년의 처음 절반 월반	없음	없음	7	가망성 없음–고등학교에서 활용 가능한 AP 과정
F	미완의 공부; 혼란; 권태의 불평; 빈약한 동료 관계	127	2학년 월반; 이후 수학 속진	1학기	예–1학기	8	AP 수업; 미정[5]

영재교육에서 집단편성과 속진

표 4-1 (이어서)

아동의 성별	현재 문제	Wechsler FS IQ와 비네[1] 점수 (가능하다면)	현재까지 학년/교과 월반	적응 기간 (교사 지각)	부가적 필수 치료	학[4]년	계획된 미래 속진
M	가정과 학교에서의 행동문제; 혼란, 미완의 공부	149+	3학년 월반	1년	예-경우에 따라	6	고등학교에서 활용 가능한 AP 수업; 미정[5]
F	권태에 대한 부모와 아동의 걱정	126+	4학년 읽기와 수학 월반	읽기 없음 수학 1분기	예-짧음	8	고등학교에서 가능한 월반
F	권태에 대한 부모의 걱정	139+	2학년 수학, 4학년 읽기 월반; 6학년 과학 월반	없음	예-짧음	6	가능성 있는 교과 월반; 미정[5]
F	권태와 완벽주의에 대한 교사의 걱정	135	2학년 수학, 3학년 읽기 월반; 6학년 전체 월반	없음	없음	9	가능성 없음-고등학교에서 활용 가능한 AP 수업
M	행동문제, 혼란; 불완전한 공부	149+	수학, 과학, 프랑스어, 역사, 라틴어 교과 월반	1분기	예-짧음	10	조기 졸업

*+ 최고 점수를 가리킴
[1] Stanford-Binet, L-M형
[2] 짧은 치료는 단지 4학기를 가리킨다.
[3] 몇몇 시작 학기는 한 학년 동안 2~3차례 치료 학기가 따름
[4] 면접 시기의 학년
[5] 미정

결 론

제한적이긴 하지만, 속진은 도전적이지 않은 교육과정 때문에 미성취되거나 악화되는 아동을 자극하는 데 매우 효과적이었다. 상위 학년의 교육과

정이 동일한 생활연령이면서 평균적인, 그리고 평균 이상의 학생에게 사용된 교육과정보다는 지적인 영재아동에게 더 적절하다. 아마도 이것은 영재교육을 경험하지 못한 아동보다 이를 경험한 아동에게 보다 분명한 것이다.

교과 월반과 학년 월반은 미성취 아동에게 나타나는 모든 문제의 해결책이 아니다. 이와 같은 극적인 속진 때문에 이익을 보지 못하는 영재 미성취자가 많다. IQ 점수가 높지만 주요한 기술이 부족하거나 매우 난해한 행동 문제가 있는 아동은 속진을 위한 후보자로 적당하지 않다. 또한 심지어 부모가 격려해 주어도 위험을 감수하지 않으려는 아동이나 열심히 공부하기를 원하지 않는 아동은 훌륭한 후보자가 아니다. 학교 교육과정보다 가정 조건에 따라 더 많이 야기되는 미성취가 지극히 심각할 경우에는, 일반적으로 아동이 학교에서 더욱 생산적이 될 때까지 학년 월반을 권고하지 않는다. 지극히 부정적인 교사 혹은 아동에게 잘 맞지 않는 교실환경 또한 월반을 늦추게 한다.

학년 월반의 성공에 대한 미묘한 부가적인 성분은 성취에 따른 '특수성'을 획득하는 감각에서 올 것이다. 몇몇 학생은 면접에서 월반이 그들을 특수하게 만들었다고 언급하였다. 심지어 학급에서 최고의 성취자가 아니라 하더라도 교과 월반이나 학년 월반한 아동은 자연스럽게 자신을 지적이라고 생각한다. 그들은 다른 학생을 따라잡기 위해 더욱 열심히 공부하였다. 그럼에도 불구하고 그들의 수행이 '완벽'하지 않더라도 위험에 직면해 있다고 느낄 필요는 없다. 그들의 부모와 교사들이 그들이 너무 어리다는 것을 인식하고 있기 때문이다. 그래서 그들은 열심히 공부하는 학습자로서 더욱 공부할 것이고, 자신의 노력으로 속진을 완수할 수 있다는 것을 안다. 그것은 Benjamin Bloom이 『젊은이들의 재능 계발(Developing Talent in Young People)』이라는 저서에서 언급한 '실현된 특수성(earned specialness)'처럼 느껴진다(Bloom et al., 1985; Rimm & Lowe, 1988).

🔖 참고문헌

Bloom, B. S. (Ed.). (1985). *Developing talent in young people.* New York: Ballantine Books.

Davis, G. A., & Rimm, S. B. (1989). *Education of the gifted and talented* (2nd ed.). Englewood Cliffs, NJ: Prentice Hall.

Lueck, R. (1989). Psychosocial factors in the acceleration of gifted elementary school children. In S. B. Rimm, M. Cornale, R. Manos, & J. Behrend, *Guidebook-underachievement syndrome: Causes and cures* (pp. 360-370). Watertown, WI: Apple Publishing Company.

Rimm, S. B. (1980). *GIFT: Group inventory for finding creative talent.* Watertown, WI: Educational Assessment Service, Inc.

Rimm, S. B. (1986). *Underachievement syndrome: Causes and cures.* Watertown, WI: Apple Publishing Company.

Rimm, S. B., & Lowe, B. (1988). Family environments of underachieving gifted students. *Gifted Child Quarterly, 4*(2), 353-359.

Rogers, K. B. (1990, November). *Using effect size to make good decisions about acceleration.* Paper presented at the meeting of the National Association for Gifted Children, Little Rock, AR.

Stanley, J. C. (1978). Identifying and nurturing the intellectually gifted. In R. E. Clasen & B. Robinson (Eds.), *Simple gifts* (Vol. 1, p. 181). Madison, WI: University of Wisconsin-Extension.

Stanley, J. C., & Benbow, C. P. (1986). Extremely young college graduates: Evidence of their success. *College and University*, 58, 361-371.

Swiatek, M. A., & Benbow, C. P. (1991, November). *Acceleration: Does it cause academic or psychological harm?* Paper presented at the meeting of the National Association for Gifted Children, Little Rock, AR.

Wechsler, D. (1974). *WISC-R: Wechsler intelligence scales for children-revised.* New York: Psychological Corporation.

05

자아존중감에 대한
대학 조기입학의 영향: 예비 연구[1]

Ann E. Lupkowski (Carnegie Mellon University)
Marjorie Whitmore (University of North Texas)
Annetta Ramsay (University of North Texas)

자아존중감에 관한 대학 프로그램의 조기입학 효과를 조사하는 연구에 따르면, Texas Academy of Mathematics and Science(TAMS)에서 그들이 시작한 주(week)에 학생에게 성인용 쿠퍼스미스 자아존중감 검사목록(SEI)을 완수하였다. 그리고 자아존중감에서 가장 큰 변화가 기대되는 시기에 프로그램에 참여하여 한 학기가 경과한 후에 다시 실시하였다. TAMS 사전검사와 사후검사 사이의 전반적인 차이점은 프로그램의 첫 학기 동안에 학생의 자아존중감이 변화가 없는 것을 포함하여 의미가 없거나 무시할 만한 것이었다. SEI의 많은 항목들은 의미 있는 변화를 보여 주었고, 모두 부정적 방향에 있었다. 사전검사에서 TAMS 학생은 어떤 항목에 관한 SEI 규범 집단에서 교과와 의미 있는 차이가 없었다. 그러나 사후검사에서 부정적 방향에 어떤 차이가 있었다. 즉, 자아존중감에서 관찰된 변화는 처음 가정을 떠났을 때 모든 대학 신입생이 겪는 적응뿐만 아니라 사회적 비교의 변화에 기인한다.

1) 편저자 주: Lupkowski, A. E., Whitmore, M., & Ramsay, A. (1992). The impact of early entrance to college on self-esteem: A preliminary study. *Gifted Child Quarterly, 36*(2), 87-90. ⓒ 1992 National Association for Gifted Children. 필자 승인 후 재인쇄.

자아존중감에 관한 대학 조기입학의 영향

영재아동의 자아존중감과 자아개념은 많은 조사연구의 주제가 되어 왔다(Janos & Robinson, 1985; Olszewski-Kubilius, Kulieke & Krasney, 1988 검토 참조). 어떤 연구들은 특별 프로그램에서 영재학생을 위해 보다 높은 자아개념을 보여 주고, 다른 연구는 약간 낮은 자아개념을 발견하였으며, 또 다른 연구는 의미 있는 차이가 없다고 보고하였다(Kulik & Kulik, 1982 메타분석을 위해 참조).

특별 프로그램에 참여하는 영재학생과 참여하지 않는 영재학생을 비교하는 것과 함께 이들 특별 프로그램에 참여한 결과, 영재학생의 자아존중감이 변화되는 경험을 하였는지를 검토하는 것은 흥미로운 것이다. 기숙사 여름 프로그램에 참여하는 5학년에서 10학년까지의 영재학생을 대상으로 한 연구에서, Kolloff와 Moore(1989)는 모든 학년 수준과 프로그램을 교차하는 자아개념 프로그램이 초기에 비해 프로그램의 말기에 상당히 높은 유의미성을 가졌다는 것을 발견하였다. Brody와 Benbow(1987), Richardson과 Benbow(1990)는 속진이 없는 것부터 학년 월반에 이르는 속진 옵션을 선택한 학생의 자아존중감을 조사하였다. 몇 년 뒤에 집단의 사회적 적응과 정서적 적응 사이에 어떠한 차이도 발견할 수 없었다.

조사할 가치가 있는 속진 옵션 중 하나는 대학에 조기입학하는 것이다. 학생은 자력으로, 혹은 특별 프로그램을 통해 대학에 조기입학할 수 있다. 특별 프로그램은 Texas Academy of Mathematics and Science(Redding & Ramsay, 1988), Clarkson School of Clarkson University(Kelly, 1989), 워싱턴 대학교의 조기입학 프로그램(Robinson, 1985), 메리 볼드윈 대학의 비범한 영재 프로그램(Cohn, 1987) 등과 같은 것이다. 이와 같은 특별 프로그램이 거의 존재하지 않는다 하더라도, 대학에 조기입학하는 것은 지적으로 재능 있는 학생이 학업적으로 도전적인 교과학습을 추구하는 상대적으로 공

영재교육에서 집단편성과 속진

통적인 수단이다(Brody, Lupkowski, & Stanley, 1988; Brody & Stanley, 1991; Janos, 1988; Stanley, 1985b). 학교의 전체 직원이 대학 조기입학의 사회적 효과와 정서적 효과에 대해 염려를 나타낸다 하더라도(Daurio, 1979), 연구는 이와 같은 유형의 속진을 강하게 지지한다. 대다수 조기입학자는 학업적으로나 사회적으로 잘 적응한다(Brody et al., 1988, Daurio, 1979; Janos, 1987; Janos & Robinson, 1985; Kulik & Kulik, 1984; Pollins, 1983; Robinson, 1983; Stanley, 1985a, 1985b; Stanley & Benbow, 1983; Stanley & McGill, 1986). 예를 들면, 조기입학자와 정규 나이에 대학에 입학한 학생, 내셔럴 메릿(National Merit) 결승전 진출 선수, 조기입학 프로그램에 참여하지 않기로 결정한 영리한 고등학교 학생을 비교한 두 연구에서, Robinson과 Janos(1986), Janos, Robinson, 및 Lunneborg(1989)는 조기입학이 심리적·사회적 부적응을 항상 동반하지 않는다는 것을 발견하였다. 연구자들은 속진자들이 세 가지 비교집단의 학생처럼 잘 적응하고 있는 것으로 결론지었다. "진실로, 모든 비교에서 조기입학자는 고등학교에 다니기로 결정된 비교적 현명한 동년배와 실질적인 차이가 없다."(Janos et al., 1989, p. 514) 대학의 조기입학자에 관한 연구 성과의 종합적 검토에서 Brody와 Stanley(1991)는 다음과 같이 결론 내렸다. "… 대학 조기입학자는 학업적으로나 직업적으로 매우 성공적이었고, 중요한 사회적 문제나 정서적 문제를 경험하지 않았다. 학업의 어려움이나 사회적·정서적 적응 문제가 대학의 조기입학에 따라 수반된다는 것을 가정할 만한 정당성은 없다."(p. 113)

사회적·학업적 영역에서 대학 조기입학자의 진보가 만족스러울지라도, 연구는 여전히 조기입학의 특수한 영향을 조사할 필요가 있다. 대부분의 연구들은 조기입학자를 전통적인 연령의 학생과 비교한다. 조기입학자가 대학 생활을 경험하면서 어떻게 성숙하는가를 검토하는 경험적 연구는 거의 없다. 예를 들어, 조기입학 프로그램에 참여하면 사회적·정서적 발달은 어떤 방식으로 변화되는가? Janos와 동료들(1988)은 대학 생활 동안 일어나는 사회적 관련성의 변화에 관해 보고하였고, 조기입학자는 대학의 첫 2년 동안 다른 조기입학자와 대부분의 시간을 보냈지만, 3년째가 되었을 때, 손위학생과 관련성을 맺었다는 것을 발견하였다.

Janos와 동료들(1989)은 조기입학자와 비교집단에게 1년 간격으로 캘리포니아 심리검사목록(California Psychological Inventory: CPI)를 시행하였다. CPI 점수는 시간이 경과함에 따라 전반적으로 증가하였으나, 조기입학자에게 특이한 변화는 없었다. Cornell, Callahan 및 Loyd(1991)는 조기입학자에게 프로그램 참여 초기에 CPI를 실시하였고, 1학년이 지난 이후에 다시 실시하였다. 가정에 있는 현명한 동년배와 고등학교에 다니는 현명한 동년배와 비교하였을 때, 조기입학자는 건강한 인격 성장을 가리키는 인격적 적응에서 일관되게 발전하였고, 성숙도가 증가하였다. 통제집단의 학생은 동일한 시기 동안에 상대적으로 거의 변화를 보이지 않았다.

현재의 연구는 이들 연구 성과물을 명료화하려는 시도로 수행되었다. 그렇게 하기 위해서 전형적인 학생보다 두 살 일찍 대학에 입학한 학생의 자아존중감을 검토하였다.

노스텍사스 대학교는 독특한 대학 조기입학 프로그램인 Texas Academy of Mathematics and Science(TAMS)를 잘 정리하였다. 영재학생은 캠퍼스에서 생활하고, 대학 강좌를 들으며, 고등학교 마지막 2년과 현재 대학의 최소 2년을 완결짓는다. 이 문서에 기술된 연구는 영재학생 발달의 한 측면인 자아존중감을 조사하였다.

현재 연구는 두 가지 연구문제를 제시하고 있다. (a) 조기입학자의 자아존중감은 프로그램을 적용한 한 학기 동안 의미 있는 변화가 있었는가? (b) 대학 조기입학자의 자아존중감은 비교집단의 자아존중감과 의미 있는 차이가 있는가? 첫 번째 질문에 대답하기 위해서 프로그램의 처음에 조기입학자의 반응과 한 학기 동안 프로그램에 참여한 이후에 그들의 반응을 비교한다. 두 번째 연구문제는 쿠퍼스미스 자아존중감 검사목록(SEI)에 관한 조기입학자의 반응과 SEI 규범 집단의 반응을 비교하여 확인한다.

한 학기는 학습자의 자아존중감 변화를 관찰하기에 충분히 길지 않은 시간이지만, 연구는 대학 환경에서 최초 4주에서 8주 동안에 대학 신입생에게 발생하는 극적인 변화를 보여 주었다(Rossi, 1964 참조; Blimling & Miltenberger, 1984 재인용). 보다 짧은 시간에 많은 변화가 일어나기 때문에 한 학년이나 그 이상의 시간을 기다리는 대신에 프로그램의 한 학기가 끝난 후 학생의 자아존중감을 연구하기로 결정하였다.

연구방법

연구대상

14세에서 17세에 속하는 모든 1학년 TAMS 학생이 연구에 참여하도록 초대되었다. 15세에 평균 1200점의 학업적성검사(SAT) 점수가 입증하듯이, 그들은 학업적으로 재능이 있다. 그들의 점수는 총 득점 930을 획득한 고등학교 최상위 학년에 속한 평균 학생 전체(average college)의 점수와 비교될 수 있다. 이 프로그램에 참여한 학생은 10학년을 마쳤고, SAT 점수, 고등학교 학년, 교사의 추천, 논문, 면접에 기초해 선정되었다. 1990년 가을에 TAMS에 입학한 191명의 학생 가운데, 190명이 연구의 최초 단계에 참가하였다. 참여 집단의 35%는 여학생, 2%는 흑인, 8%는 라틴 아메리카계, 14%

는 아시아계 미국인이었다.

연구 도구

참여자의 자아존중감은 성인용 쿠퍼스미스 자아존중감 검사목록(SEI, Coopersmith, 1990)으로 측정되었다. 자기 보고 설문지는 사회적, 학업적, 가족과 개인적 영역의 경험에서 자아존중감을 측정하도록 설계되었다. 성인용 SEI의 25항목은 16세와 그 이상의 나이에 해당되는 사람을 위해 설계되었다. '나와 유사함' 혹은 '나와 다름'과 같이 각 문항이 분류되었다. Kuder-Richardson 신뢰도는 12학년 혹은 대학에 있는 학생에 대하여 .71에서 .80의 범위로 추정된다. 단답형 시험을 친 대학생의 검사–재검사 신뢰도는 남학생 .80, 여학생 .82로 추정된다. TAMS 학생에게 Kuder-Richardson 신뢰도는 사전검사 .78, 사후검사 .80으로 추정된다.

연구절차

참여자들은 TAMS 학생과 마찬가지로 처음 1학기 시장에서 SEI를 완료하고, 2학기 시작에서도 SEI를 완료하였다. 양쪽의 집행부는 집단 설정을 수행하였다.

효과크기는 표준점수를 산출하기 위해 가중 표준편차에 따라 사전검사 평균과 사후검사 평균 사이의 차이를 분할함으로써 계산되었다. Cohen (1977)이 정의한 것처럼 .20의 효과크기는 '소', .50은 '중', .80은 '대'로 간주되었다. .20 이하의 효과크기는 '유의미하지 않은(중요하지 않은)' 것으로 간주되었다.

연구결과

SEI 사전검사를 완료한 190명의 학생 가운데 185명은 유용한 답안지를 제공하였다. 사전검사에 관한 TAMS 학생의 평균 자아존중감 점수는 68.56 (SD = 18.49)이며 성별에 따른 차이는 없었다(〈표 5-1〉 참고).

113명의 학생 전체가 SEI 사후검사를 치렀다. 이들은 사전검사와 조화를 이루었고, 사전검사와 사후검사가 유용하게 조화를 이루는 학생이 109명이 었다. 사전검사를 받은 TAMS 학생의 59%는 사후검사를 받았다. 이 연구의 사전검사 부분에 참여한 학생 중에서 21명은 한 학기가 지난 후 이 프로그램으로 돌아오지 않아서 이 연구의 사후검사 부분에 참여하지 않았다. 그들의 SEI 점수는 48에서 100의 범위에 있었다(평균 = 73.3, 표준편차 = 15.2). 21명의 학생 가운데서 19명은 주로 학업적 이유로 떠났고, 2명은 행동적 이유로 떠났다. 사전검사에 참여하였지만, 단순히 사후검사를 완수하지 않고 남아 있는 학생 집단은, 이 연구에 계속 참여하지 않았다. 사전검사와 사후검사를 모두 받은 학생의 사전검사 결과는 사후검사를 받지 않은 참여자의 사전검사 결과와 비교되었다. 여기에서 의미 있는 차이는 발견되지 않았다 (t = 1.44, p > .05).

사후검사를 받은 TAMS 학생의 평균점수는 성별에 따른 차이 없이 63.74 (표준편차 = 20.08, N = 109)였다. 그리고 SEI의 첫 번째 시행(administration)

표 5-1 TAMS 참여자의 SEI 점수

TAMS 집단	평 균	표준편차	N
모든 참여자, 사전검사	68.6	18.5	190
모든 참여자, 사후검사	63.7	20.1	109
남학생, 사전검사	68.8	18.5	119
여학생, 사전검사	68.1	18.7	65
남학생, 사후검사	63.8	20.5	69
여학생, 사후검사	63.7	19.5	40

규범적 자료와 TAMS 자료를 비교한 효과크기

비교집단	평균	(표준편차)	n	d(사전검사)	d(사후검사)
16~19세 대학생과 비교한 TAMS 학생들	66.7	(19.2)	78	.10	−15
20~34세 대학생과 비교한 TAMS 학생들	71.7	(18.8)	148	−.17	−.41
남성 대학생과 비교한 TAMS 남학생들(16~34세)	68.4	(18.5)	114	.02	−.24
여성 대학생과 비교한 TAMS 여학생들(16~34세)	71.6	(19.5)	112	−.18	−.41

과 두 번째 시행으로 받은 점수는 짝지어진 t 검정, 혹은 두 종속표본 t 검정 (matched pairs t-tests)을 활용하여 비교되었고, 의미 있는 차이를 나타냈다 ($t = 2.42$, $p < .05$). 또한 통계적으로 의미 있는 결과가 실제적인 의미가 있는 지의 여부를 결정하기 위해서, 효과크기(d)가 계산되었다. 이 경우에 통계 적으로 의미 있다 하더라도, 관찰된 차이는 '유의미하지 않은(중요하지 않은' 것으로 간주될 수 있는데, 그 이유는 효과크기가 자유도 $d = .16$이기 때 문이다. 다른 말로 하자면, 실제적인 의미가 거의 없다.

두 번째 연구 질문을 검토하기 위하여, 사전검사와 사후검사에 관한 참여 자의 반응은 효과크기를 활용한 SEI 규범 집단과 비교되었다. 효과크기는 가중 표준편차에 속하며 TAMS와 비교집단 평균 사이의 차이를 나누어 계 산되었다.

〈표 5-2〉에서와 같이 TAMS 사전검사는 −.18에서 .10의 범위에 걸치는 효과크기를 산출한 규범적 자료와 비교되었다. 효과크기는 '소' 효과의 한계 이하였다. 또한 사후검사에서 받은 점수는 규범 집단과 비교되었으며, 단지 이들 효과크기의 하나는 '소' 효과의 한계 이하였다. 이 효과크기는 TAMS 학생과 16~19세 대학생을 비교한 것이다. 다른 세 효과크기는 '소' 범위 ($d = .20 ~ .49$)에 있었다. 그리고 TAMS 학생이 SEI로 측정된 것보다 낮은 수 준의 자아존중감을 나타내면서 모두 부정적 방향에 있었다.

영재교육에서 집단편성과 속진

분석의 다음 단계는 SEI에 관한 개별 문항을 검토하는 것이다. 참여자들이 구체적 문항에 관한 자신의 반응을 변화시킬지의 여부를 결정하기 위해서, 카이스퀘어 적합도의 검정이 사전검사와 사후검사 각 문항에 대해 수행되었다($n = 109$).

'일반적으로 일은 나를 성가시게 하지 않는다'라는 문항에 대해 81명의 학생이 사전검사에서 '나와 유사함'이라고 대답해 사후검사에서 65명이 대답한 것과 비교되었다($x^2 = 12.3$, $p < .001$). 31명의 학생은 사전검사에서 '일은 나의 생활에서 모두 뒤섞여 있다'라는 문항에 대해 '나와 유사함'이라고 답하였다. 이 숫자는 사후검사에서 42명으로 증가하였다($x^2 = 5.5$, $p < .05$). '흔히 나의 작업으로 당황한다'라는 문항은 사전검사에서, 그들과 유사하다고 느낀 학생은 37명, 사후검사에서는 49명이 그렇게 느꼈다($x^2 = 5.9$, $p < .05$).

가족 관계에 관한 6개 설문지 문항 가운데, 두 가지 문항은 의미 있는 카이스퀘어 값을 가졌다. 사전검사에서 40명의 학생이 '가정에서 쉽게 심란해진다'라는 진술이 일반적으로 느끼는 방식을 기술하였다고 느꼈고, 사후검사에서 50명의 학생과 비교되었다($x^2 = 7.7$, $p < .01$). '일반적으로 가족이 나를 후원하는 것처럼 느낀다'에서 '나와 같다'라고 느낀 학생은 사전검사에서 33명, 사후검사에서 45명이었다($x^2 = 6.3$, $p < .05$). 다른 문항은 의미 있는 카이스퀘어 값을 가지지 않았다. 이들 변화가 유의미한 것이 없더라도, 문항의 36%는 사전검사부터 사후검사에 이르기까지 보다 긍정적으로 된다는 것을 유의하여야 한다.

SEI 점수의 변화는 참여자마다 검토되었다. 이들 변화는 36점의 감소부터 32점의 증가까지 이르는 범위에 걸쳐 있다(평균 변화 = -3.2, 표준편차 = 13.7). 58명 학생의 점수는 부정적 방향으로 변화되었고, 38명 학생의 점수는 긍정적 변화를 보여 주었으며, 13명 학생의 점수는 변화가 없었다.

논 의

현재 연구는 대학 조기입학 프로그램에 참여한 결과, 자아존중감의 변화뿐만 아니라 영재성과 자아존중감 사이의 관련성을 명료화하는 데 도움을 주기 위해 설계되었다. 비형식적 관찰에 근거하여, 학생의 자아존중감은 TAMS에 참여함으로써 고양될 것이라고 기대되었다. 이전 연구(예, Kaiser & Berndt, 1985)에 기초하여 TAMS 학생은 평균적인 동료에 비해 높은 수준의 자아존중감을 나타낸다는 가설이 설정되었다.

자아존중감의 수준이 프로그램에 한 학기 동안 참여하기 전과 후의 t 검정을 활용하여 비교될 때, 효과크기가 '소' 한계 이하에 있기 때문에 감소가 실제적 유의미성이 거의 없더라도, 자아존중감은 통계적으로 유의미한 감소가 나타났다(Cohen, 1917 참조). 집단 차이가 실제적 유의미성을 거의 가지지 않더라도, 관찰된 변화는 개인에 관해 심각한 효과가 있음을 주목하는 것이 중요하다. 그럼에도 불구하고, TAMS에 참여하는 학생 집단의 자아존중감은 프로그램을 적용한 첫 학기 동안에 의미 있는 방식으로 변화되지 않았다.

SEI의 개별 문항 검사는 학생의 반응이 구체적 영역에서 의미 있게 변화되었는지의 여부를 결정하기 위해 수행되었다. 설문지의 25개 문항 가운데 6개 문항은 의미 있는 변화를 나타내었다. 유의미한 카이스퀘어 값과 함께 모든 문항은 자아존중감의 감소를 보였다.

가족 관계의 문항에 관해서, 많은 학생은 학교에 가 있는 동안 자신들의 변화되는 방식을 수용하는 데 부모가 어려움을 겪는다는 것을 비공식적으로 나타냈다. 이것은 정규 연령 대학 신입생이 가지는 전형적인 적응 문제다. TAMS 학생에게 관찰된 변화는 대학 적응의 결과이지 특별히 조기입학의 결과는 아닐 것이다. 관찰된 변화가 전형적인 신입생 적응에 따른 것인지, 대학에 조기입학한 것 때문인지를 결정하기 위한 비교를 위해, 정규 연

영재교육에서 집단편성과 속진

령 대학 신입생과 영재 고등학생 집단을 포함하여 이 연구를 확장시키는 것은 중요하다. 이 두 통제집단을 포함하는 것은 현재 연구의 한계는 아니다.

사전검사에서 TAMS 학생의 자아존중감은 비교집단의 자아존중감과 의미 있는 차이가 없었다. 대조적으로 사후검사에 관해서 그들의 자아존중감은 비교집단의 자아존중감보다 낮은 수준이었다. TAMS 학생은 능동적일 수 있는 환경에 있었으므로 그들이 이전에 하였던 것처럼 쉽게 성취할 수 없다. '성공한 승자(top of the heap)'이므로, 그리고 도전적인 사람으로 익숙한 학생에게는 최소한 당분간 자신을 확신할 수 없는 존재로 유도한다. Richardson과 Benbow(1990)는 영재학생은 사회적 비교에서 변화를 겪기 때문에, 더욱 낮은 자아존중감을 경험할 것이라고 하였다. 손위의 학생과 함께 같은 학년에 배치되고, 영재아동을 위해 분리된 학급에 배치되는 것은 자신을 다른 우수 학생과 비교하는 결과가 되고, 자아개념의 감소를 예견하게 이끄는 것이다.

결론적으로 이 연구는 조기입학자가 대학 생활을 경험하는 동안에 어떻게 변화되고 성숙되는가에 대한 질문을 해결하려는 것이다. 그들의 자아존중감은 도전적인 프로그램에 참여한다고 많이 감소하지는 않는다.

📑 참고문헌

Blimling, G. S., & Miltenberger, L. J. (1984). The resident assistant: Working with college students in residence halls. Dubuque, IA: Kendall/Hunt.

Brody, L. E., & Benbow, C. P. (1987). Accelerative strategies: How effective are they for the gifted? *Gifted Child Quarterly, 3*(3), 105-110.

Brody, L. E., Lupkowski, A. E., & Stanley, J. C. (1988). Early entrance to college: A study of academic and social adjustment during the freshman year. *College and University, 63*, 347-359.

Brody, L. E., & Stanley, J. C. (1991). Young college students: Assessing factors that contribute to success. In W. T. Southern & E. D. Jones (Eds.), *Academic acceleration of gifted children*. New York: Teachers College Press.

Cohen, J. (1977). *Statistical power for the behavioral sciences*. New York: Academic Press.

Cohn, D. (1987, May 22). Teaching "brightest of the bright": Virginia college program caters to gifted female students. *The Washington Post*, C1, C5.

Coopersmith, S. (1990). *SEI: Self-esteem inventories*. Palo Alto, CA: Consulting Psychologists Press.

Cornell, D. G., Callahan, C. M., & Loyd, B. H. (1991). Personality growth in female early college entrants: A controlled, prospective study. *Gifted Child Quarterly, 35*(3), 135-143.

Daurio, S. P. (1979). Educational enrichment versus acceleration: A review of the literature. In S. J. Cohn & J. C. Stanley (Eds.), *Educating the gifted: Acceleration and enrichment* (pp. 13-63). Baltimore: Johns Hopkins University Press.

Janos, P. M. (1987). A 50-year follow-up of Terman's youngest college students and IQ-matched agemates. *Gifted Child Quarterly, 31*(2), 55-58.

Janos, P. M., & Robinson, N. M. (1985). Psychological development in intellectually gifted children. In F. D. Horowitz & M. O'Brien (Eds.), *The gifted and talented: Developmental perspectives.* (pp. 149-196). Washington, DC: American Psychological Association.

Janos, P. M., Robinson, N. M., et al. (1988). A cross-sectional developmental study of the social relations of students who enter college early. *Gifted Child Quarterly, 32*(1), 210-215.

Janos, P. M., Robinson, N. M., & Lunneborg, C. E. (1989). Markedly early entrance to college: A multi-year comparative study of academic performance and psychological adjustment. *Journal of Higher Education, 60*(5), 495-518.

Kaiser, C. F., & Berndt, D. J. (1985). Predictors of loneliness in the gifted adolescent. *Gifted Child Quarterly, 29*(2), 74-77.

Kelly, G. F. (1989). The Clarkson School: Talented students enter college

영재교육에서 집단편성과 속진

early. In S. M. Elam (Ed.), Prototypes: *An anthology of school improvement ideas that work*. Bloomington, IN: Phi Delta Kappa Foundation.

Kolloff, P. B., & Moore, A. D. (1989). Effects of summer programs on the self-concepts of gifted children. *Journal for the Education of the Gifted, 12*(4), 268-276.

Kulik, C. C., & Kulik, J. A. (1982). Effects of ability grouping on secondary school students. *American Educational Research Journal, 19*, 415-428.

Kulik, J. A., & Kulik, C.-L. C. (1984). Effects of accelerated instruction on students. *Review of Educational Research, 54*(3), 409-425.

Olszewski-Kubilius, P. M., Kulieke, M. J., & Krasney, N. (1988). Personality dimensions of gifted adolescents: A review of the empirical literature. *Gifted Child Quarterly, 32*(4), 347-352.

Pollins, L. D. (1983). The effects of acceleration on the social and emotional development of gifted students. In C. P. Benbow & J. C. Stanley (Eds.), *Academic precocity: Aspects of its development* (pp. 160-178). Baltimore, MD: Johns Hopkins University Press.

Redding, R., & Ramsay, A. (1988). Brand new for 1988: Texas Academy of Mathematics and Science. *Gifted Child Today, 11*(4), 40.

Richardson, T. M., & Benbow, C. P. (1990). Long-term effects of acceleration on the social-emotional adjustment of mathematically precocious youths. *Journal of Educational Psychology, 82*(3), 464-470.

Robinson, H. B. (1983). A case for radical acceleration: Programs of the Johns Hopkins University and the University of Washington. In C. P. Benbow & J. C. Stanley (Eds.), *Academic precocity: Aspects of its development* (pp. 139-159). Baltimore, MD: Johns Hopkins University Press.

Robinson, N. M. (1985). College without high school: The Early Entrance Program at the University of Washington. *Academic Talent, 2*(1), 9-10.

Robinson, N. M., & Janos, P. M. (1986). Psychological adjustment in a college-level program of marked academic acceleration. *Journal of Youth and Adolescence, 15*, 51-60.

Stanley, J. C. (1985a). How did six highly accelerated gifted students fare in graduate school? *Gifted Child Quarterly, 29*(4), 180.

Stanley, J, C. (1985b). Young entrants to college: How did they fare? *College and University, 60*, 219-228.

Stanley, J. C., & Benbow, C. P. (1983). Extremely young college graduates: Evidence of their success. *College and University, 58*(4), 361-371.

Stanley, J. C. & McGill, A. M. (1986). More about "Young entrants to college: How did they fare?" *Gifted Child Quarterly, 30*, 70-73.

영재교육에서 집단편성과 속진

06

속진 전략 : 속진 전략은
영재들에게 얼마나 효과적인가?[1]

Linda E. Brody(Johns Hopkins University)
Camilla Persson Benbow(Iowa State University)

속진 전략은 영재들에게 그들의 독특한 요구와 흥미에 적합한 교육 프로그램에 참여할 기회를 제공한다. 그러나 속진 전략이 가져올 수 있는 부정적 효과에 대한 두려움으로 많은 교사가 이를 선택하지 못한다. 존스홉킨스 대학교의 수학영재 프로그램인 수학 조숙아에 대한 연구(The Study of a Mathematically Precocious Youth: SMPY)는 고도의 영재 집단을 위한 다양한 속진 전략의 장기적 효과에 대해 평가해 왔다. 학업성취, 특별활동, 목표와 포부, 사회적 · 정서적 적응 등이 검토되었으나, 다양한 속진 전략의 부정적 효과는 눈에 띄게 발견되지 않았다.

미국에서 가장 우수한 영재는 종종 정규학급에서의 도전에 어려움을 겪는다. 정규학급의 수업은 대개 같은 연령의 대다수 학생들 수준에 맞추어 그들에게 이득이 되도록 설계되었기 때문에, 이 수업이 아무리 잘 설계되었더라도 이 집단과 그 능력면에서 매우 큰 차이를 보이는 고도의 영재에게는

---

1) 편저자 주: Brody, L. E., & Benbow, C. P. (1987). Accelerative strategies: How effective are they for the gifted? *Gifted Child Quarterly, 3*(3), 105-110. ⓒ1987 National Association for Gifted Children. 필자 승인 후 재인쇄.

적합하지 않을 것이다. 심지어 영재를 위한 특별 프로그램조차 광범위한 영재 집단을 위해 설계되었기 때문에, 특별한 지적 능력을 가진 한 명의 매우 뛰어난 영재의 특정한 요구는 충족시키지 못할 수 있다.

이러한 영재의 요구를 충족시키기 위해, SMPY 스태프는 수학 혹은 언어추론 능력에서 고도의 영재성을 드러낸 학생을 교육시킬 가능성을 탐구하였다. 그들은 영재들에게 '여러 잡다한' 교육적 대안들 중에서 자신들의 개인적 요구와 흥미를 충족시키는 것을 선택하도록 격려하였다(Stanley, 1978; Stanley & Benbow, 1982; Stanley & Benbow, 1983a). 월반제도, 고등학교 조기 졸업, 대학 조기입학, 하나 또는 그 이상의 교과 속진, AP 프로그램 검사 및 고등학교에서 대학 강좌 이수 등과 같은 선택권은 일종의 속진에 포함된 것이다. 이러한 선택 프로그램들은 일반적으로 현존하는 교육 프로그램을 활용하지만, 개별 학생들의 교육적 요구를 충족시키는 교육과정 선택에 융통성이 있는 접근을 강조한다.

그러나 영재를 위한 속진에는 논쟁의 여지가 있다. 속진을 찬성하는 사람들은 속진이 영재에게 적합하고 도전적인 교육일 뿐만 아니라 실행하는 데 비용이 적게 들며, 만약 학생들이 이 시스템으로 몇 년의 시간을 단축한다면 학교 체제의 예산을 실질적으로 절약할 수 있다(예, Stanley & Benbow, 1982)고 주장한다. Kulik과 Kulik(1984)은 속진한 학생이 배치된 학급에 있는 연상의 학생들만큼 성취를 이루었으며, 동년배로 능력이 있지만 속진하지 않은 학생들보다 거의 일 년 정도 성취가 빨랐음을 발견하였다. 그러나 비록 많은 연구에서 속진이 사회적·정서적으로 유해하지 않음을 보고하였음에도 불구하고, 속진의 사회적·정서적 효과에 관한 우려가 속진을 반대하는 주요 원인이다(예, Daurio, 1979; Fund for the Advancement of Education, 1979; Hobson, 1963; Pollins, 1983; Pressey, 1949; Robinson, 1983; Stanley, 1985a, b; Stanley & Benbow, 1983b; Stanley & McGill, 1986).

속진의 효과에 대한 논쟁이 계속되고 있으므로 장기간에 걸친 평가가 필요하다. 이 연구는 고등학교에 다니는 동안 다양하게 속진한 영재들과 속진하지 않은 영재 간의 학업성취, 특별활동, 목표와 포부, 사회적·정서적 발달을 평가한다.

연구방법

1976년 12월 또는 1978년 1월에 SMPY가 실시한 영재탐색(talent search)을 통해 피험자들이 확인되었다. 표준화된 성취검사의 수학 부분에서 상위 3%에 속하는 7학년과 동급생보다 나이가 적은 8학년 학생들이 영재 연구에 적격자로 참여하였으며, 고등학교를 마친 학생들의 대학 진학 자격을 위해 설계된 학업적성검사(SAT)를 실시하였다. 특정 기준을 만족하는 학생들이 추가 검사와 카운슬링과 장기간의 추수연구를 위해 선발되었다. 1976년 집단의 기준은 2(SAT-M)+SAT-V = 1,330이었다. 1978년 집단은 (1) SAT-M = 500과 SAT-V = 430, (2) SAT-M = 550, (3) SAT-V = 580, (4) 표준 작문 시험 = 58 중 하나에 속하는 학생들이다. 1976년에는 278명의 학생이, 1978년에는 395명의 학생이 이 기준에 적합하여 추가 검사를 받게 되었다.

이들이 고등학교를 끝마치고, 20쪽 분량의 설문지를 받았다. 1976년 집단은 거주지가 확인된 여학생의 90%와 남학생의 86%가 설문에 응답하였으며, 19명(7%)은 거주지가 확인되지 않았다. 1978년 집단은 거주지가 확인된 여학생의 75%와 남학생의 77%가 설문에 응답하였으며, 6%의 학생이 거주지가 확인되지 않았다. 이 연구는 1976년과 1978년에 확인된 학생들을 통계 분석에 함께 사용하였다.

피험자들은 고등학교에서 사용하였다고 보고한 속진 전략에 기초해 네 집단으로 나누어졌다. 집단 1(N = 143)은 한 학년 혹은 그 이상을 월반한 학생, 고등학교를 일찍 졸업하거나 고등학교를 졸업하지 않고 대학을 일찍 입학한 학생들로 구성되었다. 이들은 가장 속진한 학생들로, 대학 입학까지 1년 혹은 그 이상을 앞당긴 학생들이다. 집단 2(N = 277)는 AP 검사를 치거나 고등학교 재학 중에 정시제로 대학 과정을 이수하였지만, 집단 1의 기준을 충족시키지는 못한 학생들로 구성되었다. 이들은 학점을 미리 이수할 수도 있고 고등학교 수준을 능가하는 연구에 참여할 수도 있다. 이 집단은 두 번째로 속진한 학생들이다. 집단 3($N = 50$)은 교과 속진이나 특별학급 혹은 개별 교수에 참가한 학생들로 구성되었다. 연구자들은 이 경험의 특성에 관한 정보를 항상 갖고 있지는 못하지만, 일반적으로 이 범주에 속한 학생들은 이 경험으로 학점을 이수하지는 못하였다. 그래서 이 집단은 첫 번째 혹은 두 번째 집단보다 덜 속진한 집단이다. 집단 4($N = 40$)는 어떤 속진학습 경험도 갖지 못한 학생들로 구성되었다. 거의 각 집단의 2/3가 남학생, 1/3이 여학생이었다.

추수 설문지는 고등학교 경험, 중등교육 이후의 교육, 취업, 가족 배경, 적성과 흥미에 관한 문항들로 구성되었다. 이 연구에서 특정 영역의 흥미에 관련된 문항들이 네 집단 간의 비교분석을 위해 선정되었다. 또한 1976년 학생들은 추수연구의 일부로서 형용사 체크리스트(Adjective Check List: ACL)를 포함한 몇 가지의 검사를 받았다. ACL은 특정 학생을 개별적으로 묘사하기 위해 선택된 형용사 목록들로 구성된다. 독특한 심리적 특성들을 기술하기 위한 척도도 개발되었다(Gough & Heilbrun, 1980). 이 척도의 일부는 이 연구에서 학생들의 인성 특성과 정서적 적응을 평가하는 데 사용되었다.

검사점수와 동간 자료(interval data)가 포함된 집단 간의 비교에 일원분산분석(one-way analysis of variance: ANOVA)이 사용되었으며, (ANOVA가 유의미할 때) 집단 간 차이를 검증하기 위해 Scheffé 다중비교검사가 사용되었다. 명목 자료(nominal data)를 포함한 변인에는 카이스퀘어 비교(chi square comparisons)가 사용되었다. SPSSX 컴퓨터 프로그램을 활용하여 분석하였다.

연구결과

학업성취

학생들은 고등학교에서의 SAT 점수를 보고하였다(〈표 6-1〉 참조). SAT-M을 볼 때, 집단 1과 집단 2가 집단 3과 집단 4보다 유의미하게 높다($p = .01$). 집단 1과 집단 2가 영재탐색에서 SAT-M 점수가 훨씬 높았기 때문에 예상 가능한 일이다. 그러나 고등학교를 1년 월반한 속진이 SAT 점수에 특별히 불리한 영향을 끼치지는 않았으며 대학 입학의 가능성을 제한하지도 않았다. 더욱이 고등학교에서 SAT-V 점수는 집단 간 차이가 나타나지 않았다. 이는 중요한 의미를 가지는데, 다시 말하자면 고등학교에 몇 년 덜 다닌다고 해서 SAT 점수에 큰 영향을 끼치지는 않기 때문이다. 집단 1은 집단 3보다 영재탐색에서 어휘 영역에 높은 점수를 받았지만($p = .05$), 다른 집단들과의 차이는 발견되지 않았다. 대학입학시험 성취검사의 평균점수도 조사하였다. 네 집단 모두 평균점수는 꽤 높았으나 통계적으로 유의미한 차이는 나타나지 않았다(〈표 6-1〉 참조).

학교에서의 학업성취도 조사하였다. ANOVA와 Scheffé 사후검증을 사용한 8학년에서 12학년까지의 평균학점(Grade Point Average: GPA)에서는 차이가 발견되지 않았다. 집단 1과 집단 2는 집단 3보다 높은 GPA를 나타냈으며, 다른 집단들과 통계적으로 유의미한 차이를 나타내지 않지만 집단 4의 평균은 집단 3과 거의 같았다(〈표 6-1〉 참조). 8학년과 12학년을 포함하여 그 사이에 전 과목 A학점을 받은 학기 수도 고려되었다. 그 숫자는 이 기간 동안 학생들이 학교에서 보낸 학기 수를 조정하였다. 〈표 6-1〉에서 보다시피 각 집단의 학생들이 다녔던 학기의 비율이 전체 학기로 간주되었다. ANOVA를 사용하였을 때 유의미한 차이는 발견되지 않았다. 학생들은 또한 학교에서 성적 순위를 상위 10%, 상위 20%, 상위 30~80%, 90%, 하위

10%로 보고하였다. 모든 피험자의 성적 순위는 카이스퀘어 검정에서 유의미한 차이를 나타내었다($p = .001$). 모든 집단에서 대다수의 학생이 상위 10%에 속하였으며, 특히 집단 1과 집단 2의 경우 84%와 83%가 이 범주에 속하였다. 집단 3과 집단 4의 경우 72%와 68%가 여기에 속하였다. 따라서 학교에서의 성적에 관해 집단 1과 집단 2의 학생들은 속진을 경험하지 않은 학생보다 GPA와 학급에서 성적 순위가 더 높았으며, 속진을 경험하지 않은 학생들만큼 전 과목 A학점을 받은 학기가 많았다. 명백하게, 고등학교 교과과정에서의 학업성취는 어떤 속진을 선택하느냐에 따라 변하지는 않았다. 집단 1과 집단 2의 학생들은 보다 어려운 교과과정을 이수하였기 때문에(예를 들어, AP 과정은 대개 고등학교에서 제공되는 것 중 가장 어려운 과정이다), 성적에 관해 말하자면 이러한 학생들의 학업성취는 훨씬 인상적인 것이다.

학업으로 받은 상과 특별 업적도 고려되었다. 국가 우등생 단체 회원(National Honor Society membership; 학업성적과 과외활동의 우수자를 회원으로 하는 학생 단체 회원)에서 집단 간 유의미한 차이가 없었다. 비록 집단 1과 집단 2에서 내셔널 메릿 장학금(National Merit Finalists; 전국 성적 우수자 결선 진출자들만이 받을 수 있는 장학금)에 참가한 학생의 비율은 높았으나, 그 숫자에서 각 집단 간의 유의미한 차이가 없었다. 마지막으로 어떤 집단에서는 대통령 장학생(Presidential Scholars)을 받은 학생들이 몇 명 없었지만, 이 또한 유의미한 차이가 없었다. 그러나 집단 1의 학생들은 마지막 학년을 이수하지 않았기 때문에 이러한 명예에 참여하는 데 불리한 입장이었다. 카이스퀘어 검정을 사용하여 분석하였다.

또한 학생들은 고등학교 재학시 학교에서 받은 상, 지역에서 받은 상, 주에서 받은 상, 국가에서 받은 상의 숫자도 응답하였지만, 각 집단에서 받은 상의 전체 숫자는 ANOVA에 따라 통계적으로 유의미한 차이가 없음이 밝혀졌다. 집단 1은 집단 4보다 국가와 주에서 주는 상을 더 많이 받았지만, 통계적으로 유의미한 차이가 있었다($p = .05$) (〈표 6-1〉 참조). 발명, 학술 대회에서의 프레젠테이션, 연구 논문 혹은 졸업 기념앨범 편집하기, 신문이나 잡

영재교육에서 집단편성과 속진

표 6-1 집단별 선택된 변인에 대한 평균과 표준편차

변 인	집단 1			집단 2			집단 3			집단 4		
	평균	표준편차	N	평균	표준편차	N	평균	표준편차	N	평균	표준편차	N
SAT-M	743	46	132	741	48	268	705	65	44	698	59	38
SAT-V	658	71	133	666	69	268	642	68	44	632	86	38
TS SAT-M*	579	81	142	548	64	276	510	52	49	519	49	40
TS SAT-V**	467	75	142	453	71	276	433	57	49	439	85	40
대학입학시험 성취검사	708	51	88	699	51	196	700	50	19	690	48	18
평점 평균	3.7	.4	141	3.8	.3	276	3.6	.6	49	3.6	.4	40
전과목 A학점을 받은 학기 비율	.4	.3	136	.4	.3	273	.3	.3	50	.3	.3	39
특별 업적	1.2	1.5	143	1.4	1.4	277	1.3	1.4	50	1.2	1.4	40
전체 받은 상의 수	2.8	2.3	143	2.5	2.0	277	2.1	2.2	50	2.2	1.9	40
국가 혹은 주 주최 상	1.1	1.1	143	.8	1.0	277	.7	1.0	50	.6	.8	40
활동 유형의 수	4.2	2.2	143	5.3	2.0	277	4.6	2.4	50	4.7	2.1	40
리더십 유형 활동의 수	1.3	1.3	143	2.0	1.5	277	1.7	1.7	50	2.0	1.6	40
간부 경험의 수	1.5	1.6	143	2.0	1.8	277	1.9	2.0	50	1.5	1.5	40
자아존중감	17.2	2.5	138	17.2	2.6	271	17.4	2.6	50	16.4	3.6	39
통제 부위	16.0	2.2	137	16.1	2.1	270	15.9	2.2	50	15.9	2.7	39

* 영재탐색 SAT-M 점수
** 영재탐색 SAT-V 점수

지에 기사 쓰기, 예술이나 수학 혹은 과학 분야의 특별 프로젝트에 참여하기, 중요한 연구 프로젝트에 참여하기와 같은 특별 업적들도 평가되었다. 각 집단에서 학생별 특별 업적의 평균 숫자는 〈표 6-1〉에 제시되어 있다. 집단 간 유의미한 차이는 발견되지 않았다. 마지막으로 수학 혹은 과학 경

진대회나 특별 우등 프로그램에의 참가도 고려되었다. 카이스퀘어 검정으로 집단 간 유의미한 차이가 없음이 밝혀졌다.

결론적으로 집단 간에 특별상이나 업적에서 큰 차이가 없음을 알 수 있었다. 그러나 고등학교에서 보다 적은 시간을 보낸 학생이 이러한 성취에서 다른 학생만큼이나 잘하는 것으로 나타났으며, 집단 1의 학생들은 주와 국가에서 주는 상을 더 많이 수상하였다. 더욱이 속진을 경험한 학생들은 그렇지 않은 학생들만큼, 혹은 그렇지 않은 학생들보다 표준화 검사와 고등학교 교과과정을 더 잘 성취하였다. 따라서 속진이 불리하지 않다는 것이 이 분석을 통해 밝혀졌다.

교과 외 특별활동

또한 연구자들은 교과 외 특별활동 참여에 대한 속진의 효과를 조사하는데도 흥미를 가졌다. 학생들은 교과 클럽, 봉사 클럽, 학생회, 공연이나 연주, 운동과 같은 학교나 지역사회에서 제공하는 14가지의 활동 유형 중 어디에 참여하였는지에 관해 응답하였다. 각 집단의 학생들이 참여한 활동의 평균 숫자가 〈표 6-1〉에 제시되어 있다. 집단 2는 집단 1보다 참여한 활동의 유형이 유의미하게 많았다($p = .05$). 그러나 다른 집단 간에는 유의미한 차이가 없었다.

속진을 경험한 학생들이 그렇지 않은 학생들보다 특정 활동 유형을 선호하는지를 알아보기 위해 4가지 범주에 따라 클럽과 활동을 나누었다. 클럽은 학교 클럽, 운동, 공연이나 연주, 지역사회 조직으로 분류되었다. 학생들은 각 활동 유형에 참여한 학생들과 참여하지 않은 학생들로 분류되었다. 카이스퀘어 검정을 실시하였다. 집단 2는 학교 클럽 참여도가 가장 높았고 (97%, $p = .01$), 집단 1이 그 다음이었다(92%). 반면, 집단 3과 집단 4는 86%와 88%가 참여하였다. 운동에는 집단 2와 집단 3의 참여도가 가장 높았고

(각각 66%와 68%), 집단 1의 참여도가 가장 낮았지만(53%) 통계적으로 유의미한 차이는 나타나지 않았다. 공연이나 연주에는 집단 4의 참여도가 가장 높았고(70%), 그 다음은 집단 2였고(64%), 집단 1이 가장 낮았다(52%, $p = .056$). 집단 2와 집단 3은 지역사회 조직에의 참여도가 각각 58%로 45%인 다른 두 집단에 비해 가장 높았다($p = .05$).

각 활동에 얼마나 열심히 참여하였는가를 분석하지는 않았지만, 리더십 역할을 수행한 활동 유형에 대해 질문하였다. 각 집단이 보고한 리더십 활동의 평균은 〈표 6-1〉에 제시되어 있다. 물론 학생들은 하나의 범주에서 하나 이상의 활동에 참여하였을 수도 있지만, 이는 측정되지 않았다. 그럼에도 유의미한 차이가 나타났다. 집단 2와 집단 4는 리더십 활동 참여도가 가장 높았으며, 집단 2는 집단 1과 유의미한 차이를 나타내었다($p = .001$). 별개의 질문이지만 관련된 질문으로, 집단 2는 조직 내에서 간부로 활동하였다고 보고한 학생이 다른 집단보다 많았으며, 집단 3이 근소한 차이이긴 하지만 그 다음으로 많았다. 집단 1과 집단 2 사이에서만 유의미한 차이가 나타났다($p = .05$).

이러한 결과에 다소의 편차는 있지만, 집단 2가 교과 외 특별활동에 가장 활발히 참여하는 경향을 나타냈다. 집단 1의 학생들이 이러한 활동들에 참여하였다는 증거가 있음에도 불구하고, 이 영역에서 다소 불리한 것으로 나타났다. 아마도 이 활동들을 즐기는 학생들은 고등학교 과정을 월반하기 위해 속진을 선택하지는 않을 것이다.

대학 선택도

연구자들은 학생들이 등록한 대학의 수준을 측정하기 위해 Astin과 Henson(1977)이 개발한 대학선택지수(College Selectivity Index)를 활용하였다. 이 지수는 재학생들의 평균 SAT 점수에 기초한 것이다. 4개 집단 모두의 평균 SAT 점수는 매우 높았기 때문에 이들 중 많은 수는 선택도가 높은 대학에 입학할 것으로 기대되었다. 4개 집단에서 매우 다양한 대학들이 선택되었다. 그러나 각 집단에서 미국에서 상위 50위 내의 대학에 입학한 학생의 비율은 집단 1과 집단 2가 상당히 높았다(집단 1-62%, 집단 2-56%, 집단 3-28%, 집단 4-33%). 카이스퀘어 검정 결과, 통계적으로 유의미한 차이가 있었다($p = .001$). 물론 어떤 속진을 경험한 것이 학생에게 보다 선택도가 높은 대학에 입학 허가를 받는 데 도움을 주었는지, 혹은 속진을 선택한 학생이 보다 엄격한 교육 프로그램을 경험하였고 학문적 수월성에 더 잘 동기화되었기 때문에 또한 선택도가 높은 대학에 입학하는 것을 선택하였는지를 밝히는 것은 불가능하다. 그럼에도 불구하고 이 연구결과는 여전히 속진의 장점을 지지해 주는 것임에는 분명하다.

목표와 포부

연구자들은 4개 집단의 학생들의 목표와 포부 조사에 흥미를 가졌다. 학생들은 성취하고자 하는 학위에 대해 질문을 받았다. 상대적으로 학사학위만 받겠다고 계획하는 학생들은 거의 없었다. 보다 높은 학위 수준에서 차이가 극명히 나타났다. 법학, 의학, 철학 박사학위를 통틀어 집단 1의 49%와 집단 2의 46%가 박사학위를 취득할 계획이었으며, 집단 3의 20%, 집단 4의 23%가 박사학위를 딸 계획이라고 응답한 것과 대조적이다. 카이스퀘어 검정 결과, 통계적으로 유의미한 차이가 있었다($p = .001$).

학생들은 특정 목표들이 그들에게 '매우 중요한' '다소 중요한' '중요하지 않은' 것을 표시함으로써 그 목표들의 중요성도 평가하였다. 카이스퀘어 검정 결과, 학업에서 성공하는 것, 돈을 많이 버는 것, 친구 간의 신의를 지키는 것, 안정된 직업을 갖는 것, 지역사회에서 지도자가 되는 것, 자녀에게 보다 나은 기회를 제공해 주는 것, 친척들과 가까운 곳에 사는 것, 사회적 불

영재교육에서 집단편성과 속진

평등을 바로잡는 것, 여가 시간을 가지는 것, 자녀를 가지는 것과 같은 목표들에서 각 집단 간의 차이를 발견하지 못하였다. '고향을 떠나는 것'이라는 목표가 다른 집단들보다 집단 4에게는 다소 중요하게 나타났으며($p = .01$), 결혼과 행복한 가정생활은 다른 집단보다 집단 1에게서 다소 중요하지 않은 것으로 나타났다. 학생들은 또한 직업에서의 경력과 가정생활의 조화, 즉 항상 전일제로 일할 것인지, 항상 정시제로 근무할 것인지, 자녀를 가질 때까지만 전일제로 일할 것인지와 같은 근무 형태에 대한 계획에 대해서도 질문을 받았다. 7가지의 응답이 가능하였다. 모든 집단의 대부분이 전일제를 선택하였을 때 중요한 차이는 발견되지 않았다.

생활양식 계획과 목표에 관련해서 별다른 차이점이 발견되지 않았지만, 집단 1과 집단 2는 집단 3과 집단 4보다 더 높은 교육 목표를 갖고 있었다. 보다 높은 학위를 취득하고자 하는 학생들의 높은 요구는 기꺼이 자진해서 속진을 하고자 하는 원인이 될 수도 있다. 또한 속진의 결과로 보다 도전적이고 적합한 교육 경험이 학생들의 더 높은 포부를 자극하였을 수도 있다.

사회적 · 정서적 특성

속진을 경험한 학생들의 사회적 · 정서적 적응은 커다란 관심사이기 때문에 피험자들이 느끼는 자신의 가치와 삶의 방향을 통제할 수 있는 능력을 측정하기 위해 설계된 문항들을 설문지에 포함시켰다. 사용된 문항들은 국가교육통계센터(National Center for Education Statistics)가 지원하는 국가종단연구(National Longitudinal Study)의 대학 신입생 설문지에서 추출한 것이다(Conger, Peng, & Dunteman, 1976; Peng, Fetters, & Kolstad, 1981). 신뢰도를 높이기 위해, 4개의 항목을 조합하여 자아존중감 척도를 만들었고 4개의 항목을 조합하여 통제 부위 척도를 만들었다. 이 척도들의 신뢰도는 Cronbach의 내적 합치도 알파계수를 통해 계산한 결과, 자아존중감은 .82를, 통제 부위는 .46을 얻었다. 이 척도들을 네 집단 간에 비교한 결과, 통계적으로 유의미한 차이는 발견되지 않았다(〈표 6-1〉 참조).

Cattell의 성격요인검사지(Cattell 16 Personality Factors Questionnaire, Cattell & Butcher, 1968)에서 추출한 문항들이 성격 특성을 평가하기 위해 질문지에 포함되었다. 각 문항은 0부터 10까지의 척도로 표시되었으며 양 극단은 0과 10이다. ANOVA를 사용하였을 때 한 문항을 제외하고 집단 간에 어떤 문항에서도 유의미한 차이가 발견되지 않았다. 이 문항은 '보수적, 확립되어 있는 방법을 고수하는'부터 '급진적, 기꺼이 시도하는'까지 분포되었다. 집단 1은 기꺼이 시도하는 척도에 가장 높은 평균점수를 얻었고, 이는 집단 2와 유의미한 차이가 있었다. 이러한 결과는 집단 1이 4개 집단 중 가장 급진적으로 속진을 하고자 하였다는 사실과도 일치하는 것이다.

비록 형용사 체크리스트(ACL)가 1976년에 확인된 학생들에게만 실시되었지만, 이는 표준화된 검사이고 사회적·정서적 적응과 관련해 다른 연구 결과에 부수적인 타당성을 제공하기 때문에 이 점수를 사용하기로 결정하였다. ACL에서 체크한 선호하는 형용사와 선호하지 않는 형용사와, 15 요구 척도(15 Needs Scales)와, 자기통제(Self Control), 자신감(Self Confidence), 자기조절(Personal Adjustment), 이상적 자아(Ideal Self)에 대한 주제별 척도(Topical Scales)에 대해 집단 간 비교를 실시하였다. ANOVA 분석 결과, 척도들 간에 유의미한 차이는 나타나지 않았다.

따라서 조사된 변인들 중에서 네 집단 간 인성 차이는 발견되지 않았으며, 속진이 사회적·정서적으로 유해하지 않다는 것이 증명되었다. 유일한 차이점은 집단 1이 집단 2보다 덜 보수적이라는 것인데, 이는 집단 1이 속진을 기꺼이 하려는 자발성을 어느 정도 설명해 줄 수 있다.

논 의

이 연구는 다양한 정도의 속진을 선택한 영재들의 속진과 학업성취, 교과 외 특별활동, 목표와 포부, 사회적·정서적 적응 사이의 관련성을 조사하였다. 이들은 SMPY의 영재탐색에서 수학과 언어 영역에 영재성이 매우 뛰어난 것으로 확인되었으며 집단 1은 가장 속진한 집단으로, 몇 학년을 월반하였다. 집단 2는 AP 혹은 정시제로 대학 과정을 이수하여 학점을 미리 받았지만, 월반을 경험하지는 않았다. 집단 3은 몇 개의 교과를 속진하거나 특별학급에 있거나 개별 교수를 받았지만, 이 경험으로 학점을 받지는 못하였다. 집단 4는 어떤 속진도 경험하지 않은 학생들이다.

이 연구는 속진의 결과가 어떠한 해를 끼치는지를 밝히지 못하였다. 모든 학업성취 영역에서 집단 1과 집단 2의 속진 학생들이 집단 3과 집단 4의 학생들보다 더 잘하거나 더 나았다. 심지어 특별상과 업적 영역에서조차도, 속진 학생들이 더 잘하였으며 집단 1은 8학년에서 고등학교 졸업 시까지 그 기간 안에 몇 학년을 월반하여 수상할 시간이 적었음에도 불구하고 주와 국가에서 주는 상을 더 많이 받았다. 더욱이 집단 1과 집단 2의 학생들 중 많은 비율이 집단 3과 집단 4보다 훨씬 선택도가 높은 대학에 입학하였다.

교과 외 특별활동에서 집단 1은 불리하였다. 집단 2는 특별활동에 가장 적극적으로 참여하였다. 월반한 학생들은 그 학급에 있는 다른 연상의 학생들과 이 특별활동에 참여하는 데 불편함을 느꼈던 것으로 여겨진다. 그러나 집단 1의 많은 학생들이 학교 클럽과 같은 유형의 특별활동에 참여하였고, 여기서는 문제가 없었던 것으로 보인다. 이들이 참여한 특별활동 유형이 더 적었던 것은 관심 영역이 좁거나 혹은 특별활동에 참여할 여가 시간이 적었기 때문인 것으로 생각할 수 있다.

일반적인 생활양식 목표에서는 별다른 차이점이 발견되지 않았지만, 교육 목표에서 중요한 차이가 발견되었다. 집단 1과 집단 2의 많은 학생들이 박사학위 혹은 의학이나 법학에서 학위를 받을 계획이었다. 그들은 학교에서 더욱 많은 시간을 보낼 계획이었기 때문에, 높은 학위를 취득하려는 목표가 학생들의 속진을 촉진하였다.

마지막으로, 사회적·정서적 적응의 증거를 연구한 변인들에서 집단 간의 차이가 발견되지 않았다. 속진이 이 영역에서 부정적 효과를 가져온다는 증거는 없었다. 이는 속진을 반대하는 사람들이 주로 사회적·정서적 부적응을 우려하기 때문에 매우 중요한 연구결과다.

연구된 네 집단은 비록 성취 수준이 높았지만, 그 능력이 정확하게 동일하지 않았다. 연속적으로 속진을 한 학생들은 영재탐색에서 SAT 성적으로 확인한 결과, 수학에 다소 능력이 있는 학생들이었으며 언어 영역에서도 다소 우수한 학생들이었다. 이는 이 연구의 결과를 일반화하는 데 제한점이 된다.

속진은 학생들과 학교와 사회 등 여러 면에서 이득이 있다. 속진 전략은 학생들에게 보다 도전적이고 개별 학생들의 요구를 충족시켜 줄 수 있는 교육 프로그램을 선택할 수 있는 기회를 제공한다. 이는 월반만을 의미하지는 않는다. 예를 들면, 일부 학생들은 한 교과에서만 속진을 선택할 수도 있다. 속진은 하나의 프로그램이 제공할 수 있는 것보다 개인의 요구를 충족시킬 수 있는 더 많은 기회를 제공하거나, 혹은 특별 프로그램을 보충하는 데 사용될 수 있다는 장점이 있다. 학교 입장에서 볼 때, 속진은 특별 교육과정을 설계하는 데 드는 비용과 노력 없이 높은 능력을 가진 학생들에게 보다 도전적인 교육과정을 제공할 수 있다. 사회 전체적으로는 보다 어린 나이에 많은 것을 성취할 수 있도록 영재의 동기를 북돋아 주어, 미래에 더욱 생산적인 사회 구성원을 더 많이 가질 수 있게 된다.

📝 참고문헌

Astin, A. W., & Henson, J. W. (1977). New measures of college selectivity. *Research in Higher Education, 6*, 19.

Cattell, R. B., & Butcher, H. J. (1968). *The prediction of achievement and creativity.* Indianapolis: Bobbs-Merrill.

Conger, A. J., Peng, S. S., & Dunteman, G. H. (1976). *National longitudinal study of the high school class of 1972: Group profiles on self-esteem, locus of control, and life goals.* Research Triangle Park, NC: Research Triangle Institute.

Daurio, S. P. (1979). Educational enrichment versus acceleration: A review of the literature. In W. C. George, S. J. Cohn, & J. C. Stanley (eds.), *Educating the gifted: Acceleration and enrichment.* Baltimore, MD: Johns Hopkings University Press, 13-63.

Fund for the Advancement of Education. (1979). A sunmming up. In W. C. George, S. J. Cohn, & J. C. Stanley (Eds.), *Educating the gifted: Acceleration and enrichment.* Baltimore, MD: Johns Hopkins University Press, 138-161. (reprinted from *They went to college early*, Evaluation Report No. 2, Fund for the Advancement of Education, Ford Foundation, New York, April 1957).

Gough, H. G., & Heilbrun, A. B. (1980). *The adjective checklist manual.* Palo Alto, CA: Consulting Psychologists Press, Inc.

Hobson, J. R. (1963). High school performance of underage pupils initially admitted to kindergarten on the basis of physical and psychological examinations. *Educational and Psychological Measurement, 23*(1), 159-170.

Kulik, J. A., & Kulik, C. C. (1984). Effects of accelerated instruction on students. *Review of Educational Research, 54*, 409-425.

Peng, S. S., Fetters, W. B., & Kolstad, A. J. (1981). *High school and beyond.* Washington, DC: National Center for Education Statistics.

Pollins, L. M. (1983). The effects of acceleration on the social and emotional development of gifted students. In C. P. Benbow & J. C. Stanley (Eds.), *Academic precocity: Aspects of its development.* Baltimore, MD: Johns Hoppkins University Press.

Pressey, S. L. (1949). *Educational acceleration: Appraisal and basic problems.* Bureau of Educational Reserch Monographs, No. 31. Columbus: The Ohio State University Press.

Robinson, H. B. (1983). A case for radical acceleration: Programs of the Johns Hopkins University and the University of Washington. In C. P. Benbow & J. C. Stanley (Eds.), *Academic precocity: Aspects of its development.* Baltimore, MD: Johns Hopkins University Press.

Stanley, J. C. (1978). Educational non-acceleration: An international tragedy. G/C/T, May-June, Issue No. 3, 2-5, 53-57, 60-64.

Stanley, J. C. (1985a). Young entrants to college: How did they fare? *College and University, 60*(3, Spring), 219-227.

Stanley, J. C. (1985b). How did six highly accelerated gifted students fare in graduate school? *Gifted Child Quarterly, 29*(4, Fall), 180.

Stanley, J. C., & Benbow, C. P. (1982). Educating mathematically precocious youths: Twelve policy recommendations. *Educational Researcher, 11*(5), 4-9

Stanley, J. C., & Benbow, C. P. (1983a). Intellectually talented students: The key is curricular flexibility. In S. Paris, G. Olson, & H. Stevenson (Eds.), *Learning and motivation in the classroom.* Hillsdale, NJ: Erlbaum, 259-281.

Stanley, J. C., & Benbow, C. P. (1983b). Extremely young college graduates: Evidence of their success. *College and University, 58*(4, Summer), 361-371.

Stanley, J. C. & McGill, A. M. (1986). More about "Young entrants to college: How did they fare?" *Gifted Child Quarterly, 30*(2, Spring), 70-73.

07

속진과 집단편성에 대한 교육적 의사결정[1]

Joyce VanTassel-Baska(College of William and Mary)

이 논문은 속진과 집단편성에 대한 연구와 실제에서 나온 중요한 문제에 대한 개관이다. 영재를 위한 이 두 가지 방안에 대한 기본적인 중요성에 초점을 두고 있으며, 최근 학교개혁의 맥락에서 속진과 집단편성의 문제를 검토하고, 실천가들이 각 문제를 적용하는 데 필요한 일련의 의사결정 지침을 권고한다. 속진 지침은 내용 영역의 숙달에 기초한 학습의 점진적 발달에 대한 강조, 입학과 졸업에 대한 융통성, 학년을 단축시키고 건너뛰기 위한 기회를 포함한다. 집단편성에 대한 지침은 다양한 형태의 집단편성과 독립적인 학습 선택에 대한 융통성을 강조한다.

사회적·정치적 요구에 반응하여 교육은 모든 학생을 위한 조직적이고 교육과정적인 구조에 영향을 미치는 학교개혁에 착수하여 왔다. 보다 높은 상위 수준의 성취를 위한 요구, 학생들의 증가된 사고능력, 그리고 문화적·사회적 다양성 적응을 많이 강조함으로써 교육 관련 인사들이 학교를 조직하는 방식에 최소한의 표면상 변화를 기하게 되었다. 이런 변화들은 집단편성과 교실수업 전략 분야에서 가장 두드러지고 있다.

---

1) 편저자 주: VanTassel-Baska, J. (1992). Educational decision making on acceleration and grouping. *Gifted Child Quarterly*, 36(2), 68-72. ⓒ 1992 National Association for Gifted Children. 필자 승인 후 재인쇄.

이 체계에 영재교육을 어떻게 맞출 것인가? 최근의 교육개혁 풍토에서 개발된 영재교육의 한 가지 방향은 이질적인 집단편성과 협력학습을 함께 섞는 것이다. 이런 예 중 하나는 정규학급에서 영재를 위한 교사의 역할을 협력적인 교사로 재정의하는 것이다. 교사는 종종 수업을 설명하고 영재를 위한 계획에서 정규학급 교사를 도와준다(VanTassel-Baska, Landrum, & Peterson, 인쇄 중). 이런 혼합 전략들이 부분적인 상황에서는 충족될 수 있지만 영재교육에 널리 보급되는 전체적인 영향에서 볼 때는 이롭지 못하다. 이런 전략들은 양질의 영재 프로그램, 즉 속진과 능력별 집단편성의 기본 달성에 손상을 줄 수도 있다. 이런 접근법들은 기초적인 것이고, 프로그램들이 이런 특별한 학습자 집단에게 유의미하다는 것을 보장하기 위해서는 이 접근법들이 어떤 일정한 형식으로 검토되고 주목되어야 한다. 그러므로 이 논문의 주요 논제는 속진과 집단편성이라는 것이 지역 학군에서 영재 프로그램들이 누리는 수락 수준을 시험하는 피뢰침 문제라는 점이다. 영재들을 돕기 위한 공약이나 헌신이 클수록, 영재들을 적절하게 속진시키고 집단편성하는 수용 범위는 커질 것이다.

속진과 집단편성: 정의와 논쟁

교육자와 학부모는 속진에 대해 잘못된 개념을 가지고 있다. 이들은 흔히 속진을 아이들의 프로그램 이수 속도를 빨리하고 다양한 수준의 학교교육을 일찍 졸업하도록 학생에게 처치되는 중재로서 인식하고 있다. 속진은 교육적 중재를 제공하는 것으로 볼 것이 아니라 아이의 급속한 인지발달 속도에 대처하는 방안으로 인식해야 한다. 속진이라는 이름으로 제공하는 것은 영재학생들이 나타내는 준비도와 요구에 적합한 수준의 교육과정과 서비스다. Elkind(1988)는 이런 중재의 실제(학습자를 적절한 교육과정에 잘 연결시키는 것)가 달성하려는 의도를 잘 반영하기 위하여 그 용어를 보다 훌륭하게

영재교육에서 집단편성과 속진

변화시키는 것이 중요하다고 언급하였고, 그렇게 하면 이 용어에서 학생들의 향상 속도를 빠르게 하는 것이라는 일반적 의미를 피할 수 있다고 주장하였다. 불행하게도, 많은 사람들이 영재 프로그램에서 속진의 기본적 역할에 대해 부정한다. 그리하여 사실상 그들은 어떤 발달단계에서든 한 가지 이상의 영역에서 높은 인지발달을 보이는 영재학생을 누가 정의하며 무엇이 정의되는지의 문제(혹은 영재들은 누구이며 그들은 무엇을 하는 사람들인가 하는 문제)를 부정한다.

반면에 능력별 집단편성은 학교 교육과정 내에서 수업을 위해 비슷한 능력 수준의 학생들을 함께 구성하는 조직적인 메커니즘으로서 정의되어야 한다. 개인과 집단을 고려하는 능력별 집단편성은 개인의 차이를 존중하는 방법으로 논의될 필요가 있다. 어떤 일정한 형태로 집단편성을 하지 않고 이루어지는 차별화된 교육과정은, 만약 불가능한 것이 아니라면 성취하기가 매우 어려운 것이다. 따라서 능력별 집단편성의 실행을 거부하는 것은 영재를 위한 특별한 수업 요구를 부정하는 것과 같다.

속진과 집단편성 모두 영재의 학습 요구를 적절히 충족시키기 위해서 설계된 프로그램의 필수적인 구성요소다. 아이러니하게도, 현재의 교육 풍토에서 속진과 집단편성은 불합리한 방법으로 각자 서로를 함정에 빠뜨린다. 영재의 집단편성은 치명적인 공격을 받으며, 어떤 학자들은 속진을 강조하도록 하였다(Slavin, 1990). 따라서 속진을 영재에게 사용할 수 있는 유일한 전략으로 여긴다. 그러나 영재를 집단으로 편성하지 않는 것이 더욱 속진적인 학습기회를 증가시킬 것이라고 믿을 만한 이유가 없다(Jones & Southern, 1992 참조). 집단편성이 줄어들면, 주로 학급 중심으로 이루어지면서 학년 수준별 성과에 따라 지배되는 프로그램 중재에 대한 단일한 접근을 증진시키게 될 가능성이 높다. 그것은 Slavin(1986)이 가정한 이질적인 집단에 대한 로빈 후드 효과를 만들어 낼 것이다. 어떤 점에서 영재는 학습과정에서 다른 학생들보다 불운하게 다루어질 수 있다. 이런 접근법에서 영재들에게 생기는 이득은 분명치 않다.

연구의 활용도

이 논문에서 제공된 정책 지침뿐만 아니라 속진과 집단편성에 관련된 적절한 연구의 검토는, 영재학습자를 위한 기본적인 방안에 관한 정책을 실행하기 위해 지역 교육청에서 사용될 수도 있다. 성문화된 정책이 각 학교 내에서, 혹은 각 학교마다 일관되고 지속적으로 실행되는 절차를 보장하기 위해 지역 교육위원회가 채택해야 한다는 제안이 있다.

학습이론 문제

영재학생에게 속진과 집단편성의 전략을 사용하기 위한 이론적 근거는 무엇인가? 영재의 속진과 집단편성은 학습과 발달의 이론과 연구에 대한 우리의 이해에 잘 들어맞는다. Csikszentmihalyi(1988)는 높은 IQ를 가진 학생이 평균적인 IQ를 가진 학생보다 2배나 더 도전적인 과제를 할 수 있다는 것을 발견하였다. Bloom(1985)은 높은 수준의 재능 발달이 숙련도와 준비도에 기초하여 미리 구성된 연속적 학습경험에서 좀 더 복잡한 과제로 전진하게 함으로써 길러진다는 것을 알았다. 재능 발달에 대한 이 모델은 재능의 영역과 상관없이 효과적인 것으로 보인다. Dweck과 Elliot(1983)도 적극적인 성취동기와 도전 수준에서 과제 복잡성 사이의 관계를 설명하였다. 성취하려고 하는 충분한 동기를 가지고 궁극적으로 매우 높은 수준의 성취를 할 수 있는 영재학생을 위해 각 학생의 요구에 기초하여, 조심스럽고 융통성 있게 조직된 속진이나 집단편성은 영재 프로그램에서 필수적인 것이다.

그러나 우리가 영재가 아닌 다른 학생들에게 공들여 적용하는 학습이론의 원리들이 영재들에게는 똑같이 적용되지 않는다. 학습 준비도, 지속적인 향상, 학습을 위한 도전 수준과 같은 개념들은 전형적인 일반학생을 위한 교육과정을 설계할 때는 중요한 것으로 인식된다. 그러나 마찬가지로 영재를 위해서 그 개념들의 의미를 개발하지 않는다면 그 개념들은 공허한 위험에 처하게 된다. 학교가 영재 개인이나 집단에게 필요한 대로 학습을 속진시키기 전까지 영재는 적절하게 학습할 수 없다. 또한 영재는 적절한 수준의 활동을 제공하는 어떤 유형의 집단편성 없이는 학습을 잘해 나갈 수 없다. 학년을 교차한 클러스터 집단편성이나 수업상의 집단편성, 혹은 협력적인 집단편성으로 설계되든 안 되든 학교생활에서 최소한으로 다른 영재들과 함께하는 영재들의 사회화 기회가 제공되어야 한다. 이러한 방안은 인지발달뿐 아니라 사회적 발달을 위해서도 중요하다. 이것을 적극적으로 하지 않는 것은 영재에게 적절한 교육 서비스를 계속해서 부정하는 것이다.

속진: 연구와 실제의 개관

영재가 아닌 어떤 집단을 대상으로 하는 여타 단일한 교육적 조정에 관해서보다는 영재를 속진시키는 방법이 지니는 효력에 대해서 많은 연구가 이루어져 왔다. 속진을 다루는 논문에 대한 리뷰는 최근 25년에 걸쳐 정기적으로 나타난다(Benbow, 1991; Daurio, 1979; Gallagher, 1969; Kulik & Kulik, 1984; Reynolds, Birch, & Tuseth, 1962; VanTassel-Baska, 1986). 각 리뷰는 조심스럽게 생애에 걸쳐 영재에게 미치는 속진의 긍정적인 영향에 대한 개관을 나타낸다. 1970년대에 Stanley와 다른 사람이 개발한 기본 재능 탐색 모형의 가장 현저한 파생물인 성공적인 속진 프로그램들은 학습에 미치는 중요한 긍정적 영향을 설명한다(Benbow & Stanley, 1983; Kulik & Kulik, 1992; Swiatek & Benbow, 1991a, 1991b). 더욱이, 영재교육 분야에서 폭넓은 연구의제(agenda)가 나타났고 영재의 교육적인 속진에 대한 장기간의 효과를 이해하기 위해 헌신하였다(Brody, Assouline, & Stanley, 1990; Brody & Benbow, 1987; Brody & Stanley, 1991; Robinson & Janos, 1986; Swiatek & Benbow, 1991a, 1991b). 이런 최근의 연구들은 계속해서 속진이 인지발달에 긍정적인 결과를 가져온다는 것과 사회적·정서적 발달에 부정적인 영향이 없음을 보여 준다. Brody와 Benbow(1987)는 SMPY 학생들이 고교 졸업 후에 학년을 건너뛰는 것과 상급 과정을 이수하는 것을 포함하여 다양한 속진 유형으로 해로운 영향을 받지 않음을 보고하였다. 속진한 학생들은 일반적으로 더욱 총체적인 우수 학생의 지위를 얻고, 보다 많이 명문 대학에 입학한다. Richardson과 Benbow(1990), Swiatek과 Benbow(1996)는 대학을 졸업한 후에 사회적 · 정서적 발달이나 학업성취에 대해 속진이 해로운 효과가 없다는 것을 보고하였다. Janos와 동료들(1988)은 대학 조기입학자에게 속진의 유해한 효과가 없음을 보고하였다. 다른 연구에서 Robinson과 Janos는 동등한 능력을 가졌으나 속진하지 않은 세 개의 집단과 비교하여 조기입학자의 두드러진 특성인 독창성만 다를 뿐 조기입학자에게 유사한 적응 유형을 발견하였다. 여학생만 포함하는 대학 조기입학자에 대한 다른 연구에서는 속진 프로그램의 첫해 동안 긍정적인 인격 성장이 발견되었다(Cornell, Callahan, & Loyd, 1991). 마지막으로 Brody와 동료들(1990)은 지속적인 근거를 가지고 수행하는 상급 수준의 도전적인 연구과제가 앞으로의 성취에 강력한 동기가 된다는 것을 제안하면서, 속진한 학생 사이에서 대학에서의 성공을 가능하게 해 준 가장 큰 요인은, 조기에 계속적으로 이루어진 AP 과정 이수였다는 점을 발견하였다.

이론적인 논거와 경험적 지지는 교육 실천 현장이 속진의 개념을 진심으로 수용하게 될 것이라는 것과, 많은 교육 상황에서 그것을 효과적으로 사용하기 위한 다양한 방법을 찾을 것이라는 기대를 이끌어 낼 것이다. 유감스럽게도 지금까지 그러한 사례는 없었다. 대신 우리는 교육제도를 통해 이런 접근법을 계획적으로 멀리하고 있다는 점을 알고 있다(예, Jones & Southern, 1992). 다수의 영재 프로그램 조정자 자신이 실제에 반하여 철학적이고 이론적 경향이 있을 때 이런 상황의 역동성에 대한 어떤 통찰을 얻게 된다(Southern & Jones, 1991). 부적응 영재에게 사용된 프로그램 중재에 대한 최근의 연구들(VanTassel-Baska, Patton, & Prillaman, 1991)은, 속진이 어떤 일정한 형태로 개별연구, 대학 코스워크, 다양한 심화 전략과 같은 접근법을

영재교육에서 집단편성과 속진

지지하면서 그중 1/5을 수료하였다는 사실을 보여 준다. Jones와 Southern (1992)의 연구결과와 결부된 이 상대적으로 낮은 현상은, 그것의 효과성을 지지하는 긍정적인 연구결과에도 불구하고 속진이 영재 프로그램에서 일상적인 전략이 아니라는 것을 제안한다.

집단편성: 연구와 실제에 대한 개관

영재의 속진 연구에 대한 근거는 많은 반면, 영재의 집단편성에 유리한 증거들은 그리 뚜렷하지 않다. 능력별 집단편성 연구에 대한 리뷰의 해석은 집단편성이 영재에게 신중하게 긍정적인 효과를 가지는 것으로 본다. 확실한 결과들이 쉽게 나타나지 않아서 실제로 영재의 집단편성에 초점을 둔 집단편성 연구들은 거의 없다. 연구의 리뷰조차도 영재에 대해 제한적인 강조를 하고(Kulik & Kulik, 1987), 능력별 집단편성에 대한 다양한 유형의 연구들을 조심스럽게 시험해 보는 논문을 통해서(Rogers, 1991) 영재교육 분야는 집단편성의 공격에 대한 반응으로서 확실히 구분되었다(예, Slavin, 1990). 이런 반응은 분명하게 집단편성의 사용을 지지한다.

연구에서는 다음과 같이 주장한다.

1) 초등학교와 중등학교 수준 모두에서 영재들의 성취는 중핵 교과 영역에서의 수업상의 집단편성, 학년을 교차한 집단편성, 특별한 흥미 집단편성을 포함하는 다양한 능력별 집단편성의 형태를 통해 강화된다(Slavin, 1986). 더욱이, 다른 학습자 집단의 성취는 영재 집단편성에 따른 영향을 받지 않는 것으로 나타났다(Kulik & Kulik, 1987, 1992).

2) 초등학교 수준이나 중등학교 수준에서 능력별 집단편성은 다른 집단 학습자의 자아존중감이나 학교에 대한 태도에 중요한 영향을 미치지 않는

다. 그러나 능력별 집단편성은 모든 학습자 집단에게 교과에 대한 긍정적인 효과를 준다(Kulik & Kulik, 1982, 1984).

3) 교육과정과 수업에 대한 준비가 없는 능력별 집단편성은 어떤 학습자 집단에게도 효과를 나타내지 못한다(Slavin, 1986). 그러나 영재를 위한 전일 제 프로그램에 등록한 학생들은 현저한 학업성취를 보여 준다(Rogers, 1991; Vaughn, Feldhusen, & Asher, 1991). 따라서 능력별 집단편성의 이점은 학생의 준비도 수준에 기초한 차별화된 수업 계획을 통해 활성화되는 것으로 보인다.

4) 협력 학습모형은 능력별 집단편성이 사용되지 않는다면 영재의 성취를 강화시키지 않는다. 하위 능력 학생과 상위 능력 학생을 섞는 것은 일반적으로 상위 능력 학생의 성장을 이끌어 내지 못한다(Slavin, 1986).

5) 하위 능력 학생들은 영재에게서 그들의 행동 모델을 가지지 않는다(Schunk, 1987). 따라서 '혼성' 능력별 집단이 하위 학생을 위해 중요한 학습 모형을 제공한다는 주장은 지지받을 수 없다.

6) 집단편성에 대한 직접적인 효과를 인식할 수 없다 하더라도 간접적인 효과는 어느 정도 확실하다. 상위 수준 학생은 대학 입학 준비를 하기 쉽고 실제로 다른 집단보다 더 잘 입학하게 된다(Gamoran & Berends, 1987). 따라서 집단편성은 중등학교 학생에게 긍정적인 발달 방향을 가르쳐 준다.

능력별 집단편성이 많은 학교 상황에서 남용되어 왔지만 그것을 없애는 것이 학생의 성취 수준뿐 아니라 자아개념에도 긍정적인 영향을 줄 것이라는 신념은 매우 의심스럽다. 영재를 위한 집단편성의 배제를 주장하는 증거들은 현존하는 연구들을 무시하는 것이다(Kulik & Kulik, 1992 참조).

영재교육에서 집단편성과 속진

정책상의 함의

위에서 속진과 집단편성, 그리고 이것들의 논거를 평가하는 연구들을 검토한 연구결과들은 교육개혁에 이해관계를 가지는 교육적 · 정치적 집단에게 무시되지 않았다. 예를 들어, 도전적인 교육자들이 널리 보급된 능력별 집단편성과 트래킹(tracking) 제도를 없애려고 하였지만, '1990년 교육에 대한 태스크 포스의 대통령 보고서'에서는 "이런 방안들을 없애는 것이 영재나 특별한 교육을 요구하는 학생, 또는 AP 학급과 같은 학생들을 위한 특별한 기회를 종결하도록 요구하는 것이 아님을 특별하게 주장한다."(p. 3) 따라서 능력별 집단편성의 실행을 줄이기 위한 최근의 매우 뚜렷한 교육적 변화들은 영재학생들이 다양한 방법으로 집단편성되지 않아야 한다는 것이나, 영재나 재능을 가진 학습자들을 위한 프로그램이 부적절하다는 것을 의미한다고 해석하지 말아야 한다.

더욱이, 책임 있는 지위에 있는 교육자들은 집단편성 실행의 폐지로 이익을 얻은 사람이 영재 프로그램을 제공할 필요가 있다는 것을 믿지 말아야 한다. 교육개혁은 우수한 학습자들을 나이에 기초한 학년 단위의 학급에서 정체되도록 하는 것이 아니다. 만약 학교가 집단편성에 대한 융통성 있는 모델을 적용하려고 한다면 행정 명령이나 실행을 명령하는 방식보다는 학생들의 요구를 인정할 것이고, 모든 아이들의 요구는 더 잘 충족될 것이다. 학교가 행정적으로 학생들을 이리저리 옮기는 것만큼 학생들의 필요에 기초하여 수업을 수정하려고 한다면, 모든 학생들의 요구는 더 잘 충족될 것이다. 문제는 능력별 집단편성이 아니라 실제 교육 원리를 적용하는 데에서 융통성과 상상력 부족이다.

모두를 위한 교육의 질 향상을 위해 우리는 모든 사람의 요구에 민감해야 하고 그에 따른 교육 경험의 계획이 필요하다. 그러나 기회의 평등과 대우의 평등은 같지 않고, 그렇게 될 수도 없다. 어느 직업에서든 고객이 요구하는 것은 처방의 성격과 본질을 나타내는 것이다. 양질의 서비스가 모두를 위해 유용해야 하지만, 그런 서비스의 본질과 조직은 의학 관련 직업에서와 같이 진단된 요구에 기초하여 다양해야 한다. 교육은 평범한 학생의 쓴 약이 모든 학생들의 혈관 속으로 흡수되지 않도록 그 서비스를 향상시키기가 곤란하다.

속진과 집단편성: 소수 집단 학생

소수 집단(minority) 학생에 대한 속진과 집단편성의 관계에 대해서 논의할 필요가 있다. 능력별 집단편성에 반대하는 논쟁에서 의미하는 것은 영재 프로그램이 소수 집단의 성취를 없애거나 부정적인 영향을 끼친다는 것이다. 영재학생은 사회경제적, 인종적, 민족적 집단의 출신이다. 아프리카 계 미국인 연구자들은 그들이 '재능아의 1/10(the talented tenth)'이라고 부르는 것을 개발할 필요성에 대해 설득력 있게 주장하였다. 문화 내에서 가장 뛰어난 학생 집단은 지도자 역할을 수행한다. 소수 집단의 성취 프로그램들은 이런 충고에 귀를 기울이고 영재교육이 최근까지 행하였던 것과 같이 자원의 일부를 상위 수준의 소수 민족 학생들의 발달을 강화하는 것에 초점을 둔다. 현재의 영재를 위한 정부의 재정 배당은 우선 소수 민족 학생들, 저소득층 학생들, 장애 학생과 같은 소수 집단의 정체성 인정과 프로그램으로 목표를 두었다. 사실, 다양한 문화 집단에서 영재학생들의 잠재력을 계발시키는 것은 이런 학생들이 다음 세대의 지도자가 될 것이기 때문에 일반적으로 교육에서 최우선으로 고려해야 한다. 이런 맥락에서 국가 조사 자료들이 사회경제적 지위와 이전의 성취들을 조절할 때 소수 집단의 학생들은 적어도 중등학교의 상위 집단 학급에 참여할 수 있는 동등한 기회를 가질 수 있음을 보여 주는 것에 주목할 필요가 있다.

소수 집단 학생들의 흥미는 영재교육과 같은 맥락에서 잘 다루어져야 한다. 그러나 이런 학생들을 효과적으로 교육하기 위해서는 개인차와 요구에 대해 더 많은 관심을 필요로 한다. 또한 그것은 더 많은 속진과 집단편성을 요구한다.

학교의 책임 있는 의사결정: 권고사항

가장 우수한 학습자를 적절한 방법으로 교육하는 것이 우리 사회가 심각하게 고려해야 할 도전이라는 생각이, 이 논문에서 다루고자 하는 핵심적인 논제임을 분명히 한다. 우리가 이런 학생들 사이에서 볼 수 있는 미성취, 불평불만, 소외 문제를 해결하는 것이 어려울 수 있다. 지금도 국제 성취 비교나 중도탈락률, 청소년 비행에 관한 자료들은 어울리지 않게 너무 높은 비율의 영재학습자들이 그들의 능력을 최대화하지 못한다는 것을 보여 준다.

이제 학교에서는 영재를 위한 속진과 집단편성에 대해 어떤 의사결정을 해야 하는가? 다음의 권고사항들은 영재의 특성과 요구에 민감한 지역 교육청이 속진과 집단편성에 관한 정책과 절차들을 적용할 수 있을 것이라는 희망에서 만들어졌다.

영재학생을 위한 속진 정책

1. 각 학생들은 자신의 능력보다 약간 높은 수준의 과제, 즉 도전해 볼 만한 수준의 학습경험을 부여받는다. 영재학생들에게 이것은 이전 과제에서 배운 것에 기초한 기본 교육과정을 통하여 계속적인 발전의 기회를 의미한다. 영재학생을 위해 계획된 모든 교육과정 경험들은 학생들의 교육 수준에 맞아야 한다. 이런 수준은 진단평가, 숙달 정도의 관찰, 수행평가로 결정된다.

2. 영재학생들은 준비도에 기초한 학교 중심 학습경험으로 시작하고 숙달도에 따라 수료할 기회를 가져야 한다. 따라서 조기입학과 조기 졸업 옵션들이 모두 제공되어야 한다. 영재학생들은 언제, 어디에서 학습할 것인지에 관해 융통성 있는 학교 체제를 필요로 한다. 어떤 학생들은 4세에 상급 독해 프로그램이 가장 적합할 수 있고 다른 학생들은 16세에 대학 입학이 가장 적절할지도 모른다. 개인의 가변성은 전체적으로 융통성 있는 시스템의 실행 속에서 가장 잘 이루어질 것임이 틀림없다.

3. 어떤 영재학생들은 학년 단축 프로그램을 통해 2년간의 교육을 1년으로 혹은 특정 학년으로 건너뛰는 것이 적절할지도 모른다. 이런 AP와 같은 방안은 개개 학생들의 능력, 준비도, 동기에 기초하여 만들어져야 한다. 실제 학년 배치는 나이를 넘어서서 많은 요소들에 따라 결정되어야 한다. 학년을 건너뛰는 것뿐만 아니라 학습 수준을 조절하는 것은 이런 정책의 실행을 보장하기 위해 중요한 또 다른 방법이다(Elkind, 1988).

영재학생을 위한 집단편성 정책

1. 영재학생을 위한 집단편성은 단지 조직적인 배치로서뿐만 아니라 그들을 적절하게 교육하기 위한 근본적인 접근법으로 보아야 한다. 영재학생을 위한 집단편성은 교육과정 개정, 대안적인 자료의 선택, 학습 센터와 같은 다른 조항들과 연계되어 사용되어야 하는 기본 프로그램 조항이다.

2. 영재학생을 위한 집단편성 전략은 영재학습자와 일반학습자 모두의 개인적 필요에 기초하여 유연하게 사용되어야 한다. 동료 활동, 소집단, 협력학습 집단, 세미나 모델 모두 학습과제와 학생들의 준비도에 기초하여 교사들이 사용할 중요한 대안들을 제공한다.

영재교육에서 집단편성과 속진

3. 영재학생들은 학교 교육과정의 관련된 모든 핵심 학습 영역에서 그들의 수업 수준에 맞게 다른 학생들과 상호작용할 기회를 가져야 한다. 대개, 이것은 초등학교 수준에서 적어도 읽기와 수학 수업에서의 집단편성과 중등학교 수준에서 특별 과목 수업이나 AP 수업을 의미한다. 과학이나 사회 수업을 위해 추천된 집단편성도 지지를 받는다.

4. 영재학생들은 관심과 흥미를 공유할 수 있는 다른 학습자와 함께 특별한 관심 영역에 따라 집단편성되어야 한다. 소집단 프로젝트를 위한 기회는 같은 주제나 문제에 관심 있는 학생들과 연계되어야 한다. 그리고 나서 학생들은 자신의 연구나 연구를 구성할 모형에 관련된 과정에서 수업할 필요가 있다.

5. 영재학생들은 능력과 흥미 모두에 기초한 독립적인 학습기회를 가져야 한다. 영재학생의 모든 과제들을 집단으로 수행할 필요는 없다. 혼자 공부하는 것에 대한 선호와 독립적인 과제를 수행할 수 있는 능력이 존중되어야 하고 학교 환경에서 이런 기회가 제공되어야 한다.

결 론

이 논문은 영재학생들의 요구에 맞추기 위한 속진과 집단편성의 사용에 대한 논쟁을 나타내고 있다. 학교 중심 정책의 시작은 다음 수년에 걸쳐 영재 프로그램을 지속적으로 보장하는 것이 필수라는 것도 조사되었다. 비록 영재교육 분야가 지속적인 교육개혁에서 주도적으로 활동해야 하지만, 그것은 성공적인 프로그램의 시작에서 운영적인 측면을 강조하는 문제에 대해 분명히 할 필요가 있으며 제 목소리를 낼 필요가 있다. 속진과 집단편성은 두 개의 그러한 영역을 구성한다.

📔 참고문헌

Benbow, C. P. (1991). Meeting the needs of gifted students through use of acceleration. In M. Wang, M. Reynolds, & H. Walberg (Eds.), *Handbook of special education: Research and practice* (pp. 23-36). New York: Pergamon Press.

Benbow, C. P., & Stanley, J. C. (Eds.). (1983). *Academic precocity: Aspects of its development.* Baltimore, MD: Johns Hopkins University Press.

Bloom, B. (1985). *Developing talent in young people.* New York: Ballantine Books.

Brody, L., Assouline, S., & Stanley, J. (1990). Five years of early entrants: Predicting successful achievement in college. *Gifted Child Quarterly, 34,* 138-142.

Brody, L. E., & Benbow, C. P. (1987). Accelerative strategies: How effective are they for the gifted? *Gifted Child Quarterly 3*(3), 105-110.

Brody, L. E., & Stanley, J. C. (1991). Young college students: Assessing factors that contribute to success. In W. T. Southern & E. D. Jones (Eds.), *Academic acceleration of gifted children* (pp. 102-132). New York: Teachers College Press.

Cornell, D., Callahan, C., & Loyd, B. (1991). Personality growth of female early college entrants: A controlled prospective study. *Gifted Child Quarterly, 35*(3), 135-143.

Csikszentmihalyi, M. (Ed.) (1988). *Optimal experience.* New York: Cambridge University Press.

Daurio, S. P. (1979). Educational enrichment versus acceleration: A review of the literature. In W. C. George, S. J. Cohn, & S. J. Stanley (Eds.), *Educating the gifted, acceleration and enrichment* (pp. 13-53). Baltimore, MD: the Johns Hopkins University Press.

Dweck, C., & Elliot, E. S. (1983). Achievement motivation. In E. M. Hetherington (Ed.), *Handbook of child psychology* (4th ed.) (Vol. 4, pp.

영재교육에서 집단편성과 속진

643-691). New York: Wiley.

Elkind, D. (1988). Mental acceleration. *Journal for the Education of the Gifted,* *2*(4), 19-31.

Gallagher, J. (1969). Gifted children. In R. L. Ebel (Ed.), *Encyclopedia of education research* (4th ed.) (pp. 537-544). New York: Macmillan.

Gamoran, A. (1990). How tracking affects achievement: Research recommendations. Madison, WI: *Newsletter,* National Center for Effective Secondary Schools, *5*(1), 2-6.

Gamoran, A., & Berends, M. (1987). The effects of stratification in secondary schools: Synthesis of survey and ethnographic research. *Review of Educational Research, 57,* 415-435.

Janos, P. M., Robinson, N. M., Carter, C., Chapel, A., Cofley, R., Corland, M., Dally, M., Guilland, M., Heinzig, M., Kehl H., Lu, D., Sherry, D., Stolloff, J., & Wise, A. (1988). A cross-sectional developmental study of the social relations of students who enter college early. *Gifted Child Quarterly, 32*(1), 210-215.

Jones, E., & Southern, T. (1992). Programming, grouping, and acceleration in rural school districts: A survey of attitudes and practices. *Gifted Child Quarterly, 36,* 111-116.

Kulik, C. C., & Kulik, J. A. (1982). Effects of ability grouping on secondary school students: A meta-analysis of evaluation findings. *American Educational Research Journal, 19*(3), 415-428.

Kulik, J. A., & Kulik, C. C. (1987). Effects of ability grouping on student achievement. *Equity and Excellence, 23*(1-2), 22-30.

Kulik, J. A., & Kulik, C. C. (1984). Synthesis of research on effects of accelerated instruction. *Educational Leadership, 42*(2), 84-89.

Kulik, J. A., & Kulik, C. C. (1992). Meta-analytic findings on grouping programs. *Gifted child Quarterly,* 72-76.

Reynolds, M., Birch, J., & Tuseth, A. (1962). Review of research on early admission. In M. Reynolds (Ed.), *Early school admission for mmentally advanced children* (pp. 7-18). Reston, VA: Council for Exceptional Children.

Richardson, T. M., & Benbow, C. P. (1990). Long-term effects of acceleration on the social-emotional adjustment of mathematically precocious youth. *Journal of Educational Psychology, 82,* 464-470.

Robinson, N., & Janos, P. (1986), Psychological adjustment in a college-level program of marked academic acceleration. *Journal of Youth and Adolescence 15*(1), 51-60.

Rogers, K. (1991). *The relationship of grouping practices to the education of the gifted and talented learner.* Storrs, CT: National Research Center on the Gifted and Talented.

Schunk, D. H. (1987). Peer models and children's behavioral change. *Review of Educational Research, 52*(2), 149-174.

Slavin, R. W. (1986). Best-evidence synthesis: An alternative to meta-analytic and traditional reviews. *Educational Researcher, 15*(9), 5-11.

Slavin, R. W. (1990). Ability grouping, cooperative learning, and the gifted. *Journal for the Education of the Gifted, 14,* 3-8.

Southern, W. T., & Jones, E. D. (Eds.). (1991). Academic acceleration of gifted children. New York: Teachers College Press.

Swiatek, M. A., & Benbow, C. P. (1991a). Effects of fast-paced mathematics courses on the development of mathematically precocious students. *Journal for Research in Mathematics Education, 22,* 139-150.

Swiatek, M. A., & Benbow, C. P. (1991b). Ten-year longitudinal follow-up of ability-matched accelerated and unaccelerated gifted students. *Journal of Educational Psychology, 83,* 528-538.

VanTassel-Baska, J. (1986). Acceleration. In J. Maker (Ed.), *Critical issues in gifted education* (pp. 179-196). Rockville, MD: Aspen Publications.

VanTassel-Baska, J., Landrum, M., & Peterson, K. (in press). Cooperative learning for the gifted. *Journal of Behavioral Education.*

VanTassel-Baska, J., Patton, J., & Prillaman, D. (1991), *Gifted youth at-risk.* Reston, VA: Council for Exceptional Children.

Vaughn, V., Feldhusen, J., & Asher, W. (1991). Meta-analysis and review of research on pull-out programs in gifted education. *Gifted Child Quarterly, 35*(2), 92-98.

영재학생의 집단편성: 쟁점과 관심사[1]

John F. Feldhusen and Sidney M. Moon(Purdue University)

영재는 자신의 능력과 높은 성취 수준에 알맞은 개념적 복잡성뿐 아니라 수준과 속도에 맞는 수업을 필요로 한다. 이질적인 집단편성과 이질 집단에서의 협력학습은 학교에 대해 부정적인 태도를 가지게 하며 낮은 성취와 동기를 이끈다. 미국 학생의 학업성취도는 아시아나 유럽의 많은 다른 나라보다 낮다. 만약 미국 학생들의 학업성취도를 유지하거나 높이려면 능력과 성취 수준에 맞는 집단편성을 해야 한다. 그러나 집단편성은 융통성이 있어야 하고 융통성 없는 능력별 집단편성은 피해야 한다.

영재학생들은 우수 학생들과 함께 편성된 동질 집단 상황이나 이질적인 집단에서의 협력학습, 개별 학습, 위의 모든 것을 결합시켜 놓은 것 중 어느 환경에서 가장 잘 성취할 수 있을까? 어떤 집단편성하에서 영재는 탁월성과 상위 수준의 학업 목표를 위해 필요한 동기, 학업성취에 대한 책임감을 발달시킬 수 있을까? 이것이 영재를 위한 프로그램을 개발하고 관리하는 교육가들이 직면한 중대한 문제다.

협력학습과 이질적인 집단편성이 학교 문제의 만병통치약으로 조장되어

---

1) 편저자 주: Feldhusen, J. F., & Moon, S. M. (1992). Grouping gifted students: Issues and concerns. *Gifted Child Quarterly*, 36(2), 63-67. ⓒ 1992 National Association for Gifted Children. 필자 승인 후 재인쇄.

왔다. 그러나 학교에서 일하는 사람들은 이질적인 대학 농구와 축구, 야구 팀이나 초보, 중급, 상급의 연주자들로 이루어진 이질적인 밴드를 계획하는 것은 어렵다는 것을 알았다. 혹은 원하는 사람들 모두를 위한 이질적인 미적분학도 어렵다는 것을 알았다. 그들의 능력에 맞는 수준으로 성취할 수 있도록 돕고 학습에 대한 의욕을 유지하거나 증가시키고자 한다면 유사한 성취나 재능 수준을 가진 학생을 집단편성하는 것이 필수적으로 보인다. 학습 동기는 새로운 학습과제가 너무 쉽거나 너무 어려울 때 약화된다. 도전의 수준은 학생의 준비도 수준에 맞아야 하며 교사들은 자신의 에너지를 모든 학생이 도전에 성공할 수 있도록 돕는 데 집중해야 한다.

이와 유사하게, 협력학습은 기본적인 기능을 가르칠 때에는 효과적인 것처럼 보이나, 협력학습 집단이 이질적일 때 상위 학생들의 교육에서 그것의 가치는 의문이다(Robinson, 1990). 영재학생은 더욱 빠르게 배울 수 있고 교과에서 상급의 수준을 배울 수 있으며, 상위 수준의 개념적 내용에 집중한다. 따라서 영재를 하위나 평균 수준의 학생들과 집단편성하는 것은 그들의 학습 속도를 지체시키는 것이다. 그러나 상위 수준의 개념적 자료들이나 그들의 조숙함에 속도나 수준을 저절하게 맞춘 상위 수준 학생들 사이의 협력학습은 매우 효과적이다.

영재학생을 가르치는 교육자들이 집단편성과 속진, 협력학습에 대해 식견을 가지는 것은 매우 중요하다. 이에 관련된 문제는 복잡하다. 연구 증거는 조심스러운 해석을 필요로 한다. 영재학생들이 그들의 잠재력을 최대화할 수 있도록 도우려면, 우리는 이런 상호 관련된 개념들을 잘 파악해야 한다.

쟁점과 문제점

우리는 미국에서 영재학생들 사이에서 자신의 지능지수 이하로 낮은 성취를 보이는 미성취 학생들이 나타난다는 믿기 어려운 문제에 직면하고 있다.

예를 들어, 미국 학생들의 미성취에 대한 정보를 요약해 온, 사범대학의 학교 개혁센터 교육학 교수인 Darling-Hammond(1990)는 미국의 17세 학생 중 오직 5%만이 특성화된 독해 자료를 종합적으로 읽을 수 있고, 6%만이 한 단계 이상의 사고를 요하는 수학 문제를 해결할 수 있으며, 7%만이 상세한 과학 지식에서 결론을 이끌어 낼 수 있다고 주장한다. 이런 통계들은 많은 영재학생이 그들의 잠재력을 제대로 사용하고 있지 못함을 보여 준다.

게다가, 똑똑한 미국 학생들이 다른 국가의 학생들과 비교하였을 때 성취가 낮다는 것이 밝혀졌다. 예를 들면, 미국 학생의 3%만이 미적분학을 하지만 다른 국가들에서는 미국 학생의 4~5배의 학생들이 이 과목을 이수한다(Darling-Hammond, 1990). 미국 영재학생들은 과학 성취면에서도 다른 나라의 학생들보다 뒤떨어진다. 13개국 중에서 미국의 가장 높은 성취 집단의 12학년 학생들은 물리학에서 9위, 화학에서 11위, 생물학에서 13위다 (Darling-Hammond, 1990). 이런 통계들로 미루어 보아, 미국의 영재 고등학교 학생들은 자신의 잠재력을 최대한 사용하지 못한다고 결론지을 수 있다.

NAEP(National Assessment of Educational Progress)의 수많은 보고서들 역시 미국 학생들의 낮은, 혹은 하향하는 성취 수준을 기록하고 있다(1988, 1990a, 1990b). 게다가, 국제교육성취도평가협회(International Association for the Evaluation of Educational Achievement: IAEEA)의 보고서들(Miller, 1986; Rosier, 1987; Jacobson et al., 1986)은 다른 나라의 학생과 비교하여 미국 학생들의 학업성취에 대한 슬픈 현실을 보여 준다. 이제는 미국 학생들의 성취에 대해 관심을 기울여야 할 때다. 더욱이 Sederburg와 Rudman(1986)이 수행한 미시간 주 전체 연구에서 보여 주듯이, 표준화된 성취검사 점수에 반영된 것처럼 상위 수준의 학생들 사이에서 미성취라는 심각한 문제가 존재한다.

교육자들은 이런 상황을 어떻게 바꿀 수 있을까? 우리는 미국의 영재학생들이 잠재력을 발휘할 수 있도록 어떻게 도울 수 있을까? 보다 본질적으로 어떤 집단편성과 수업의 철학이 영재학생들에게 상위 수준의 성취에 필

연구의 활용도

이 논문에서 논의된 연구들은 유연한 집단편성의 실행이 영재를 위해 유익할 수 있다는 것을 나타낸다. 수업을 위해 영재학생들을 함께 집단편성하는 것은 학업수행에서 실질적인 효과를 이끌어 낼 수 있다. 영재학생들은 어렵고 불가능하지 않다면, 이질적인 학습환경에 맞는 독특한 학습 요구를 가진다. 개념적으로 좀 더 복잡하고 대부분의 학습자들이 다룰 수 있는 것보다 추상적인 수업이 영재에게 필요하다. 영재학생들은 비구조화된 환경과 비지시적인 교수 모델에서 더 잘 배운다. 반대로, 일반학습자는 구조화된 학습환경과 지시적·구조적인 수업에서 더 잘하는 경향이 있다. 합리적인 집단편성의 실행은 학생의 요구와 교육과정의 학습기회들을 잘 조화시킨다. 영재학생들에게 합리적인 집단편성의 실행은 영재학생들의 독특한 학습 요구에 부합하도록 특별하게 계획된 교육환경에서 다른 영재학생들과 상호작용할 수 있는 기회를 제공한다.

요한 동기와 기능을 가장 잘 개발하도록 도와줄 수 있을까?

동질화에 대한 요청

미국 학생들 다수가 미성취 수준을 나타내고 있는 때에 우리는 Slavin (1990a)과 Oakes(1990)와 같은 연구자들의 이질적인 집단편성에 대한 지지와 능력별 집단편성에 반대하는 조사들에 대해 놀라울 뿐이다. Slavin (1990a)은 "나는 특히 영재를 위한 프로그램들, 사실상 능력별 집단편성을 만들어 내는 학교 조직 계획들에 반대한다."(p. 5)라고 하였다. Oakes(1990)는 "집단편성을 위한 대안들을 찾아야 한다. 이런 대안들은 동등한 교실 기회를 제공하려는 노력을 지지하는 새로운 학교 조직적 구조의 개발을 요구할 것이다."(p. 110)라고 말하였다. 학교의 학습과 성취에 거의 관계가 없는 가치 체계들은 이런 학자들, 특히 Oakes의 제안에서 작용할지도 모른다는 것을 깨닫는 것이 중요하다. Oakes(1985)는 집단편성에 대한 입장을 뒷받침하는 가치들을 자세히 설명하였다.

영재교육에서 집단편성과 속진

미국에서 사회 재조직화가 모든 영재를 위한 문화적 · 정치적 · 경제적 동등성의 결과로 생겨날 때까지, 주요 학교교육의 재구성이 불평등한 사회 체계를 참지 않고, 보다 제한된 개혁들이 학교교육의 효과를 동등화할 수 있도록 돕는 시도이어야 한다. 중등학교의 집단편성 유형들의 재조직은 이런 필요한 개혁 중 하나로 나타난다(p. 211).

Oakes(1985)는 학교에서 먼저 시작하지만 궁극적으로는 미국 사회의 모든 측면에 스며드는 문화 혁명을 요청하는 것이 분명하다. 교육 경험의 동질화는 우선적으로 사회 변화의 수단으로서 옹호된다. 이질적인 집단편성과 협력학습에 대한 쇄도는 아마 사회적 · 정치적 가치 체계의 영향을 받는다.

집단편성에 대한 현명한 접근법

만약 우리가 미국의 가장 훌륭한 교육적 전통에 기초하여 서로 다른 일련의 가치들을 받아들이기를 원한다면, 학생들이 특정한 분야에서 배경지식, 특별한 적성, 학습방식, 동기 등이 다르기 때문에 언제라도 새로운 단원이나 주제를 끝마치거나 시작할 수 있다는 것을 깨달아야 한다. 어떤 학생들은 빠른 속도, 높은 수준, 매우 추상적인 수업을 할 준비가 되어 있고 다른 학생들의 수업은 그들의 특정한 요구나 적성에 맞게 조절되어야 한다. 적성–처치 상호작용(aptitade-treatment interaction: ATI) 연구가 보여 주듯이, 학생의 적성과 성취는 수업의 배열과 교육과정과 상호작용하면서 서로 다른 차별적인 학습 성과를 만들어 낸다(Snow, 1989).

Snow(1989)는 ATI 연구의 개관에서 상위 학생이나 그렇지 못한 학생에게 학습환경이 주는 심리적 · 인지적 차이를 이해하는 것이 매우 중요하다고 주장한다. 상위 학생들은 덜 구조적인 환경에서 더 잘 학습하고 비지시적 · 비구조적 교수방법에서 효과를 얻는다. 하위 학생들은 매우 다른 학습 요구를 가진다. 그들은 더욱 구조적인 환경, 지시적 · 구조적 수업에서 더 잘 배운다. "지시적이고 복잡한 수업은 하위 학습자의 출발점을 상향시키는 데 필요한 광범위한 비계(scaffolding)를 제공한다."(Snow, 1989, p. 49). 그러나 하위 학습자의 출발점을 상향하도록 돕는 바로 그 비계가 상위 학습자의 출발점을 낮춘다. 만약 상위 학습자가 하위 학습자의 요구에 맞게 계획된 환경에서 배워야 한다면, 상위 학습자는 지루해하고 동기가 사라지게 된다(Snow, 1989).

학생들은 또한 개념적으로 복잡하고 추상적인 교육과정 자료들을 다루는 능력도 서로 다르다. Gallagher(1966)는 새로운 개념에 기인한 1960년대의 교육과정에 대한 연구를 검토하여 과학과 수학에서 개념적으로 복잡한 자료를 도입하는 것은 능력별 집단편성을 거의 의무화하는 것이라고 결론지었다. 영리한 학생들은 덜 영리한 동료들보다 이런 자료들을 훨씬 더 빨리 완전하게 이해할 수 있다. 다시 말해서, 광범위한 능력을 교실에서 다룰 수 있는 유일한 방법은 개념적으로 간단한 자료들을 가르치는 것이다(Gallagher, 1966, p. 16).

정규학급이나 혹은 정규학급 이외에서의 특별한 집단편성은 성취 수준, 적성, 학습방식, 동기가 극단적이면서 그들의 요구가 정규학급에서는 충족되지 않는 학생들에게 점점 필요하게 되고 있다. 학생들이 더 높은 학년으로 올라가고, 개념적으로 더욱 복잡하고 추상적인 교육과정을 겪게 됨에 따라 요구는 증가하고 성취도 더욱 다양화된다. 따라서 집단편성에 대해 증가하는 요구와 함께 우수한 학습자를 위한 교과 속진에 대한 요구도 증가하였다.

집단편성에 대한 현명한 접근법은 용어상으로 분명한 정의를 필요로 한다. 일반적으로 '트래킹(tracking)'과 '집단편성(grouping)'이라는 용어의 어조는 종종 바뀌어 사용되기도 한다. 실제로 능력별 집단편성에 대한 현재 대다수의 비판은 집단편성과 트래킹을 동일시한다. 엄격한 집단편성과 융통성 있는 집단편성의 실행 사이에서 나타나는 차이를 분명히 하기 위해서 두 용어를 조심스럽게 정의하는 것이 훨씬 도움이 될 것이다.

트래킹은 보통 상대적으로 오랫동안 일반적인 능력이 유사한 다른 학생들과 함께 학급에서 특별한 순서에 따르거나 프로그램에 할당하는 것을 의

영재교육에서 집단편성과 속진

미한다. 유럽과 아시아 국가의 학교에서 실행되었던 것과 같이, 학생들은 시험점수에 기초하여 4, 5학년쯤에 능력별로 나누어진다. 그 후에 능력별 편성을 바꿀 수 있는 기회는 거의 없다.

반면에, **집단편성**은 주로 특정한 교육과정 영역에서 이전의 성취 수준에 기초하여 이루어지는 융통성 있는 과정이고, 또 그래야만 한다. 따라서 수학과 과학, 독해에서 상급 수준의 집단이 있을 수도 있다. 집단편성을 사용할 때, 상위 집단의 선정은 각 교과 영역에서 학생의 향상도를 주기적으로 평가한 것에 기초한다. 특별한 집단에 들어가고 나가는 것은 학생들이 집단 평가에서 새로운 가능성을 보여 주거나 수행에 실패할 때는 언제라도 가능하다.

또한 좋은 집단편성의 실행은 학생 자신의 흥미와 선호에 가장 많이 기초하여 이루어진다. 예를 들어, 사회나 영어의 상위 수준 시험에서 커트라인에 도달하지 못한 학생, 교사의 추천은 없지만 동기가 높은 학생, 열심히 공부하려는 학생, 더 낮은 학년으로 가려는 학생에게도 개방되어야 한다. 상위 학급으로 가는 것을 고려하는 학생에게는 지침을 제공하는 상담사가 필요하다.

요컨대, 현명한 집단편성의 실행은 학생의 요구와 교육과정의 기회를 잘 조화시킨다. 어떤 학생들은 좀 더 빠르게 배울 수 있는 능력이 있고 더욱 복잡한 자료들을 다룰 수 있다. 이런 학생들이 자신의 모든 잠재력을 발휘하려고 한다면 함께 집단편성될 필요가 있다. 분별 있는 집단편성의 실행은 융통성이 있어야 하고 학생들의 진행 상황에 대한 주기적인 평가에 기초해야 한다.

동질화는 능력이 동일하지 않는 학생들을 똑같이 다루어 공평하게 만들려는 것이다. 우리는 이런 접근법이 본질적으로 영재학생이나 하위 능력의 학생에게 불공평하다고 믿는다. 공평함은 똑같은 처치에 따라서가 아니라 '기회의 균등'을 통해 이루어진다. 현명하고 분별 있는 집단편성의 실행으로 우수한 학생들의 특별한 학습 요구에 맞추어 계획된 수업에 참여할 수 있는 기회가 모든 학생에게 똑같이 주어진다.

연구 증거

이 연구 증거들은 특히 영재학생들을 위해 융통성 있는 집단편성 운영의 효과를 지지하기 위한 것이다. 예를 들어, Kulik과 Kulik(1982, 1987, 1990)은 능력별 집단편성 연구에 대한 일련의 메타분석 검토에서, 능력별 집단편성은 상위 학생에게 현저한 학업수행상의 이익을 제공한다고 결론지었다. Gamoran(1990)도 역시 집단편성에 대한 논문을 검토하여 집단편성과 트래킹에 대한 근본적인 연구를 통해 상위 능력을 가진 학생들의 성취는 이질적으로 집단편성되었을 때 감소한다고 결론지었다.

이와 반대로, Slavin(1990c)은 중등학교에서 수행하는 능력별 집단편성에 대한 연구의 종합에서 현저한 효과가 없다고 결론지었다. 그러나 후자의 리뷰는 다른 부정적 효과도 없음을 나타낸다. Slavin(1990a)은 "… 협력학습이 능력별 집단편성 프로그램의 제거를 필요로 하지 않는다."라고 말하였다. 그리고 "협력학습은 능력별로 집단편성된 교실에서 성공적으로 사용되어 왔다."라고 주장하면서 집단편성에 대한 필요성을 수용하였다(p. 7). 다른 경우에 그는 수학과 독해 과목에서 학급 간 능력별 집단편성에 대한 대안으로서 학급 내에서의 능력별 집단편성을 제안하였고 "단순히 전통적인 능력별 집단편성의 실행에서 벗어나는 것으로 학생의 성취를 향상시킨다는 증거는 없다."라고 결론지었다(Slavin, 1990c, p. 492). 후자의 결론은 "하위 능력 집단에 학생을 배치하는 것이 학습에 불리한 것은 아니다."라는 그의 결론과 뜻을 같이한다(1990c, p. 490).

Slavin(1990b)은 또 다른 맥락에서 수업을 위한 집단편성의 필요성을 인식한다.

> 내가 생각하는 이상적인 세상은… 매우 우수한 학생이 속진한 학급에서 시간을 보낼 수 있어야 한다. 시간의 양은 초등학교에서는 비교적 적어야 하고

영재교육에서 집단편성과 속진

고등학교로 갈수록 점차 증가해야 한다(pp. 28-29).

Slavin(1990a)은 상위 성취 수준의 학생을 위한 속진수업의 필요성을 주장하였다.

영재를 위한 프로그램들은 특별한 프로그램의 내용이 진정한 속진을 나타내거나, 평균적이거나 낮은 성취 수준 학생에게는 부적절할 수 있는 현저하게 다른 교육과정일 때 가장 정당하다(p. 4).

Slavin(1990a)은 심화 프로그램들이 성취 효과가 있다고 믿지만 "영재학생들에게 실험과 개인 보고서, 현장조사 등을 더욱 많이 할 수 있도록 허용된 것과 같은 심화 프로그램들…"(p. 5)이라는 반대하는 목소리도 가지고 있다. 최근의 연구들은 심화 프로그램들이 영재학생을 위한 중요한 학습을 이끌어 낼 수 있다고 보고한다. 예를 들어, Vaughn, Feldhusen 및 Asher(1991)가 행한 연구의 메타분석적인 종합은 이동식 심화 프로그램에 등록한 영재학생의 성취도와 사고기능에서 현저한 효과를 보여 주고, PACE 풀 아웃 심화 프로그램에 대한 연구는 초등학교의 프로그램에 참여한 학생에게 상당히 장기간의 효과가 생기는 것을 발견하였다(Moon, 1991; Moon & Feldhusen, 인쇄 중).

Allen(1991)은 학교 환경과, 영재나 우수한 능력을 가진 학생의 학문적 성취에 대한 의사결정에 대해 특별히 참고하여 Slavin(1990c)과, Kulik과 Kulik(1990)의 메타분석을 검토하였다. 그녀는 "영재와 우수한 능력의 학생들은 어떤 동질적인 집단편성으로 긍정적인 학문적 효과를 보여 준다."(p. 64)라고 결론지었다. 그녀는 계속해서 집단편성의 효과가 이런 학급에서 제공될 수 있는 속진이나 특별한 교육과정에서 생기는 것임을 지적하였다. 집단편성과 속진, 차별화된 교육과정 사이의 관련은 영재와 우수한 능력을 가진 학생들이 더 높은 성취를 하게 하는 수업 서비스에 대해서 필수적인 것이다.

Rogers(인쇄 중) 역시 집단편성에 대한 연구 논문을 메타분석하여 집단편성 영역의 수많은 쟁점을 다루기 위한 개념적 틀을 제공하였다. 그녀가 제안한 5가지 기본 질문은 다음과 같다. (a) 영재를 위한 집단편성의 선택 사항은 무엇인가? (b) 집단편성의 학문적 효과는 무엇인가? (c) 사회적·심리적 효과는 무엇인가? (d) 영재를 위한 집단편성에서 문제점은 무엇인가? (e) 집단편성을 하지 않음으로써 생기는 손실이나 희생은 무엇인가? 첫 번째 질문에서 그녀는 전일제 프로그램부터 학급 내 능력별 집단편성까지 수많은 선택 사항이 있다고 주장하였다. 두 번째 질문에 대하여 연구 논문의 검토에 기초하여 "학문적 효과는 영재를 위한 다양한 집단편성의 선택 사항을 위해 중요한 것이다."라고 대답하였다. 사회적·심리적 효과를 고려하면 집단편성의 결과로서 향상이나 쇠퇴의 유형은 없다. 네 번째 질문에 대한 그녀의 대답으로 많은 문제점들을 깨닫게 되었으며, 특히 영재 프로그램에서 혜택을 받지 못한 학생의 낮은 성취에 대해 인식하게 되었다. 최종적으로, 다섯 번째 질문에서 그녀는 이질적인 집단편성에서 영재학생의 학업성취와 태도가 현저하게 뒤처질 수 있다고 결론지었다.

영재나 우수 학생의 성취는 집단편성 방법이 채택되지 않을 때 나빠진다(Gamoran, 1987; Gamoran, 1990; Gamoran & Berends, 1987). Brown과 Steinberg(1989)는 이런 학생에 대한 또래의 부정적인 압력의 역효과 증거를 제공하였다. 우수 학생 집단이나 학급의 수업은 상위 수준의 인지 학습으로 조정되어야 한다는 것이 본질적으로 더욱 개념적인 문제다. 상위, 중위, 하위 수준 학급의 수업 특성이나 방법은 학생과 교사 사이의 상호작용 유형의 결과에 따라 다르다. 학교생활에 대한 그들의 반응에 많은 영향을 주는 학습과 교과에 관련하여 학생들은 태도나 행동을 형성한다(Gamoran & Nystrand, 1990).

그녀와 동료 연구자들이 상위 능력별 학급에서 관찰한 상위 수준 학습에 대한 Oakes(1985)의 설명에서도 집단편성에 대해 더욱 지지하는 것을 발견할 수 있다.

영재교육에서 집단편성과 속진

상위 능력별 학급의 학생들은 자신을 학급에 밀접히 관련된 것으로 본다…
더욱 긍정적인 태도를 가지고… 더 높은 수준의 교육적인 영감을 가지고…
더욱 과제에 집중한다(pp. 130-133).

반대로, 하위 능력별 학급에 대한 어떤 설명은 다음과 같다.

화 내고 냉담한 상호작용… 더욱 분노하고, 소리 지르고, 싸우는… 냉담하고
파괴적인 상호작용… 과제에 흥미가 없는, 무관심한, 순응하지 않는, 무감각
한 학생…(pp. 126-132).

학생의 행동과 수업에 대한 반응에서 나타나는 이런 큰 차이는, 분명히
이질적인 집단편성이 낮은 능력의 학생들에게 나타나는 미성취 문제를 해
결할 수 있다는 결론으로 이끌지는 못할 것이다. 그리고 이런 차이는 중간
이나 상위 능력 학생들이 더 낮은 성취를 하게 되는 교실환경의 원인이 된
다. 더욱이, 교사가 관리해야 하는 과제는 Oakes가 주장한 모든 문제를 가
진 혼합된 교실에서는 거의 불가능하거나 몹시 비관적이다.

협력학습

Robinson(1990)은 영재와 관련하여 협력학습에 관한 연구와 실제에 대
해 종합적인 리뷰를 수행하였다. 그녀는 이런 연구의 대부분이 낮은 수준,
기본적인 학습능력에 초점을 두고 있다는 것과 협력학습에서 영재학생들의
성취는 거의 실험되지 않았다는 것, 문제해결 학습과 같은 상위 수준 학습의
결과는 모순이 된다는 점에 주목하였다. 그녀는 또한 다른 사람을 가르치기
위해 영리한 학생을 활용하는 것은 착취하는 것일 수 있고, 영재학생의 학습
요구를 무시하는 결과가 된다고 하였다. 많은 협력학습 연구자와 실천가들
은 지적으로 우수한 학생들을 사회화가 필요한 사회적 부적응아로 보는 실
수를 하고 있다고 지적하였다.

이제 능력별 집단편성들 간에 존재하는 모든 차이점에 대해 학교와 교사를 비난하고, 이질적인 집단편성과 협력학습을 확실한 해결책으로 지지하는 것이 일시적으로 유행하고 있다. 그러나 우리에게 이질적인 집단편성의 결과로서 영재학생에게 무엇이 일어나는지를 보여 주거나 영재학생의 협력학습에 대한 긍정적인 효과를 보여 주는 장기적인 연구는 없다. 이제 우리는 다음과 같은 결론을 내린 Kulik과 Kulik(1990)에 동의한다.

> 높은 적성을 가진 영재학생을 위한 분리 수업 프로그램은 대개 효과적이다. 그 프로그램들은 우리 학교에서 영재학생들과 다른 학생들에게 공평하다. 그리고 우리가 지적 인재를 국가적인 자원으로 육성하기를 원한다면 그것은 반드시 필요한 것이다(p. 191).

결 론

학교는 영재나 상위 수준 학생들에 대한 영향을 고려하지 않은 채 새로운 집단편성이나 협력학습을 실천하지 말아야 한다. 적절한 집단편성, 학생의 준비도에 맞는 수업의 속진, 실제로 도전적인 교실수업 활동을 만들 수 있고 학생들이 도전할 수 있도록 돕는 교사, 또래의 부정적인 압력 없이 따뜻하고 고무적인 교육환경에서 동일한 능력을 가진 또래와의 협력, 이것이 우리 영재를 위한 훌륭한 수업의 요소들이다.

참고문헌

Allen, S. D. (1991). Ability-grouping research reviews: What do they say about grouping and the gifted? *Educational Leadership*, 48(6), 60-65.

Brown, B. B., & Steinberg, L. (1989). How bright students save face among

영재교육에서 집단편성과 속진

peers. *Newsletter, National Center for Effective Secondary Schools, 4*(2), 2-8.

Darling-Hammond, L. (1990). Achieving our goals: Superficial or structural reforms. *Phi Delta Kappan, 72*(4), 286-295.

Gallagher, J. J. (1966). [Research summary]. Report to Illinois Superintendent of Public Instruction.

Gamoran, A. (1987), The stratification of high school learning opportunities. *Sociology of Education, 60,* 135-155.

Gamoran, A. (1990). How tracking affects achievement, research and recommendations. *Newsletter, National Center for Effective Secondary Schools, 5*(1), 2-6.

Gamoran, A., & Berends, M. (1987). The effects of stratification in secondary schools: Synthesis of survey and ethnographic research. *Review of Educational Research, 57*(4), 415-435.

Gamoran, A., & Nystrand, M. (1990). Tracking, instruction, and achievement. Paper presented at the World Congress of Sociology, Madrid, Spain.

Jacobson, W. J., Takemura, S., Doran, R. L., Humrich, E., Kojima, S., & Miyake, M. (1986). *Analyses and comparisons of science curricula in Japan and the United States.* New York: Second IEA Science Study-U.S., Teachers College, Columbia University.

Kulik, C. C., & Kulik, J. A. (1982). Effects of ability grouping on secondary school students: A meta-analysis of evaluation findings. *American Educational Research Journal, 19,* 415-428.

Kulik, J. A., & Kulik, C. C. (1987). Effects of ability grouping on student achievement. *Equity and Excellence, 23,* 22-30.

Kulik, J. A., & Kulik, C. C. (1990). Ability grouping and gifted students. In N. Colangelo and G. A. Davis (Eds.), *Handbook of gifted education* (pp. 178-196). Boston: Allyn and Bacon.

Miller, J. (1986). *An analysis of science curricula in the United States.* New York: Second IEA Science Study-U.S., Teachers College, Columbia University.

Moon, S. M. (1991). The PACE program: *A high school follow-up study.*

Unpublished doctoral dissertation, Purdue University, West Lafayette, In.

Moon, S. M., & Feldhusen, J. F. (in press). A follow-up study of an enrichment program for gifted youth based on the Purdue Three-Stage Model. In K. Arnold & R. Subotnik (Eds.), *Beyond Terman: Longitudinal studies is contemporary gifted education.* Norwood, Nj: Ablex.

National Assessment of Educational Progress. (1988). *The mathematics report card, are we measuring up?* Princeton, NJ: Educational Testing Service.

National Assessment of Educational Progress. (1990a). *The reading report card*, 1971-1988. Princeton, Nj: Educational Testing Service.

National Assessment of Educational Progress. (1990b). *The writing report card*, 1984-1988. Princeton, Nj: Educational Testing Service.

Oakes, J. (1985). *Keeping track, how schools structure inequality.* New Haven, CT: Yale University Press.

Oakes, J. (1990). *Multiplying inequalities, the effects of race, social class, and tracking on opportunities to learn mathematics and science.* Santa Monica, CA: Rand Corp.

Robinson, A. (1990). Cooperation or exploitation? The argument against cooperative learning for talented students. *Journal for the Education of the Gifted, 14*(1), 9-27.

Rogers, K. B. (in press). Grouping the gifted and talented: Questions and answers. *Roeper Review.*

Rosier, M. (1987). The Second International Science Study. *Comparative Education Review, 31*(1), 106-128.

Sederburg, W. A., & Rudman, H. C. (1986). Educational reform and declining test scores. *Michigan School Board Journal, 30*, 8-10, 24.

Slavin, R. E. (1990a). Ability grouping, cooperative learning, and the gifted. *Journal for the Education of the Gifted, 14*(1), 3-8.

Slavin, R. E. (1990b). Response to Robinson: Cooperative learning and the gifted: Who benefits? *Journal for the Education of the Gifted, 14*(1), 28-30.

Slavin, R. E. (1990c). Achievement effects of ability grouping in secondary schools: A best evidence synthesis. *Review of Educational Research, 60*(3), 471-499.

영재교육에서 집단편성과 속진

Snow, R. E. (1989). Aptitude treatment interaction as a framework for reserach on individual differences in learning. In P. L. Ackerman, R. J. Sternber, & R. Glaser (Eds.) *Learning and individual differences* (pp. 13-591). New York: W. H. Freeman.

Vaughn, V. L., Feldhusen, J. F., & Aher, J. W. (1991). Meta-analyses and review of research on pull-out programs in gifted education. *Gifted Child Quarterly, 35*(2), 92-105.

협력학습과 능력별 집단편성: 선택에 관한 논쟁[1]

Carol J. Mills and William G. Durden(The Johns Hopkins University)

교육이 직면한 많은 까다로운 문제에 대처하기 위한 방법으로, 학교들은 협력학습을 열정적으로 채택해 왔다. 협력학습을 강력하게 지지하는 많은 사람이 능력별 집단편성을 가장 소리 높여 비판함에 따라 협력학습은 능력별 집단편성에 맞서게 되었다. 이 논문의 목적은 협력학습과 능력별 집단편성을 둘러싼 몇 가지의 논쟁점들과, 이 두 가지 논제와 관련된 연구들과 그 적용에 관해 명백히 하기 위함이다. 학생들의 다양한 요구를 충족시키기 위한 다양한 교육 실제에 대해 보다 균형 있고 비판적으로 접근해야 한다.

능력별 집단편성의 '공정함'에 대한 관심이 증대됨에 따라, 일부 학부모와 학교들은 이를 폐지하는 것 외에는 대안이 없다고 믿는다. 이러한 움직임은 유명한 출판물로 자극되고 장려되었다. 예를 들면, 지난해 『The Baltimore Sun』에는 능력별 집단편성에 대해 '분류된 학급 동료들'이라는 제목을 붙인 뉴스 기사가 강력하고도 명백한 메시지를 전달하였다. "… 이

---

1) 편저자 주: Mills, C. J., & Durden, W. G. (1992). Cooperative learning and ability grouping: An issue of choice. *Gifted Child Quarterly, 36*(1), 11-16. ⓒ 1992 National Association for Gifted Children. 필자 승인 후 재인쇄.

능력별 집단편성이라는 실제의 이면에 놓여 있는 전통적인 전제는 심각한 공격을 받게 되었다. 점점 더 많은 수의 교장과 교육감, 연구자가 이를 지지하고 있으며, 그들은 능력에 따른 집단편성, 그리고 능력별 집단편성에서 유래된 소위 트래킹이 많은 아동에게 거의 확실하게 해롭고, 다른 학생들에게도 별 도움이 되지 않는다고 말한다."(Lally, 1990). 또한 이 신문은 존스홉킨스 대학교의 초등 및 중등교육연구소(The Johns Hopkins University Center for Research on Elementary and Middle Schools)의 수석 연구원인 Robert Slavin의 말을 인용하였다. "민주주의 사회에서 어린 아동들을 이런 방법으로 구분하는 것은 참으로 혐오스러운 일이다." 마지막으로 기자는 "능력별 집단편성은 아주 끔찍한 결과를 초래할 수 있다."라는 Slavin의 견해로 끝을 맺는다.

교육계에서는 하나의 교육 실제가 문제가 되거나 더 이상 '정책적으로 바람직한 것'으로 여겨지지 않을 경우, 또 다른 실제가 해결책으로 출현하곤 한다. 올해의 해결책으로 협력학습이 등장하였다. 협력학습의 인기는 하늘을 찌르고 있다. 모든 학교가 자기 학교를 '협력학습 학교'로 부르며 교사들은 '새로운' 교육 실제를 배우기 위해 워크숍에 모이고 있다.

협력학습은 엄청나게 파급되고 있으며 거의 무비판적으로 수용되고 있다. 능력별 집단편성의 가장 유명한 반대자이며 협력학습의 주창자인 Robert Slavin조차도 "협력학습은 놀랄 만한 교육 문제들을 해결하기 위한 하나의 제안에 불과하다."(Slavin, 1991a, p. 71)라고 우려를 표하였다.

현재의 주도적인 협력학습에서 가장 혼란스러운 측면은 능력별 집단편성을 어느 정도 승계하였다는 것이다. 비록 이 두 개의 교육 실제가 상호 배타적인 것은 아니지만, 협력학습의 가장 강력한 지지자가 능력별 집단편성의 가장 강력한 비판자였기 때문에 이 둘은 교사들의 뇌리에 함께 연관되어 왔다.

『Communicator』의 최신호에서, 캘리포니아 주의 공교육 담당 교육감인 빌 호니그(Bill Honig)는 그의 부서가 이 논쟁에 대한 입장을 명확히 할 것을 강요받았다고 느꼈다. 그는 "일부 학교와 학군들은 캘리포니아 주 교육부가

영재교육에서 집단편성과 속진

항시 모든 수업활동에서 이질적인 학생 집단을 구성하도록 격려하고 요구한다는 믿음에 기초하여 상위 학생을 위한 학급을 없애려는 데 주의를 기울이고 있다고 생각한다. 실은 그렇지 않다"라고 기술하였다(Clark, 1990).

만약 효과적인 수업에 대한 선택권이 없어진다면 학생들은 많은 것을 잃게 되므로, 이런 감정적이고 대중적인 논쟁이 합리적이고 균형 잡힌 토론이 되도록 장려해야만 한다. 비록 이 논쟁의 결과가 매우 다양한 학생들을 위한 교육에 직접적으로 관련이 있다고 하더라도, 이 논문에서는 학문적으로 재능 있는 학생들의 교육에 대해 가장 직접적으로 언급하려고 한다. 이 글의 목적은 수업의 실제로서 협력학습이나 능력별 집단편성 중 어느 것이 우월한가를 증명하려는 것이 아니라, 각각의 적용과 관련된 몇 가지의 논쟁들을 명확히 하려는 것이다. 교육자로서, 연구자들은 모든 학생을 위한 교육과정과 수업의 질과 적합성을 검증하는 데 에너지와 주의를 집중하고자 한다.

연구의 활용도

능력별 집단편성과, 나날이 인기가 높아져 가는 협력학습을 둘러싼 현재의 논쟁은 전국의 모든 학교의 구조와 프로그램 편성에 장기적으로 영향을 끼칠 수 있다. 이러한 변화의 결과가 모든 학생에게 영향을 끼칠 수 있겠지만, 첫 번째 가장 분명한 결과는 능력별 집단편성과 영재들을 위한 특별학급의 폐지다. 교사, 학부모, 행정가와 연구자들은 능력별 집단편성과 협력학습 양자에서 이용 가능한 연구결과를 자세히 비판적으로 들여다 보아야 한다. 이 연구는 이 두 가지의 교육 실제가 특정 매개변수 내에서 실행되었을 때 학생들에게 교육적 이득을 가져다 줄 수 있음을 제안한다. 합리적이고 생산적인 반응은 학생들의 다양한 요구를 인식시키고, 협력학습 내에 속진과 능력별 집단편성을 포함하는 것과 같은 다양한 교육 실제를 받아들이게 한다.

능력별 집단편성과 협력학습: 관련 연구들

다양한 형태의 능력별 집단편성과 협력학습은 그 효과를 입증해 줄 강력한 연구 기반을 갖고 있다. 그러나 실행 조건과 함께 주의해야 할 제한점들도 많다.

능력별 집단편성

능력별 집단편성은 지난 70여 년 동안 학교수업에 실제로 활용되어 왔다(Miller & Otto, 1930). 이 용어가 많은 의미를 지닌다 하더라도, 일반적으로 능력별 집단편성은 수업을 위해 학생을 능력이나 성취에 따라 집단으로 묶는 것을 의미하며 이의 목적은 집단 간 이질성을 줄이려는 것이다. 여기에 찬성 혹은 반대하는 대부분의 논문들은 능력별 집단편성을 학급 간 집단편성과 학급 내 집단편성의 두 가지로 범주화한다. 학급 간 집단편성은 아래와 같다.

능력별 집단편성하여 학급에 배치 능력이나 성취에 기초하여 별도의 학급에 학생을 배치하는 것이다.

선택 교과에 대한 능력별 집단편성 학교 일과의 일부 혹은 대부분 시간에 홈룸을 이질적으로 편성하는 것으로, 한 과목 또는 몇 과목(예, 독서와 수학, 또는 독서 따로, 수학 따로)의 성취 수준에 따라 집단을 재편성한다.

조플린 계획(Joplin Plan) 학년 구별 없이 여러 학년을 독서 과목에 재편성한 특별 형태다(Floyd, 1954).

무학년 계획(Nongraded plans) 다양한 집단편성 계획, 주로 연령보다는 성취 수준과 학습의 계속적인 진보와 수업 계열을 통해 개별 학생에게 융통성 있는 수업 진도를 제공함으로써 융통성 있는 집단편성을 한다(Goodlad & Anderson, 1963).

영재교육에서 집단편성과 속진

특별학급(Special classes) 학습문제를 갖고 있는 학생들과 학문적으로 재능이 있는 학생들을 위한 학급이다.

학급 내 능력별 집단편성은 아래와 같다.

완전학습(Mastery Learning) 융통성 있는 학급 내 집단편성 형태다 (Block & Anderson, 1975).

교과별 재편성(Regrouping by subject) 독서나 수학에서 성취 수준 또는 능력 수준에 따라 학생을 소집단에 배치하는 것으로, 개별 교과 수업을 위해 학급 간 집단편성을 하는 것과 유사하다.

개별화 수업(Individualized instruction) 각 학생이 자신의 수업 계획을 따르는 것으로, 주로 융통성 있는 학습 속도와 학습의 부단한 진보를 허용한다.

능력별 집단편성의 효과에 대한 문헌을 검토해 볼 때, 집단편성 유형에 따라 연구결과와 후속 논의를 구별해야 할 필요가 있다.

특정 교과 영역에서 집단을 재편성함으로써 얻을 수 있는 긍정적인 성취와 관련해 다소 일치하지 않는 부분은 학급 내 재편성인가 아니면 학급 간 재편성인가에 관한 것이다. 예를 들어, Slavin(1987b, 1988a)의 연구결과들에 따르면 집단편성이 과목별로 이루어진 것이고, 수업 수준과 진도가 학생의 성취 수준에 적합한 것일 때 집단편성의 효과가 있다고 진술한다. 특히 그는 조플린 계획의 효과를 지적하는데, 이는 학생들이 독서에서 학년 수준과 상관없이 집단편성되는 것으로 독서와 수학에서의 무학년 계획과 유사하다(Hart, 1962). 이전에 Pavan(1973)도 무학년 계획의 긍정적 효과에 관해 언급하였다. 많은 연구결과들이 개별화 수업(적절하게 관리되었을 때)도 역시 학생들의 성취에 긍정적인 영향을 끼친다고 밝혔다(Slavin, 1987c; Slavin, Leavey, & Madden, 1984). 이와 마찬가지로, Slavin과 Karweit(1984)도 일반적으로 학급 내 능력별 집단편성이 학생들에게 이익을 주는 것으로 결론을 내린다.

비록 Kulik과 Kulik(1987)은 서로 다른 능력을 가진 학생들이 혼합된 집단을 위해 설계된 학급 내 집단편성과 학업적으로 재능이 있는 학생들을 위해 설계된 학급 내 집단편성을 구별하지만, 성취 효과는 동일하게 긍정적이었음을 발견한다. 그러나 학업적으로 재능이 있는 학생들을 위한 학급 내 집단편성이 가장 실질적인 이득을 가져다 주는 것으로 밝혀졌다.

모든 집단편성 계획 중에서 가장 논쟁이 많은 것은 일반적인 능력 혹은 지능지수에 기초하여 종합적인 능력으로 집단편성하여 학급에 배치하는 것이다. 일부 비판가들은 학업적으로 재능이 있는 학생들을 위한 특별학급에 반대하는데, 이러한 학급이 미국의 '민주주의적 이상'과 일치하지 않는다고 주장한다(Oakes, 1985; Slavin, 1987b, 1991b). 그러나 그들은 이질적인 집단편성의 우월성을 증명하지 못하지만, 협력학습 학급은 이런 학생들을 위한 특별학급을 능가한다. 사실상 능력별 집단편성과 학생의 성취에 대해 가장 빈번히 인용되는 Slavin의 논문(1987b)에서, 그는 영재를 위한 특별학급을 배제한다.

능력별 집단편성에 관한 몇 편의 리뷰에서, Kulik과 Kulik(1984, 1987, 1989, 1990)은 집단편성이 학생의 다양성에 기초하여 교육과정과 수업까지도 수정할 수 있을 때 학업적 이득이 명백하게 나타날 것이라고 보고한다. 사실상 그들은 '학업적 이득은 영재학생을 위한 속진 프로그램을 쟁취하고 확대하는 것'임을 발견한다(Kulik & Kulik, 1990, p. 191). Slavin(1990a)도 속진이 관련 학생에게 이득을 줄 목적으로 특별학급을 편성하는 것은 허용한다.

능력별 집단편성의 효과를 지지하는 증거에도 불구하고, 실행과 신뢰성에 대해 지속적인 지지를 받지 못하고 있다. 이와 같은 믿음은 Oakes(1985)가 능력별 집단편성과 트래킹(tracking) 간의 구별이 없다고 언급한 리뷰로 더 확실해졌다.

전적으로 개인적 생각에서, Oakes는 상위 '트랙'에서 학생들은 전혀 이득

영재교육에서 집단편성과 속진

이 없으며, 하위 '트랙'의 학생들은 학문적 기초, 자아존중감과 포부를 잃게 된다고 결론을 내린다. 사실 이를 반박하는 증거들이 있다. Kulik과 Kulik (1982), Kulik(1985)은 능력별 집단편성이 학생의 태도와 자아개념에 '긍정적인' 영향을 끼칠 수 있다는 증거를 제시한다. 일반적으로, 연구결과들은 학생들이 자신과 비슷한 능력을 갖고 있으면서 학교에 잘 적응하는 다른 학생들을 모델로 삼는다고 지적한다(France-Kaatrude & Smith, 1985; Schunk, 1987).

능력별 집단편성(어떤 형태이든)과 관련한 논쟁적이고 혼란스러운 주장은 이를 반대하는 사람이 자주 인용하므로, 독자는 이 주장의 근거가 되는 연구의 한계와 부족한 점을 잘 깨달아야 한다. 비록 이런 한계들이 최근 리뷰에서 많이 언급되고 있음에도 불구하고(Allan, 1991; Clark, 1990; Fiedler-Brand, Lange, & Winebrenner, 1990; Gamoran, 1987; Hiebert, 1987; Kulik, 1991; Robinson, 1990), 아래의 요약에서 그 유용함을 설명하겠다.

1. 능력별 집단편성이 성취에 아무런 이득을 주지 못한다는 연구들은 학생들이 심화 교육과정과 더 수준 높은 수업(advanced instruction)을 받을 수 있도록 능력별 집단편성된 학급을 포함하지 않고 있다. Slavin은 '최상의 증거'를 종합하면서(1987b) 교육과정, 목표, 수업전략에서의 변화를 기초로 한 학급을 특별히 배제하였다. 이것이 바로 능력별 집단편성된 학급을 포함해야 하는 이유이며, 능력별 집단편성은 그러한 변화가 실행되도록 허용하기 때문이다.

2. 성취에 미치는 효과를 결정하기 위해 이 연구들에 사용된 평가도구들은 표준화 검사에서 늘 상위권 학생들의 성취를 측정하는 데 한정되어 있다. 뛰어난 능력을 가진 학생들을 위해, 전반적인 학습 범위를 믿을 수 있고 타당하게 사정할 수 있는 '상위 수준(above-level)' 검사(나이 많은 아동들을 위해 설계된 검사)를 활용할 필요가 있다(Keating, 1975).

3. 그러나 가장 중요한 한계 중의 하나는 교육과정의 내용 수준이나 수업 진도를 변화시키지 않은 채 '전통적인' 학급 내에서 이질적인 집단편성과 동질적인 집단편성을 비교한 연구들이다.

마지막 지적 사항은 우리가 고려해야 할 중요한 사안이다. 학생들이 똑같은 고정된 방식의 학년 수준에 제한된 교육과정과 교사가 통제하는 수업의 진도하에 있을 때, 능력별 집단편성만으로는 성취의 차이를 가져올 것으로 기대할 수 없다. 따라서 '처치' 변인(교육과정)과 준거 측정(수준 성취검사: on-level achievement test)이 매우 뛰어난 능력을 가진 학생들의 학습과 성취에 천장효과(ceiling effect)[2]를 가져온다면, 능력별 집단편성에서 어떤 효과도 발견할 수 없다는 것은 놀라운 일이 아니다.

Gamoran(1987)은 Slavin의 능력별 집단편성 연구에 대한 리뷰(1987b)를 비평하면서 조직화된 구조(어떻게 학생들을 학급 간 혹은 학급 내 배치하는지)와 수업(혹은 학급이나 집단 내에서 발생하는 과정)을 구별하여 리뷰한 연구들이 하나도 없다고 지적하였다. "능력별 집단편성이 성취를 높여 주지는 않는다." 그러나 "수업은 성취를 높여 줄 수 있다"라고 Gamoran은 결론 내렸다. 이는 논쟁에서 자주 간과되고 있으나 매우 중요한 지적이다(또한 이러한 연구의 한계다).

마지막으로, 이질적 집단편성을 줄이고(예를 들면, 독서나 수학과 같은 특정 학문 영역에서 성취나 능력에 따라 집단편성하는 것) 학생들의 요구를 수용하기

---

2) 역자 주: 측정도구가 측정하려는 특성의 상위 수준에 속한 사람을 변별하지 못하는 현상이다. 천장효과는 도구 자체의 점수 범위가 제한적일 경우에도 발생할 수 있고, 검사가 너무 쉬운 경우에도 발생한다. 측정의 상한선(천장)이 낮게 책정되어 있거나 검사가 너무 쉽다면 일정 수준 이상에 속한 사람의 차이를 변별할 수 없을 것이다. 검사의 쉬운 정도는 측정 대상에 따라 상대적이다. 일반학생에게는 잘 적용되는 측정도구가 영재의 경우에는 천장효과를 야기할 수 있다. 천장효과는 연구결과의 신뢰성을 떨어뜨린다. 많은 사람이 상한선의 점수를 받게 되므로, 두 변인 간 관계의 산포도에는 직선적 양상이 나타나기 힘들며, 상호작용 연구에서는 교차효과가 발견되기 힘들다. 실험처치의 사전-사후 효과를 비교하는 연구의 경우에는, 실험처치의 효과가 있다 해도, 점수의 상한선이 제한되어 있으므로 실험처치의 효과가 없다는 식으로 연구결과를 왜곡할 수 있다.

위해 수업을 진정으로 변화시킬 때, 학업성취의 이득이 지속적으로 나타난다(Slavin, 1987b; Kulik & Kulik, 1984, 1990). 사실 이렇게 하면 경제적으로 어려운 학생들과 소수 민족 학생뿐만 아니라(Lynch & Mills, 1990) '위기에 처한' 학생(Slavin & Madden, 1989)을 포함해 모든 능력과 모든 성취 수준의 학생들을 수용할 수 있다.

협력학습

최근에 『Educational Leadership』의 객원 사설에서 Slavin(1990c)은 협력학습이 의외의 성공을 거두었다고 밝혔으며, "이는 탁월한 연구 기반, 많은 변형과 성공적인 형태들, 수천 명의 추종자들 덕분에 가능한 일이었다"라고 말하였다. 그의 사설은 "협력학습은 지속될 것이다."라며 긍정적으로 끝맺었다.

가장 일반적인 의미에서, 협력학습은 학생들이 학교 관련 과제를 단순히 함께 수행하는 것이다. 그러나 실제로는 다양한 형태로 많이 활용할 수 있으며, 각각은 특정한 목적들을 성취하기 위해 설계되었다(Graves & Graves, 1990; Joyce, 1991). Slavin과 그의 동료들은 주로 특정 학문 영역에 초점을 두었으며 협력학습이 학업성취에 도움을 준다고 보고하고 있다(Slavin, 1988b). 그러나 협력학습이 집단편성의 사회적·인성적인 측면과도 관련이 있음이 명백하다. 다른 한편으로 Johnson과 Johnson(1990)은 협력학습 자체의 이점을 언급한다.

협력학습의 일부 주창자들은 학업성취에 도움을 주기 위해서는 특정 핵심요소가 필요하다고 지적한다. 예를 들면, Slavin은 학업성취를 향상시키기 위해 필요한 결정적인 특징으로 '집단 목표'와 '개인적 책무성'을 지적한다(Slavin, 1991a). 비록 대부분의 협력학습 주창자들이 다양한 능력을 가진 아동 집단을 구성하도록 주장하지만, 이질적 집단편성이 '필수적인' 혹은

'핵심요소'로 확인된 적은 없다. 능력별 집단편성에 대한 논쟁과 토론(편차를 줄이기 위한)은 협력학습과 경쟁적이므로(Slavin, 1991b), 이것은 중요한 지적이다. 그러나 최근의 또 다른 논문에서 Slavin(1990a)은 "협력학습을 활용하는 것은 능력별 집단편성 프로그램을 폐지하는 것을 요구하지는 않는다."(p. 7)라고 진술한다. Joyce(1991)가 지적한 것처럼 "편차를 극대화시키는 능력별 집단편성은 필수가 아니라 선택의 문제다."(p. 74)

협력학습의 성공이 기반하고 있는 연구의 토대를 제거하지 않는다면, 교육자들은 그들의 열의를 다소 진정시키려 하고 일부의 조망을 이 접근의 보편적 적용에 되돌리려 할 것이다. 특히 영재교육 프로그램을 만드는 것과 관련되어 있을 때는 더욱 그러하다.

비록 연구자들은 협력학습의 우수성이 전통적인 학급과의 비교에 기반하고 있다는 주장에 매우 신중하지만, 이 지적은 종종 간과된다. 예를 들면, Slavin은 협력학습의 효과를 밝힌 연구들을 최근 종합하여(1991a), 이 연구들은 '모두 전통적으로 교육받은 통제집단'과의 비교에 기반하고 있다고 명확히 진술하였다. 따라서 협력학습이 모든 학생, 심지어 '영재'의 요구까지도 충족시키는 가장 효과적인 수단이라고 주장할 수는 없다. 왜냐하면, 협력학습과 모든 다른 수업 실제들을 직접 비교하지 않았기 때문이다. 비록 일부 협력학습의 접근이 다른 전통적인 접근보다 진보된 것일 수도 있으나, 협력학습과 비슷한 효과를 주거나 혹은 일부의 경우 더 효과적인 수업방법도 있을 수 있다. 융통성 있게 자기 속도에 맞춘 수업(flexibly paced instruction, Daniel & Cox, 1988), 지속적 향상도 프로그램(continuous-progress programs, Slavin & Madden, 1989), 그리고 과목별 속진을 위한 능력별 집단편성 학급, 이 모두는 효과적인 수업방법임이 증명되었다.

특히 학문적으로 재능 있는 학생들을 위한 교육과정 속진이 학업성취에 효과적인가에 대한 많은 연구 논문들이 있다(Daurio, 1979; Fox, 1979; Kulik & Kulik, 1984, 1990; Lynch, 1990; Petersen, Brounstein, & Kimble, 1988; Sisk, 1988). 그러나 교육과정을 속진할 때 능력별 집단편성된 학급보다 협력학습

영재교육에서 집단편성과 속진

집단이 더 우수한지에 대해 동일한 연구 기반을 가진 연구는 없다.

또한 협력학습에 관한 많은 연구에서, 실험에 활용된 피험자를 확인하기 위해 사용된 용어가 종종 혼동되고 있으며 매우 불충분하게 정의되고 있음에 주목할 필요가 있다. 예를 들면, '뛰어난 능력을 가진 학생(highly ability students)'은 '상위 성취를 나타내는 학생(high achievers)'과 상호 교환적으로 사용된다. 두 용어는 종종 혼합된 능력 집단에 속하는 세 부류의 학생들 중 가장 상위의 학생들을 지칭할 때도 사용된다.

비록 Slavin과 같은 연구자들은 협력학습이 다른 어떤 학습방법보다 더 우수하다고 주장할 때, 그들이 '영재(gifted)' 혹은 '비범한 능력의 학생들(extremely able students)'을 지칭하지는 않는다고 지적함에도 불구하고, 교육자들은 종종 논문에서 이 피험자 집단을 위해 무엇이 가장 최선일까라는 결정에 근거를 둔다.

비록 협력학습이 교실수업을 향상시키는 데 어느 정도 잠재력을 가진 것으로 나타남에도 불구하고, 협력학습을 학급에서 실제로 활용하려는 사람들은 다소의 한계가 있음을 인식해야 한다. 모든 형태의 협력학습이 긍정적인 효과를 나타내는 것은 아니며, 심지어 '전통적인' 수업과 비교해서도 덜 효과적인 경우도 있다(Ross, 1988; Slavin, 1988a, 1991a). Sapon-Shevin과 Schniedewind(1990)은 "… 단순히 협력학습을 실행하였다는 것이 그 가치를 보장하는 것은 아니다. 학생들을 똑같이 지루하게 하고, 대수롭지 않거나 편향된 자료를 제공하거나, 혹은 보다 효율적인 워크시트에 시간을 다 써버리게 하면서 협력학습을 활용하는 것은, 이를 활용하는 학교를 변화시킬 가능성을 완전히 증명하지 못한다."(p. 64)라고 경고한다. 그리고 이는 교사들이 매우 다양한 능력과 기능 수준을 가진 학생들을 위한 집단 프로젝트를 찾아야만 할 때 전국적으로 많은 협력학습 학급에서 발생하고 있는 일이다.

다른 교육적 실천 방법과 마찬가지로, 능력별 집단편성과 협력학습은 남용되기 쉽다(Clark, 1990; Gamoran, 1987; Robinson, 1990; Slavin, 1990b). 특정 수업전략의 효과는 개별 학교, 개별 학급 혹은 개별 체계에서 어떻게 실행되느냐에 달려 있다. 모든 학생을 위해 기대를 높여야 한다. 기대가 낮은 것은 용납할 수 없는 실천을 가져오기 때문이다. 그 체계의 조직은 개별 학생들의 요구를 충족시킬 수 있는 다양한 수업방법들을 허용할 만큼 융통성이 있어야 한다. 만약 집단편성이 활용된다면 학생들의 성취에 따라 재집단편성을 하는 것이 당연하다. 수업의 질은 모든 능력과 성취 수준에 일정해야 한다. 마지막으로, 학교 안팎에서 제공되는 프로그램들이 프로그램의 필수 요건을 충족시킨다는 것을 확신할 수 있도록 표준화되고 지적으로 매력적인 교육과정이 모든 학생에게 제공되어야 한다. 한편으로 공통적으로 배우는 표준화된 교육과정을 넘어서서 학생들의 학습을 '심화'시킬 수 있는 기회와 교육과정을 통틀어 속진할 수 있는 기회가 모든 학생에게 제공되어야 한다.

마지막으로, 어떤 교육적 실천 방법을 부적절하게 활용하는 가장 확실한 방법은 이것이 모든 문제들을 해결하고 모든 요구들을 충족시키는 데 활용하도록 요구하는 것이다. 협력학습과 능력별 집단편성을 함께 결합하거나 혹은 따로 활용하되 적절하고 선택적인 활용을 하는 것이 교육적 실천에 유용하다.

결론

연구에 대한 면밀한 검토 끝에, 집단편성은 본질적으로 혹은 자연적으로는 성취에 영향을 끼치지 않는다고 결론을 내릴 수 있다. 단지 학생들을 서로 다른 능력을 가지거나 또는 같은 능력을 가진 학생들끼리 한 학급에 집어넣는 것이 학습을 더 잘하게 혹은 더 못하게 한다고 확신할 수는 없다. 오히려 학생들의 교육적 성과를 결정짓는 것은 집단편성에 동반된 내용과 수업의 적절성이다.

집단편성의 이점들은 개별 학생들의 준비도 수준에 따라 개별화된 수업 계획을 실행할 때만 나타난다. 비록 매우 다양한 능력을 가진 학생들의 협

영재교육에서 집단편성과 속진

력학습이 이론적으로 실행될 수는 있으나, 능력과 지식 수준에 따라 또는 각각에 따라 집단편성된 일부의 유형에서 가장 효과적이고 효율적으로 실행될 수 있다. 능력별 집단편성의 가장 명백한 장점들 중의 하나는 매우 뛰어난 능력을 가진 학생들이 다른 방법을 사용하였을 경우 가능한 것보다 빠른 속도로 학습할 수 있도록 허용한다는 것이다.

"교사들은 개인차에 대해 현실적이어야 한다. 학생들이 이미 알고 있는 것을 가르치거나 아직 알 수 없는 것을 가르치는 것은 노력의 낭비다…" (Walberg, 1989, p. 5). 특정 내용 영역에서 아주 빼어난 능력(exceptional ability)을 가진 학생들을 유사한 능력을 가진 학생들과 함께 집단편성하고 적절한 교육과정에서 속진의 기회를 제공할 때, 실질적으로 학업성취가 향상되는 것은 증명된 것이다(Brody & Benbow, 1987; Kulik & Kulik, 1984; Lynch, 1990; Moore & Wood, 1988; Stanley, 1973, 1976).

그러나 Slavin은 속진 프로그램에 참가하는 학생들의 수를 엄격히 제한하였으며, '팀 보조 개별화 학습(Team Assisted Individualization: TAI)'과 '협력적 통합 독서와 작문(Cooperative Integrated Reading and Composition: CIRC)'과 같은 프로그램을 통해서 같은 정규학급 내의 협력학습 상황에서 그들의 요구를 충족시키는 것을 선호한다. 그러나 이것은 비현실적이다. 만약 매우 뛰어난 능력을 가진 학생들이 그들의 학습에서 진정으로 앞서 나가고 싶어 한다면, 학급 내에서 그들과 다른 학생들 간의 격차는, 이질적인 집단으로 편성된 협력학습 상황이 더 이상 어떤 학생들에게도 교육적으로 이득을 주지 못하는 지점까지 벌어지게 될 것이다. 지금 학습하는 교과에서 몇 학년 수준이나 앞서 있는 학생들은 집단 내에서 동등하게 기여하거나 집단에 참여하고 있다는 느낌을 전혀 받지 못한다.

이 메시지는 분명하다. 학년 수준의 제한을 넘어서서 개별화된 수업, 속진된 수업 진도, 그리고 상위 수준의 교육 자료들이 필수적이다. 만약 학년에 따른 전형적 수업 수준과 진도만을 고집한다면—협력학습 기법의 장점을 이용하면서도— 매우 뛰어난 능력을 가진 학생(전국 규준과 비교할 때 매우 상위 비율에 속하는 학생들)은 그들의 잠재력을 최대한 실현하지 못할 것이다 (Feldhusen, 1989; Wils, 1990).

모든 형태의 (동질적인) 능력별 집단편성을 폐지하는 것과 협력학습(어떤 형태이든)에 대한 대대적이고 무비판적인 수용은 매우 미성숙된 것이고 아무것도 보장되지 않은 것이다. 적절한 비교가 많이 이루어지지 않았으며 연구는 종종 기껏해야 혼란만 주었다. 누군가 연구결과들을 면밀히 탐구하고 있느냐에 따라, 일련의 동일한 연구결과들이 매우 다른 방식으로 해석될 수 있고, 상반된 견해와 결론에 도달할 수 있다. 그러나 불행하게도 결론들은 종종 연구보다는 이상에 토대를 두는 경우가 있다. "… 능력에 따라 서로 분리된 학생들은 우리의 민주적이고 평등이라는 이상과 맞지 않는다…"는 Slavin의 진술은 이를 증명한다(1987b, p. 325).

개인차와 선택의 가치

협력학습과 능력별 집단편성 중 어느 것이 더 좋은가의 논쟁은 개인차에 대한 인식과 학생들의 요구에 따라 교육적 선택을 해야 할 필요성과 가르쳐야 할 중요한 주제에서 주의를 돌리게 한다. 모든 교육 문제에 대해 하나의 단순한 해결책을 발견하려는 욕구를 이해할 수는 있지만, 논쟁점의 복잡성과 학생 요구의 다양성은 비현실적이다.

학생들은 많은 방면에서 서로 다르며 교육적 요구 또한 매우 다르다. 이들의 개별적 요구를 충족시키기 위한 유일한 희망은 다양한 교육 실제를 주의 깊고 비판적으로 검토하고, 이를 책임 있게 실행하며, 독특한 상황에 효과가 있는지를 평가하는 것이다. 이러한 책임감과 특권을 포기한 교사들은 전문가로서 자신의 입지를 떨어뜨린 것이다.

협력학습은 다양한 가능성들과 함께 고려해 봐야 할 실용적이고 합리적인 교육 실제다. 협력학습을 사용할 때 따르는 논리적이고 양적으로 표시할

영재교육에서 집단편성과 속진

수 있는 이득이 있으며, 협력학습은 직관적으로 많은 사람을 끄는 힘이 있다. 그러나 협력학습만으로 매우 뛰어난 능력을 가진 학생이나 다양한 학생의 요구를 최상으로 충족시킬 수 있다고 믿지는 않는다. 그리고 협력학습은 본질적으로 다른 교육 실제보다 더욱 '미국적이거나' 혹은 도덕적·종교적으로 더욱 가치가 있는 것도 아니다. 다양한 형태의 능력별 집단편성과 속진, 특별학급을 포함한 다른 선택들도 모든 학생의 요구를 충족시키기 위해서는 교육 체제의 한 부분이 되어야 한다.

Slavin(1990a)이 "우리가 '영재'를 포함한 모든 학습자가 잠재력을 최대한으로 성취하도록 하기 위해서는, 모든 학습자의 다양한 요구를 수용하는 수업 프로그램을 사용하는 쪽으로 옮겨가야 한다."(p. 7)라고 진술한 것은 옳다. 이러한 견해를 전적으로 수용하는 것은 다른 타당한 수업전략들뿐만 아니라 개별화 학습과 협력학습이 공존할 것을 요구한다. 능력별 집단편성과 협력학습을 함께 결합하거나, 혹은 단독으로 효과적으로 사용할 수 있으므로, 학교가 하나만을 선택하도록 강요할 이유는 없다. 교사가 어떤 방법을 언제 적용할 것인가를 선택하는 데 전문가적 자유가 주어져야 한다. 왜냐하면, 이러한 선택은 미국의 오랜 교육 전통이기 때문이다.

무엇이 가장 유리한지 혹은 무엇이 가장 '정책적으로 올바른 것인지'에 기초해서 의사결정을 내리는 것 대신에, 교사는 무엇이 각각의 학생들—낮은 능력을 가진 학생들뿐만 아니라 높은 능력을 가진 학생들과, 성취가 낮은 학생들뿐만 아니라 성취가 높은 학생들, 인종적 혹은 윤리적 배경에 관계없이—에게 가장 최선인지를 살펴보아야 한다고 생각한다. 이런 방식으로 증명된 능력과 성취와 흥미에 따라 각 학생의 교육적 요구와 체계 간에 '최상의 조합'(Robinson & Robinson, 1982)이라는 이상에 도달할 가능성을 갖게된다. 이러한 이상은 '교재를 각 학생의 학습 속도에 맞게' 나아가도록 학생들을 격려하고 융통성과 화합, 개인적 장점과 공동체의 이상이 동등하게 존중받는다는 미국 교육의 원래의 의도와 일치한다.

📷 참고문헌

Allan, S. D. (1991). Ability-grouping research reviews: What do they say about grouping and the gifted? *Educational Leadership, 48*(6), 60-74.

Block, J. H., & Anderson, L. W. (1975). *Mastery Learning in classroom instruction.* New York: Macmillan.

Brody, L. E., & Benbow, C. P. (1987). Accelerative strategies: How effective are they for the gifted? *Gifted Child Quarterly, 3,* 105-110.

Clark, B. (1990). An update on ability grouping and its importance for gifted learners. *Communicator, 20*(5), 1, 20-21.

Cremin, L. A. (1970). *American education: The colonial experience 1607-1783,* New York: Harper Torchbooks.

Daniel, N., & Cox, J. (1988). *Flexible pacing for able learners,* Reston, VA: The Council for Exceptional Children.

Daurio, S. P. (1979). Educational enrichment vs. acceleration: A review of the literature. In W. C. George, S. J. Cohn, & J. C. Stanley (Eds.), *Educating the gifted: Acceleration and enrichment* (pp. 13-63). Baltimore, MD: Johns Hopkins University Press.

Feldhusen, J. (1989). Synthesis of research on gifted youth. *Educational Leadership, 54*(6), 6-12.

Fiedler-Brand, E., Lange, R., & Winebrenner, S. (1990). Tracking, ability grouping, and the gifted: Myths and realities, Glenview, IL: Illinois Association for Gifted Children.

Floyd, C. (1954). Meeting children's reading needs in the middle grades: A preliminary report. *Elementary School Journal, 55,* 99-103.

Fox, L. (1979). Programs for the gifted and talented: An overview. In A. Passow (Ed.), *The gifted and talented: Their education and development.* (pp. 104-126). Chicago: University of Chicago Press.

France-Kaatrude, A., & Smith, W. P. (1985). Social comparison, task motivation, and the development of self-evaluative standards in children.

영재교육에서 집단편성과 속진

Developmental Psychology, 21, 1080-1089.

Gamoran, A. (1987). Organization, instruction, and the effects of ability grouping: Comment on Slavin's "Best-Evidence Synthesis." *Review of Educational Research, 57*(3), 341-345.

Goodlad, J. I., & Anderson, R. H. (1963). *The nongraded elementary school* (rev. ed.). New York: Harcourt, Brace, & World.

Graves, N., & Graves, T. (1990). *Cooperative learning: A resource guide.* Santa Cruz, CA: The International Association for the Study of Cooperation in Education.

Hart, R. H. (1962). The nongraded primary school and arithmetic. *The Arithmetic Teacher, 9*, 130-133.

Hiebert, E. H. (1987). The context of instruction and student learning: An examination of Slavin's assumptions. *Review of Educational Research, 57*(3), 337-340.

Johnson, D. W., & Johnson, R. T. (1990). *Cooperation and competition: Theory and research.* Edina, MN: Interaction Book Company.

Joyce, B. R. (1991). Common misconceptions about cooperative learning and gifted students. *Educational Leadership. 48*(6), 72-74.

Keating, D. P. (1975). Testing those in the top percentiles. *Exceptional Children, 41*(6), 435-436.

Kulik, C. -L. C. (1985, August). Effects of inter-class ability grouping on achievement and self-esteem. Paper presented at the 93rd annual convention of the American Psychological Association, Los Angeles, CA.

Kulik, J. A. (1991). Findings on grouping are often distorted: Response to Allan. *Educational Leadership, 48*(6), 67.

Kulik, J. A., & Kulik, C. -L. C. (1982). Effects of ability grouping on secondary school students: A meta-analysis of evaluation findings. *American Educational Research Journal, 19*, 415-428.

Kulik, J. A., & Kulik, C. -L. C. (1984). Effects of accelerated instruction on students. *Review of Educational Research, 54*, 409-425.

Kulik, J. A., & Kulik, C. -L. C. (1987). Effects of ability grouping on student achievement. *Equity and Excellence, 23*, 22-30.

Kulik, J. A., & Kulik, C. -L. C. (1990). Ability grouping and gifted students. In N. Colangelo & G. A. Davis (Eds.) *Handbook of Gifted Education,* Boston, MA: Allyn & Bacon.

Lally, K. (1990, May 13). Sorting schoolmates. *The Sun,* pp. 1A, 10A.

Lynch, S. (1990). Fast-paced science for the academically talented: Issues of age and competence. *Science Education, 74*(6), 585-596.

Lynch, S., & Mills, C. (1990). The skills reinforcement program (SRP): An academic program for high potential minoity youth. *Journal for the Education of the Gifted, 13*(4), 363-379.

Miller, W. S., & Otto, H. J. (1930). Analysis of experimental studies in homogeneous grouping. *Journal of Educational Research, 21,* 92-102.

Moore, N. D., & Wood, S. S. (1988). Mathematics with a gifted difference. *Roeper Review, 10*(4), 231-234.

Oakes, J. (1985). *Keeping track.* New Haven CT: Yale University Press.

Pavan, B. N. (1973). Good news: Research on the nongraded elementary school. *Elementary School Journal, 73,* 333-342.

Peterson, N., Brounstein, P., & Kimble, J. (1988). Evaluation of college-level coursework for gifted adolescents: An investigation of epistemological stance, knowledge gain and generalization. *Journal for the Education of the Gifted, 12,* 46-61.

Robinson, A. (1990). Cooperation or exploitation? The argument against cooperative learning for talented students. *Journal for the Education of the Gifted, 14*(1), 9-27.

Robinson, N. M., & Robinson, H. B. (1982). The optimal match: Devising the Best compromise for the highly gifted student. In D. Feldman, (Ed.), *New directions for child development: Developmental approaches to giftedness and creativity,* pp. 79-94. San Francisco: Jossey Bass.

Ross, J. (1988). Improving social-environmental studies problem solving through cooperative learning. *American Educational Research Journal, 25*(4), 573-591.

Sapon-Shevin, M., & Schniedewind, N. (1990). Selling cooperative learning without selling it short. *Educational Leadership, 47*(4), 63-65.

영재교육에서 집단편성과 속진

Schunk, D. H. (1987). Peer models and children's behavioral change. *Review of Educational Research, 57*(2), 149-174.

Sisk, D. (1988). The bored and disinterested gifted child: Going through school lockstep. *Journal for the Education of the Gifted, 11*(4), 5-19.

Slavin, R. (1987a). Grouping for instruction in the elementary school. *Educational Leadership, 22,* 109-127.

Slavin, R. (1987b). Ability grouping and student achievement in elementary schools: A best evidence synthesis. *Review of Educational Research, 57*(3), 293-336.

Slavin, R. (1987c, November). Cooperative learning and individualized instruction. *Arithmetic Teacher,* pp. 14-16.

Slavin, R. (1988a). Synthesis of research on grouping in elementary and secondary schools. *Educational Leadership, 46*(1), 67-77.

Slavin, R. (1988b). *Cooperative learning: Theory, research, and practice.* Englewood Cliffs, NJ: prentice-Hall.

Slavin, R. (1990a). Ability grouping, cooperative learning and the gifted. *Journal for the Education of the Gifted, 14*(1), 3-8.

Slavin, R. (1990b). Achievement effects of ability grouping in secondary schools: A best-evidence synthesis. *Review of Educational Research, 60,* 471-499.

Slavin, R. (1990c). Here to stay—or gone tomorrow? [Editorial]. *Educational Leadership, 47*(4), 3.

Slavin, R. (1991a). Synthesis of research on cooperative learning. *Educational Leadership, 48*(5), 71-82.

Slavin, R. (1991b). Are cooperative learning and "untracking" harmful to the gifted? *Educational Leadership, 48*(6), 68-71.

Slavin, R., & Karweit, N. (1984, April). Within-class ability grouping and student achievement. Paper presented at the annual meeting of the American Educational Research Association, New Orleans, LA.

Slavin, R., Leavey, M., & Madden, N. (1984). Combining cooperative learning and individualized instruction: Effects on student mathematics achievement, attitudes, and behaviors. *Elementary School Journal, 84*(4), 409-422.

Slavin, R., & Madden, N. (1989). What works for students at risk: A research synthesis. *Educational Leadership, 46*(5), 4-13.

Stanley, J. C. (1973). Accelerating the educational progress of intellectually gifted youths. *Educational Psychologist, 10,* 133-146.

Stanley, J. C. (1976). The case for extreme educational acceleration of intellectually brilliant youth. *Gifted Child Quarterly, 20,* 66-76.

Walberg, H. (1989). [Issue]. *ASCD Update,* 5.

Willis, S. (1990). Cooperative learning fallout? *ASCD Update 32*(8), 6-8.

영재교육에서 집단편성과 속진

10

집단편성 프로그램에 대한
메타분석 결과[1]

James A. Kulik & Chen-Lin C. Kulik(The University of Michigan)

메타분석 리뷰는 능력에 따라 학생들을 분류하는 5가지의 주요한 수업 프로그램들, 즉 다중수준 학급(multilevel classes), 무학년 프로그램(cross-grade programs), 학급 내 집단편성(within-class grouping), 영재를 위한 심화수업 (enriched classes for gifted and talented) 및 속진수업(accelerated classes)에 초점을 두었다. 여기서는 그 효과가 프로그램 유형에 따라 다르다는 것을 보여 준다. 다중수준 학급은 능력별 집단을 위해 내용을 오직 최소한으로 조정한 것으로, 주로 학생들의 학업성취에 별다른 효과가 없다. 능력에 따라 교육과정을 실질적으로 조정한 프로그램들, 예를 들면, 무학년 프로그램과 학급 내 집단편성 프로그램은 분명히 긍정적 효과를 보인다. 심화와 속진 프로그램들은 대개 교육과정을 가장 많이 조정하는데, 학생들의 학습에 가장 큰 영향을 끼친다. 이러한 결과들이 집단편성으로 아무런 이익을 얻을 수 없다거나, 수준이 낮은 집단의 학생들은 집단편성으로 학문적·정서적 위협을 받게 된다는 최근의 주장들을 지지하는 것은 아니다.

---

1) 편저자 주: Kulik, J. A., & Kulik, C. C. (1992). Meta-analytic findings on grouping programs. *Gifted Child Quarterly, 36*(2), 73-77. ⓒ 1992 National Association for Gifted Children. 필자 승인 후 재인쇄.

능력별 집단편성에 관한 연구는 오랜 역사를 갖고 있다. 적어도 75년 전, 1916년 일리노이 주의 어버너에서 한 연구자가 뛰어난 재능을 가진 5학년과 6학년 한 집단을 특별학급에 배치한 효과에 관한 연구로 거슬러 올라간다(Whipple, 1919). 그 이후로 연구자들은 집단편성에 관해 수백 편의 연구를 실시하였으며, 많은 평론자들이 이 주제에 관해 수십 편을 리뷰하였다. 오랫동안 연구자들과 평론자들은 교육적 실천에 대해서 거의 조사하지 않았다.

이런 노력들에도 불구하고, 명쾌한 결론은 도출되지 않았다. 일부 평론자들은 연구결과가 집단편성을 지지한다고 결론을 내렸다. 또 다른 평론자들은 정반대의 결론을 내렸다. 또한 일부 평론자들은 연구결과들이 매우 다양하고 의견이 상반되므로 명쾌한 결론은 불가능하다고 보고하였다. 따라서 교사는 기본적인 질문들에 대해 고민하게 되었다. 집단편성으로 이익을 얻는 학생이 있는가? 누가 가장 큰 이익을 얻는가? 집단편성으로 해를 입는 학생이 있는가? 어떻게 해를 입는가? 그 이유는 무엇인가?

이러한 문제에 대한 연구결과는 무엇을 말해 주는가에 대해 다시 한번 질문해야 할 적어도 2가지의 중요한 이유가 있다. 첫째, 사회과학자들은 지난 10년 동안 연구 리뷰에 대해 객관적이고 과학적인 방법들을 개발해 왔다(Glass, McGaw, & Smith, 1981). 이 방법들은 집단편성 연구의 전성기에는 이용할 수 없었던 것이며, 따라서 대부분의 나이든 평론자들은 연구 문헌들을 인상적이고 주관적인 방법에 의존하여 요약하거나 해석하였다. 이제 새롭게 이용 가능한 과학적인 방법들로, 연구결과가 실제로 이야기하는 것을 결정하는 데 마침내 좋은 위치에 있게 되었다.

능력별 집단편성에 관한 연구에 새롭게 주목해야 하는 또 다른 이유가 있다. 능력별 집단편성은 최근 심각한 공격에 처하였다. 공격의 주도자인 Oakes(1985)는 능력별 집단편성이 차별적이고 불공평하며 비효과적이라고 주장한다. 그녀의 관점에 따르면, 어떤 학생들도 동질 집단에서 이익을 얻을 수 없으며 학습 속도가 느린 집단의 학생들은 능력별 집단편성 때문에 학

영재교육에서 집단편성과 속진

문적·정서적으로 해를 입을 수 있다는 것이다. 교육자들은 연구결과가 진정으로 그러한 비난을 지지하는지를 알아야 할 필요가 있다.

따라서 본 연구의 목적은 선행연구 문헌 요약과 해석에 최신의 연구방법을 활용하여 집단편성에 관한 결과들을 재조사하는 것이다. 능력에 따라 학생들을 분리시키는 5가지 주요 프로그램의 결과에 대해 조사할 것이다.

1. **다중수준 학급** 같은 학년의 학생들이 능력에 따라 상위, 중위, 하위 집단으로 분리되며, 하루 종일 다른 학급에서 수업을 받거나 혹은 특정 과목만 다른 학급에서 수업을 받기도 한다.
2. **무학년 집단편성** 여러 학년의 학생들이 각 교과에서의 성취 수준에 따라 집단편성되며, 학생들의 정규 학년과는 상관없이 분리된 학급에서 그 교과를 배우게 된다.
3. **학급 내 집단편성** 교사가 하나의 학급 내에서 능력별 집단을 편성하며 수준에 적합한 수업을 각 집단에게 제공한다.
4. **영재를 위한 심화수업** 뛰어난 능력을 가진 학생들은 동년배가 정규 교육과정에서 경험할 수 있는 것보다 훨씬 풍부하고 다양한 학습경험을 가지게 된다.
5. **영재를 위한 속진수업** 학문적으로 뛰어난 능력을 가진 학생들이 보다 빠른 속도로 학교교육을 이수하거나 다른 학생들보다 훨씬 이른 나이에 학교교육을 끝마치도록 허용하는 수업을 받는다.

결론은 집단편성의 효과가 프로그램 유형에 따라 다르다는 것이다. 능력별 집단을 위해 코스 내용을 주로 최소한으로만 수정하는 다중수준 학급에서는 전형적으로 학생들의 성취에 별다른 효과를 내지 못한다. 무학년 학급 혹은 학급 내 집단편성과 같이 보다 실질적으로 교육과정을 수정한 프로그램은 더욱 명확하게 긍정적인 효과를 낸다. 심화수업과 속진수업 프로그램은 학생들의 학습에 가장 큰 효과를 가져온다. 이러한 결과들이 능력별 집

모든 형태의 능력별 집단편성을 없애기 위해 트래킹(tracking)을 없애야 한다는 주장이 오늘날 목소리를 높이고 있다. 메타분석 결과는 이 제안된 개혁이 미국 교육에 해로울 것이라 주장한다. 교사, 상담자, 행정가와 학부모는 능력에 따라 학생들을 집단으로 묶는 학교 프로그램들을 일괄적으로 제거하면 학생들의 성취가 낮아질 것임을 알아야 한다. 만약 학교가 서로 다른 능력을 가진 학생들을 한 학급에 편성하는 다중수준 학급으로 대체할 때, 높은 능력을 가진 학생들의 성취 수준이 다소 떨어지겠지만, 다른 학생들의 성취 수준은 거의 비슷할 것이다. 만약 학교들이 차별화된 교육과정을 활용한 집단편성 프로그램을 없앤다면, 학생의 성취는 더 큰 해를 입을 것이고 대부분이 그렇게 느낄 것이다. 뛰어난 능력을 가진 학생들과 능력이 부족한 학생들 모두가 그런 프로그램이 없어짐으로써 학문적으로 어려움을 겪게 될 것이다. 뛰어난 학생들을 위한 심화수업과 속진수업도 해를 입게 될 것이다. 만약 그들에게 똑같은 학습 속도를 요구한다면 학생들의 성취 수준은 심각하게 낮아질 것이다. 일단 해를 입게 되면 이를 고칠 수 있는 방법이 있는지는 어느 누구도 확신할 수 없다.

단편성에서 아무런 이익을 얻을 수 없다거나 성취가 낮은 집단의 학생들은, 능력별 집단편성에서 학문적 · 정서적으로 해를 입을 수 있다는 최근의 주장들을 지지하지는 않는다.

메타분석 방법

이 논문에서 사용된 리뷰 방법은 메타분석이다. 이 방법은 1976년 Gene V. Glass가 미국교육연구학회(American Educational Research Association)의 학회장 인사말에서 처음으로 기술한 것이다. 메타분석은 간단히 말하자면 분석의 분석이며, 보다 공식적으로는 연구결과물을 통합하기 위해 수많은 개별 연구의 결과들을 모아 양적 통계를 낸 것이다. 메타분석을 수행하기 위해, 평론자는 주로 (a) 문헌에 대한 객관적인 연구를 통해 하나의 논쟁점에 대해 가능한 많은 연구결과들을 찾고, (b) 이 연구들의 특징을 코드화하고, (c) 각각의 연구결과들을 공통적인 측정 기준으로 표시하고, 그리고 (d) 연구의 특징과 연구결과 간의 관계를 나타내기 위해 통계적 방법을 사용한다.

메타분석에 포함된 각각의 연구에서 처치효과(treatment effect)는 표준편차로 나타내거나 '효과크기(effect size)'로 나타낸다. 효과크기의 계산은 원리상 단순하다. 평론자는 단순히 연구결과에서 측정된 표준편차를 산정하여 실험집단의 이득과 손실을 나누어 준다. 효과크기는 실험으로 이익이 있을 때 양(+)의 값이 되고, 손실이 발생할 때는 음(−)의 값이 된다. 절대값이 0.8 정도이면 효과크기가 큰 편이고, 0.5 정도이면 중간이며, 0.2 정도이면 적다.

우리는 1982년에 중등학교에서 능력별 집단편성에 관한 연구결과들을 통합하기 위해 메타분석을 처음 사용하였다(Kulik & Kulik, 1982). 이후 초등학교에서 능력별 집단편성에 관한 연구(C. Kulik & Kulik, 1984), 속진 프로그램(J. Kulik & Kulik, 1984), 그리고 학급 내 집단편성과 무학년 집단편성 프로그램(Kulik & Kulik, 1987)을 다루기 위해 리뷰를 확대하였다. 우리들의 가장 최근 보고서는 이전에 하였던 연구들에 대한 개관을 제공한다(Kulik & Kulik, 1991). Slavin(1987, 1990)은 최상의 증거의 종합(best-evidence synthesis)이라고 부르는 자신의 변형된 메타분석을 집단편성에 관한 초등학교와 중등학교 연구결과물에 적용하였다.

메타분석 결과

이 논문에 보고된 연구결과들은 필자 두 사람과 Slavin의 초기 메타분석 작업을 참작하여 최근에 개정된 통계분석에서 나온 것이다. 분석에서 활용된 연구 풀(Pool)은 두 번의 초기 메타분석에서 활용된 연구 풀과 거의 유사하다. 그러나 완전히 일치하지는 않는다. 우리는 초기 분석에 활용된 연구 모두를 재검토하였으며 다양한 연구들에 대한 Slavin의 비평을 검토하였고, 이를 바탕으로 초기 분석에 포함되었던 몇몇 연구를 새로운 분석에서 제거하였다. 또한 모든 연구들의 코딩을 검토하였고 개정이 필요하다고 생각될 때에는 초기 코딩한 것을 개정하였다. 이 보고서의 목적은 우리가 모을 수 있었던 최상의 연구결과들을 가장 완벽하게 해석하여 결론을 내리는 것이다. 집단편성 연구결과들에 대한 개정된 분석을 적용한 최종 보고서는 국립 영재연구소(National Research Center on the Gifted and Talented)에서 이용할 수 있다(Kulik, 1991).

다중수준 학급

1919년에 디트로이트는 능력별 집단편성 중에서 공식적인 다중수준 계획을 도입한 최초의 대도시였다(Courtis, 1925). 디트로이트 계획은 1학년 입학 시 모든 아동에게 지능검사를 실시하였으며, 그 결과에 따라 학생들을 X, Y, Z 집단으로 배치하였다. 상위 20%의 학생들이 X 학급, 중위 60%의 학생들은 Y 학급, 하위 20%의 학생들은 Z 학급에 배치되었다. 모든 학급에서 표준 수업 자료와 방법이 사용되었으며, 능력별 집단을 위해 교육과정이나 수업방법을 수정하지는 않았다.

많은 학교 체제가 디트로이트 모형을 따랐고 그 이후 수년 동안 세 집단 모형이 실시되기는 하였지만, 이 계획들은 디트로이트 계획과 상당히 달랐다. 집단에 처음 배치할 때 지능검사 결과만을 따르는 학교는 거의 없었으며, 그렇게 어린 나이에 분리 배치된 학생들도 거의 없었다. 또한 많은 프로그램에서, 특히 고등학교에서 학생들을 하루 종일 분리 배치하지는 않았고, 단일 과목으로 제한하였다. 그러나 디트로이트 계획처럼 대부분의 프로그램들은 학급에서 학생들의 편차를 줄일 수 있는 손쉬운 방법으로 교사들에 따라서 조직되었다. 능력별 집단에 차별화된 교육과정을 제공하기 위한 방

영재교육에서 집단편성과 속진

법으로 다중수준 학급을 사용한 프로그램들은 거의 없었다.

총 56개의 연구가 다중수준 학급에서 학생 배치에 대한 효과를 조사하였다. 56개 중에서 51개의 연구가 성취검사로 효과를 측정하였다. 거의 60%의 연구에서 다중수준 학급이 더 높은 시험점수를 획득한 것으로 나타났으며 약 40%의 연구에서 능력이 서로 다른 학생이 혼합된 학급(mixed-ability classes)의 시험점수가 더 높은 것으로 나타났다. 모든 프로그램에서 평균 효과크기는 0.03이었다. 이는 우리의 초기 메타분석에서 발견한 효과크기 0.06보다 조금 낮아진 것이었으며, Slavin이 다중수준 집단편성 프로그램에서 발견한 효과크기 0과 거의 일치한다(Kulik & Kulik, 1991; Slavin, 1987, 1990). 이 효과는 0과 통계적으로 다른 것으로 간주될 만큼 큰 것은 아니다.

51개 중 36개의 연구에서 능력 수준에 따라 분리시킨 효과를 조사하였다. 능력에 따라 효과에 약간의 차이가 있는 것으로 나타났다. 상위 능력을 가진 집단의 평균 효과크기는 0.10이었으며, 중간 능력을 가진 집단은 -0.02, 하위 능력 집단은 -0.10이었다. 상위 능력 집단 학생들의 평균 효과크기 0.10은 0보다는 상당히 높으며, 중간 능력과 하위 능력 집단의 평균 효과크기보다 상당히 높게 나타났다.

연구 특성과 효과 간에는 별다른 관계가 나타나지 않았다. 예를 들면, 실험집단과 준실험집단, 저널과 학위 논문, 하루 종일 능력별 집단을 편성한 프로그램과 단일 과목에 능력별 집단을 편성한 프로그램 등은 비슷한 결과를 나타냈다.

56개의 연구 중에서 13개의 연구에서 학생들의 자아존중감에 대한 집단편성의 효과를 조사하였다. 13개의 연구에서 집단편성의 전반적인 평균 효과는 표준편차 0.03으로 낮았으며, 이는 매우 작고 통계적으로 유의미하지 않은 수치였다. 13개의 연구 중 11개의 연구에서 능력별 수준에 따른 분리 배치의 효과를 조사하였다. 하위 능력 집단에서 평균 효과크기는 0.19였고, 중위 집단은 -0.09, 상위 집단은 -0.15였다. 동질 집단에서의 수업은 하위 능력 학생들의 자아존중감을 향상시키지만, 상위 능력 학생들의 자아존중감을 떨어뜨리는 경향이 있다.

무학년 집단편성

무학년 집단편성으로 가장 잘 알려진 계획은 조플린 계획(Joplin plan)이다. 이 집단편성 접근은 미주리 주 조플린의 부장학관이었던 Cecil Floyd가 고안한 것으로, 1953년 조플린 학교들에서 처음으로 사용되었다. 이 계획은 4학년, 5학년, 6학년 학생들을 위한 독서 수업 무학년 집단편성으로 불렸다. 독서 시간 동안 이 학생들은 집단으로 나누어져 2학년 수준에서 9학년 수준까지 어느 곳에서든지 수업에 참가할 수 있다. 이 학급들에서 학생들은 같은 수준에 속하는 다른 4학년, 5학년, 6학년 학생들과 함께 공부하게 된다. 이 수업 시간이 끝나면 학생들은 25분간의 즐거운 독서 수업을 하고, 동년배의 학급으로 돌아오게 된다. 무학년 집단편성에 대한 거의 모든 공식적인 평가에는 초등학교 독서 수업에 대한 조플린 계획이 포함된다.

무학년 집단편성은 서로 다른 능력 수준의 학생들을 서로 다른 학급에서 가르치는 다중수준 집단편성과 유사하다. 그러나 무학년 계획에는 전형적으로 보다 많은 수준이 있다. 예를 들면, 전형적인 조플린 프로그램에서 5학년 학생이 9개의 서로 다른 독서 집단에 배치될 수 있다. 덧붙이면 무학년 집단은 단일한 교과에 대한 집단편성이며, 따라서 집단 배치는 대개 특정 기능과 밀접한 관련이 있다. 그러나 무학년 집단편성과 다중수준 집단편성 간의 가장 중요한 차이는 두 접근방법에서 교육과정을 어느 정도 수정하느냐에 달려 있을 것이다. 무학년 집단편성에서는 서로 다른 능력별 집단의 학생들이 서로 다른 수업 자료들과 서로 다른 방법들로 공부한다. 대부분의 다중수준 프로그램에서는 능력별 수준에 따라 집단을 편성하기 위해 교육과정을 수정하는 일이 거의 없다.

14개의 연구에서 무학년 프로그램의 효과를 조사하였다. 이 중 11개의 연구에서 무학년 프로그램에서 학습할 때 학생의 성취가 높아진 것으로 나타났다. 2개의 연구에서 서로 다른 능력을 가진 학생들이 혼합된 전통적인 학급에서 배운 학생들의 성취가 더 높아진 것으로 나타났으며, 1개의 연구에서 2가지 접근법의 차이가 나타나지 않았다. 14개의 연구에서 평균 효과크기는 0.30이었으며, 1개의 연구를 제외하고 효과크기가 작기는 하지만 0보다는 컸다.

2개의 연구에서 능력별 수준에 따른 효과를 별도로 조사하였다. 상위 능력 집단에서 평균 효과크기는 0.12였고, 중위 능력 집단에서는 −0.01, 하위 능력 집단에서는 0.29로 나타났다. 무학년 집단편성에 관한 연구 문헌의 수가 적었기 때문에, 연구 특성과 연구결과 간의 관계에 대한 조사는 불가능하였다. 무학년 집단편성이 자아존중감에 끼치는 효과를 조사한 연구는 없었다.

학급 내 집단편성

초등학교 교사들은 특정 활동과 목적을 위해 학급 내에서 종종 학생들을 하위 집단으로 나누곤 한다. 그들은 특히 독서 수업과 산수 수업에 이런 하위 집단을 활용하며, 과학과 사회과학 프로젝트에도 종종 하위 집단을 활용한다. 교사가 주로 한 하위 집단에 수업내용을 제시하는 동안, 나머지 다른 집단들은 다른 활동에 참여한다.

학급 내 집단편성 계획에 관해 두 가지의 사실이 흥미롭다. 첫째, 대부분의 학급 내 집단편성은 각 집단마다 차별화된 수업을 요구한다. 학급 내 집단편성이 의미가 있으려면, 교사는 각 집단에 서로 다른 수업 자료를 제시해야 한다. 교사들에게는 능력에 따라 집단을 세 개로 나누고 같은 프리젠테이션을 세 집단에게 각각 별도로 하는 것이 비능률적일 것이다. 따라서 학급 내 집단편성은 차별화된 교육과정을 활용한다는 점에서 무학년 프로그램과 유사하다. 둘째, 학급 내 집단편성은 집단을 서로 다른 학급으로 편성하지 않는다. 이 점에서 학급 내 집단편성은 다중수준 집단편성과 다르며,

무학년 집단편성과도 다르다.

11개의 연구에서 학급 내 집단편성 프로그램에 관한 결과를 보여 주었다. 이 연구들 중 9개에서 학급 내 집단편성이 전반적으로 상위 성취 수준을 나타냈다고 보고하였다. 오직 2개의 연구에서만이 혼합 능력 학급이 전반적으로 상위 성취 수준을 나타냈다고 보고하였다. 11개의 연구에서 집단편성의 전반적인 효과가 표준편차 0.25까지 시험점수를 높여 주었다고 보고하였는데, 효과가 유의미하기는 하지만 작았다.

11개의 연구 중 6개의 연구에서 능력별 집단에 따른 결과를 별도로 보고하였다. 모든 능력 수준의 학생들에게서 효과는 작았다. 상위 능력 집단의 평균 효과크기는 0.30이었고, 중위 능력 집단은 0.18이었으며, 하위 능력 집단은 0.16이었다. 연구 특성과 효과크기와의 관계에 대한 분석은 연구 수가 너무 적어서 불가능하였다.

영재를 위한 심화수업

일부 집단편성 프로그램은 영재들의 요구를 충족시키기 위해 특별히 설계된다. 이 프로그램의 학습자들은 대단히 높은 학업적성을 가진 독특한 집단이다. 이런 프로그램에서 교사들은 학생들이 특별한 요구를 갖고 있고, 학생들의 요구를 충족시켜 주어야 할 의무가 있다고 믿는다. 그 결과는 전형적으로 학생들 능력에 부합하는 독특한 수업 자료와 수업방법을 활용하여 매우 도전적인 교육 프로그램을 만드는 것이다.

영재를 위한 25개의 특별 프로그램을 발견하였다. 25개의 연구 중 22개에서 영재가 특별 프로그램으로 교육을 받을 때 학업성취가 더 높았다고 나타났다. 25개 연구의 평균 효과는 0.41이었다. 이것은 크기가 적당하며 효과크기 0보다 유의미하게 크다. 효과크기의 편차와 유의미하게 관련된 연구특성을 발견할 수는 없었다. 분석에 이용 가능한 연구의 수가 작아서 유의미한 관계를 발견하는 데 실패하였을 수도 있다.

영재를 위한 25개의 연구 중 5개에서 자아개념에 끼친 영향을 조사하였다. 5개의 연구 중 4개에서 영재들을 별도의 분리된 집단에서 가르쳤을 때 자아개념이 보다 호의적이었다. 그러나 효과크기는 모든 연구에서 작거나 미미하였다. 5개의 연구에서 평균 효과크기는 0.10이었다.

영재를 위한 속진수업

영재의 속진은 다양한 형태로 나타난다. 일부 프로그램은 개별 학생들의 급진적인 속진을 포함하며, 일부 프로그램은 보다 온건한 속진을 포함한다. 문헌에서 23개의 속진학습에 관한 통제된 연구를 발견하였다. 23개의 연구는 급진적인 속진의 효과를 조사하지는 않았지만, 보다 적당한 형태의 급진적인 속진을 평가하였다. 여기에는 영재를 위한 교육과정 압축(가령 4년을 3년으로)과 그런 학생들이 진도를 빨리 나갈 수 있도록 스케줄을 연장하는 것을 포함한다(예를 들면, 5번의 여름 계절제를 활용하여 4년의 학업을 3년의 수업으로 마치는 것).

23개의 연구는 근본적으로 다른 연구 목적을 반영하는 두 개의 서로 다른 연구 설계를 활용하였다. 이 연구들에서 한 집단에서는, 비교집단들이 초기에는 연령과 능력이 유사하였지만, 한 집단은 속진을 하였고, 다른 집단은 그렇지 않았기 때문에 교육 성과를 측정하였을 때 두 집단 간에는 성적 등급에 차이가 있었다. 이 연구들의 두 번째 집단에서는 속진 학생들이 이동해 간 학년에서, 나이가 많고 매우 뛰어난 영재들이지만 속진을 하지 않은 학생들과 속진한 학생들을 비교하였다.

이 두 가지 형태의 연구들은 명백히 서로 다른 결과를 가져왔다. 동일한 연령의 통제집단을 사용한 11개의 각각의 연구에서 속진 학급에서 성취가 매우 높았음을 보여 주었는데, 평균 효과크기는 0.87이었다. 나이가 많은 비교집단을 사용한 연구에서는 각 집단 간의 긍정적인 효과와 부정적인 효과까지 서로 다른 결과를 나타내었다. 나이가 많은 비교집단을 활용한 12개의 연구에서 평균 효과크기는 -0.22였다.

오직 일부의 연구만이 속진의 다른 교육적 성과를 조사하였으며, 그 결과는 연구마다 전적으로 일치하지는 않았다. 그러나 평균적으로 속진이 학교에 대한 학생들의 태도, 학교 활동에 대한 참여와 인기 혹은 적응 등에 별다른 영향을 끼치지 않는 것으로 나타났다. 2개의 연구에서 속진이 직업 계획에 강한 효과를 가진 것으로 나타났지만, 다른 4개의 연구에서는 그 효과가 미미하였다. 직업 계획에 대한 효과는 프로그램의 유형에 따라 달리 나타났다.

논의와 결론

Oakes(1985)는 능력별 집단편성에서 어느 누구도 학업적으로 이익을 얻을 수 없으며, 능력이 낮은 학생들은 동질 집단에서 배울 때 학문적 기초에 상당한 손실을 입게 된다고 결론을 내렸다. 우리의 분석결과는 이러한 결론을 지지하지 않는다. 대신에 집단편성 프로그램의 명백하고 지속적인 학업적 이익을 지적한다. 높은 능력을 가진 집단은 학업적으로 이익을 얻음이 가장 명백하게 드러났지만, 능력이 낮은 집단들은 집단편성으로 학문적 해를 입지는 않으며 일부 프로그램에서는 학문적 기초를 얻었다.

그러나 모든 유형의 학생들에게 학업적 이득의 크기는 프로그램 유형에 따라 다르다. 다중수준 학급은 일반적으로 학생들의 성취 수준에 별다른 영향을 끼치지 않는다. 학급 내 집단편성과 무학년 프로그램은 일반적으로 긍정적 효과가 작다. 심화수업과 속진수업은 보통보다 큰 정도의 긍정적인 효과를 가져온다. 몇 가지 요소가 프로그램 결과의 차이를 설명할 수 있다. 그러나 핵심요소는 프로그램에서 코스 내용이 집단 능력에 따라 어느 정도 수정될 수 있는가에 있다고 확신한다.

다중수준 학급에 대한 보고서는 집단 능력에 따라 계획된 교육과정을 거

영재교육에서 집단편성과 속진

의 수정하지 않는다고 밝힌다. 사실상 다중수준 학급에 대한 오래된 연구에서 교사들은 능력별 집단에 교육 내용을 동일하게 사용한다고 말하였다. 다중수준 학급에 대한 최근 연구에서조차도, 능력별 집단에 따라 교육 내용을 수정하는 것은 대개 비공식적이며 교사 개인의 자유재량이다. 이와 대조적으로, 무학년 프로그램과 학급 내 집단편성에 관한 보고서는 집단의 능력에 따라 계획된 교육 내용을 조정한다고 밝힌다. 무학년 프로그램에서 학생들은 자신들의 능력에 맞는 수업을 선택하여 수업시간에 학년을 오르내릴 수 있다. 학급 내 집단편성에서 교사들은 학생들이 능력 수준에 맞게 서로 다른 수업 자료로 학습할 수 있도록 능력별 집단을 편성한다.

심화수업과 속진수업은 특별 집단의 요구를 충족시키기 위해 수업 자료를 조정하는 학급으로 정의된다. 심화수업에서는 학생들이 정규학급에서 받을 수 있는 것보다 풍부하고 다양한 교육 경험을 가지도록 하는 데 강조점을 둔다. 속진수업에서는 학생들이 더욱 빠른 속도로 학교교육을 이수하거나 보다 일찍 졸업할 수 있도록 허용하는 수업을 제공하는 데 강조점을 둔다. 학생들은 속진수업에서 더 좋은 시험성적을 얻을 수 있지만, 수업에서의 특별한 강조점을 생각할 때 심화수업 또한 인상적이다. 일부의 심화수업에서 학생들은 표준 성취검사에 나오지 않는 문화적 자료(예를 들면, 외국어, 음악, 미술)에 수업시간의 절반을 사용하기도 한다.

Oakes(1985)가 주장한 것처럼, 능력별 집단편성이 학생의 자아존중감을 황폐화시키지는 않는다는 것 또한 중요하다. 자아존중감에 대한 집단편성의 효과는 거의 0에 가깝다. 이는 능력이 낮은 학생들에게는 약간 긍정적이며 높은 능력을 가진 학생들에게는 약간 부정적인 것으로 나타났다. 영재학생들은 지적 동료들과 함께 학습할 때 자신에 대한 만족감이 약간 낮아진다. 학습 속도가 느린 학생들은 학습 속도가 느린 다른 학생들과 함께 학습할 때 자신감이 약간 강해진다.

따라서 결론은 Oakes가 주장한 것과는 매우 다르다. Oakes는 집단편성 프로그램은 불필요하고 비효과적이고 불공평한 것이라 결론을 내렸지만,

우리는 그 정반대라고 주장한다. 특별한 교육적 요구를 가진 집단들의 능력, 성취, 흥미에 따라 수업을 맞추어 주는 프로그램을 제거한다면, 미국 학교들은 손해를 입게 될 것이다.

📖 참고문헌

Courtis, S. A. (1925). Ability-grouping in Detroit schools. In G. M. Whipple (Ed.), *The ability grouping of pupils*, 35th Yearbook of the National Society for the Study of Education (Part I, pp. 44-47). Bloomington, IL: Public School Publishing.

Glass, G. V. (1976). Primary, secondary, and meta-analysis of research. *Educational Researcher, 5*, 3-8.

Class, G. V., McGaw, B., & Smith, M. L. (1981). *Meta-analysis in social research*. Beverly Hills, CA: Sage.

Kulik, C.-L. C., & Kulik, J. A. (1982). Effects of ability grouping on secondary school students: A meta-analysis of evaluation findings. *American Educational Research Journal, 19*, 415-428.

Kulik, C.-L., & Kulik, J. A. (1984, August). *Effects of ability grouping on elementary school pupils: A meta-analysis*. Paper presented at the annual meeting of the American Psychological Association, Toronto. (ERIC Document Reproduction Service No. Ed 255-329)

Kulik, J. A. (1991). *Ability grouping*. Research-based decision-making series. Storrs, CT: National Research Center on the Gifted and Talented, University of Connecticut.

Kulik, J. A., & Kulik, C.-L. C. (1984). Effects of accelerated instruction on students. *Review of Educational Research, 54*, 409-426.

Kulik, J. A., & Kulik, C.-L. C. (1987), Effects of ability grouping on student achievement. *Equity and Excellence, 23*, 22-30.

Kulik, J. A., & Kulik, C.-L. C. (1991). Ability grouping and gifted students. In N. Colangelo & G. Davis (Eds.), *Handbook of gifted education* (pp.

영재교육에서 집단편성과 속진

178-196). Boston, MA: Allyn & Bacon.

Oakes, J. (1985). *Keeping track: How schools structure inequality.* New Haven, CT: Yale University Press.

Slavin, R. E. (1987). Ability grouping and student achievement in elementary schools: Best evidence synthesis. *Review of Educational Research, 57,* 293-336.

Slavin, R. E. (1990). Achievement effects of ability grouping in secondary schools: A best-evidence synthesis. *Review of Educational Research, 60,* 471-499.

Whipple, G. M. (1919). *Classes for gifted children.* Bloomington, IL: Public School Publishing.

학교전체 융통성 있는 클러스터 집단편성이 영재 판별과 학업성취 및 학급 실제에 미치는 효과에 관한 연구[1]

Marcia Gentry(Minnesota State University-Mankato)

Steven V. Owen(University of Texas Medical Branch)

이 논문은 초등학교에서의 클러스터 집단편성에 관한 장기간의 원인비교 연구결과들을 제시한다. 양적 연구방법과 질적 연구방법이 모두 사용되었다. 클러스터 집단편성 프로그램이 원래는 영재학생들에게 차별화된 내용과 수업을 제공하기 위해 설계되었지만, 학교 내 모든 학생의 학업성취에 미치는 긍정적인 효과가 발견되었다. 3년 동안의 프로그램에서 클러스터 집단편성을 활용한 학교에 다녔던 학생들은 높은 학업성취를 나타내거나 평균 이상의 학업성취를 나타낸 것으로 확인되었다. 학업성취가 낮아진 학생은 소수에 불과하였다. 비교학교가 속한 학군 내의 유사한 학생들과 비교할 때, 학업성취 검사점수에서 유의미한 향상이 있었음이 발견되었다. 질적인 분석을 통해 확인된 집단편성의 활용, 교사들의 영향력, 일반적인 학교 환경과 같은 3가지의 핵심적 범주가 양적 연구결과를 이해하는 데 도움을 주었다.

1) 편저자 주: Gentry, M., & Owen, S. V. (1999). An investigation of the effects of total school flexible cluster grouping on identification, achievement, and classroom practices. *Gifted Child Quarterly, 43*(4), 224-243. © 1999 National Association for Gifted Children. 필자 승인 후 재인쇄.

이론적 배경

클러스터 집단편성은 정규 초등학교 학급에서 학업성취가 높은(high acieving)[2] 학생들의 요구를 충족시키기 위해 널리 권장되고 흔히 사용되는 전략이다. 클러스터 집단편성의 활용이 최근 큰 인기를 끌고 있는데, 이는 통합교육, 예산 삭감, 영재들을 위한 별도의 프로그램들을 없애는 이질적 집단편성 정책 등과 같은 변화 때문이다(Purcell, 1994). 그러나 클러스터 집단편성의 활용이 영재들의 성취에 미치는 효과에 관한 연구는 거의 없으며, 또한 다른 성취 수준의 학생들에게 클러스터 집단편성이 미치는 효과도 거의 연구되지 않았다(Gentry, 1996; Hoover, Sayler, & Feldhusen, 1993).

Gentry(1996)는 클러스터 집단편성을 정의하고 적용하는 데 많은 차이가 있을 수 있음을 지적하였고, 이 주제에 대한 기존의 문헌에서 3가지의 공통 주제를 확인하였다. 첫째, 영재이거나 학업성취가 높거나 뛰어난 능력을 가진 학생들로 판별된 한 집단의 학생들(3명에서 10명 이상까지 다양한 수의 학생들)이 다른 성취 수준의 학생들과 함께 한 학급에 배치되었다. 둘째, 클러스터 집단편성의 이유는 차별화된 교육과정에 있다. 셋째, 뛰어난 능력을 가진 학생들의 클러스터에서 교사는 영재들에 대한 배경지식과 훈련 및 그들과 함께 한 교육 경험을 갖고 있어야 한다.

최근 연구들은 클러스터 집단편성의 몇 가지 주요한 이점을 다음과 같이 지적하고 있다. 즉, 영재들은 대개 지적 동료 및 동급생들과 상호작용한다(Delcourt & Evans, 1994; Rogers, 1991; Slavin, 1987a). 클러스터 집단편성은 추가 비용 없이 영재에게 전일제 수업을 제공할 수 있다(Hoover et al., 1993; LaRose, 1986; Winebrenner & Devlin, 1994). 교육과정 차별화가 보다 효율적

---

2) 학업성취가 높은 학생(high-achieving), 능력이 뛰어난 학생(high-ability), 영재(gifted)에 대한 정의는 문헌마다 다양하다. 이 연구에서는 학업성취가 높은 학생(high-achieving)으로 동일시하였다.

영재교육에서 집단편성과 속진

연구의 활용도

이 연구는 두 해의 졸업반 학생들에게 학교전체가 장기적으로 클러스터 집단편성을 실행한 효과에 관해 기술한다. 이는 영재 프로그램이 일반교육 프로그램과 통합되었을 때, 학교전체에 미치는 영향에 대한 풍부한 사례를 제공하고 모든 학생들과 교사들의 요구를 고려하게 한다. 이는 집단편성이 융통성 있게 운영되고 교육과정과 수업에 적합하게 적용될 때, 교사들이 학생들의 개별적 요구를 보다 잘 충족시키도록 도우며 동시에 모든 성취 수준의 학생들이 학문적으로 성장하도록 도와줄 수 있다는 견해를 강화한다. 이 연구결과를 바탕으로 실제 적용을 위해 다음의 몇 가지를 제안한다. (1) 영재교육에서 전문성 계발은 영재로 판별된 학생에 대한 책임이 있는 교사들에게만 제한되어서는 안 된다. 왜냐하면, 영재교육 '노하우'를 활용하는 것은 일반교육의 실제 향상에 큰 잠재력을 갖고 있기 때문이다. (2) 한 학급에 상위 성취자 클러스터를 배치하는 것은 그들의 요구를 충족시킬 기회를 향상시켜 주며 동시에 다른 학급에서 출현할 수 있는 재능아에게도 기회를 제공한다. (3) 많은 개혁가의 제안과는 달리, 능력별 집단편성을 폐지하는 것은 학생과 교사에게 도움이 되지 않는다.

으로 잘 이루어지려면, 첫째, 상위 성취자들이 여러 교사들에게 나누어져 배치되는 것보다 전문가적 지식으로 훈련을 받고 차별화 교육과정을 희망하는 교사와 함께 배치되어야 한다(Bryant, 1987; Kennedy, 1995; Kulik, 1992; Rogers, 1991). 둘째, 다른 수준의 성취자들이 나타날 수 있는 대부분의 학급에서 상위 성취자를 따로 떼어내야 한다(Kennedy, 1989; Winebrenner, 1992). 마지막으로 클러스터 집단편성이, 모든 교사가 학급 내에서 목표로 하는 성취 수준의 범위를 줄여 줄 때에도 교육과정 차별화가 보다 효율적으로 잘 일어난다(Coleman, 1995; Delcourt & Evans, 1994; Rogers, 1993).

역설적으로 선행연구 문헌들은 클러스터 집단편성을 활용하는 데 몇 가지 우려를 표하고 있으며, 이러한 우려들은 일반적으로 능력별 집단편성을 활용할 때 나타나는 것과 일치한다. 여기에는 학급에서 가장 똑똑한 학생들을 따로 떼어 내는 것이 교사와 학생들에게 미칠 효과(Hoover et al., 1993;

Oakes, 1985; Slavin, 1987a)와, 상위 성취자 클러스터 학급에서 교사가 선택한 수업방법들(Oakes, 1985; Slavin, 1987b)과 클러스터 집단편성이 상위 성취 학생들에게 적절한 차별화를 제공하고 있는지를 포함한다(Delcourt & Evans, 1994; McInerney, 1983; Rogers, 1991; Westberg, Archambault, Dobyns, & Salvin, 1993).

클러스터 집단편성에 대한 최근 연구로는 Hoover와 동료들(1993)이 수행한 조사연구와, Delcourt와 동료들(Delcourt, Loyd, Cornell, & Goldberg, 1994)이 수행한 연구 두 편이 있다. Hoover와 동료들은 학급교사가 클러스터 집단편성이 영재와 평재 모두에게 이점이 있다고 믿는다고 보고하였다. 그러나 이들은 "클러스터 집단편성의 명확한 잠재적 이익에도 불구하고, 클러스터 집단편성의 보급에 대한 경험적 연구나 영재에 관해서 클러스터 집단편성의 지각된 효과 혹은 실제적 효과에 대한 연구는 없다."(p. 13)라고 결론지었다. Delcourt와 동료들은 특수학교(special schools)와 독립 학급(seperate classes), 풀 아웃 프로그램(pull-out programs) 및 학급 내 프로그램(within-class program)과 같은 영재를 위한 4가지의 프로그램이 학업성취와 정의적 성과에 미치는 효과를 조사하였다. 이 연구에 참여한 11개의 학군 중에서, 클러스터 집단편성을 활용한 1개의 학군은 학급 내 프로그램으로 분류되었다. 그러나 모든 프로그램을 통틀어 학급 내 프로그램의 영재는 다른 프로그램에 참여한 다른 영재와 비교하여 모든 영역에서 성취점수가 가장 낮았다. Delcourt와 동료들은 "비록 학급 내 프로그램이 영재교육의 가장 대중적인 모델이지만, 아무런 형식도 없는 프로그램(no format program)으로 붕괴되지 않도록 영재를 위한 교육과정과 수업 조건이 신중하게 유지되어야 한다."(p. 77)라고 결론 내렸다. 그러나 영재교육의 전형적인 프로그램들을 조사한 추수연구(Delcourt & Evans, 1994)에서, 클러스터 집단편성을 활용한 학교가 학급 내 프로그램의 가장 좋은 예로 뽑혔다. 이처럼 모범적인 프로그램의 핵심 변수는 리더십, 분위기 및 환경, 의사소통, 교육과정과 수업, 학생의 요구에 대한 수용이었다. 더욱이 전형적인 프로그램들은 도전

영재교육에서 집단편성과 속진

과 선택을 가능하게 함으로써 학생의 학업성취와 동기에 영향을 끼치는 것으로 밝혀졌다. 클러스터 집단편성 프로그램 내에서 이 논지는 어느 정도 명백하므로, 이는 프로그램의 성공과 학생들의 학업성취를 설명하는 데 도움을 줄 것이다.

Rogers(1991)는 클러스터 집단편성에 대한 연구 기반이 제한적임을 인식하였고, 클러스터 교사는 영재들을 가르치는 데 동기부여가 되어야 하고 반드시 훈련을 받아야 하며, 교육과정은 적절하게 차별화된 것이어야 한다고 주의를 주었다. 능력별 집단편성에 대한 메타분석에서 Kulik(1992)은 교육과정이 집단의 적성 수준에 맞게 적절히 조정되었을 때 모든 수준의 성취 집단 학생들이 능력별 집단편성 프로그램에서 이득을 얻는다는 것을 발견하였다. 결론적으로, 그는 학교가 다양한 형태의 융통성 있는 능력별 집단편성을 활용할 것을 제안하였다.

비록 많은 전문가들이 클러스터 집단편성의 활용을 주장하지만(Balzer & Siewert, 1990; Brown, Archambault, Zhang, & Westberg, 1994; Coleman, 1995; Davis & Rimm, 1985; Hoover et al., 1993; Juntune, 1981; Kaplan, 1974; Kulik & Kulik, 1991; LaRose, 1986; Renzulli, 1994; Rogers, 1991; Winebrenner, 1992), 놀랍게도 그 효과에 대한 증거는 거의 없다. 클러스터 집단편성이 학생들에게 미치는 효과에 관한 명백한 증거를 제공해 줄 수 있는 연구가 필요하다.

연구문제

이 연구는 미국 중서부에 있는 작은 시골 학교 학군에서 4년 동안 클러스터 집단편성의 활용에 대해 조사한 것이다. 연구문제들은 다음과 같다.

1. 클러스터 집단편성은 교사 판별 범주로 측정된 학생의 학업성취에 대한 교사의 인식과 관련이 있는가?

2. 학업성취와 관련해 연구 초기의 차이를 조정한 후에, 클러스터 집단편성 학교의 학생들을, 클러스터 집단편성을 활용하지 않는 유사한 학교의 학생들과 어떻게 비교하는가?
3. 클러스터 집단편성을 활용하는 학교와 학급 내에서 학생의 학업성취에 영향을 미칠 수 있는 어떤 요소들이 존재하는가?

실험 프로그램에 대한 이론적 배경

학교, 학급, 교사, 학생은 복잡하고 상호작용적인 존재이며, 학습을 가장 매력적인 것으로 만들려고 하며, 불명료한 것에 대한 학습을 통해 결론을 얻는다. 그러나 학습과 그에 따른 효과에 대한 통찰을 제공하기 위해서 프로그램들은 풍부한 맥락 속에서 연구되어야 한다. 학교에 대해 제대로 배우기 위해서는 실제 학교에서 실행되는 프로그램들에 대해 깊이 조사할 필요가 있다. 이것이 바로 이 연구에서 소규모의 시골 학교 학군이 현재 활용하는 클러스터 집단편성을 조사한 이유다. 이 학교는 모든 학급에서 모든 학업성취 수준의 학생들에게 클러스터 집단편성을 진보적으로 활용하기 때문에 유목적적으로 선택되었다.

실험 학군에서 클러스터 집단편성은 3학년에 시작하여 5학년까지 지속되며, 교사, 학부모, 학업성취검사와 같은 정보를 바탕으로 2학년 말에 융통성 있는 확인 과정을 시작한다. 교사들은 학생들의 성취 수준 확인과 학급 배치에 참여하며, 이는 학년 수준 회의 때 사용하기 위해 만들어 둔 것이다. 매년 5월에 2, 3, 4학년 교사들은 다음과 같은 일을 수행한다.

1. 학생들의 학업수행을 상위 성취, 평균 이상, 평균, 평균 이하, 혹은 하위 성취로 평가한다. 교사가 관찰한 학생의 학업수행과 영재의 행동 특성 평정척도(Scales for Rating the Behavioral Characteristics for

Superior Students)(Renzulli, Smith, Callahan, White, & Hartman, 1977)가 평정을 위한 기초로 사용된다.

2. 특별교육이나 Chapter 1 서비스[3]를 받은 학생들을 지적한다.

3. 행동에 문제가 있거나 분리해서 교육받아야 할 학생들을 기록해 둔다.

교사의 평가는 아이오와 기초기능검사(Iowa Tests of Basics Skills: ITBS)의 성취점수와 비교되며(Hieronymus, Hoover, & Lindquist, 1984), 교사는 이 두 가지 평가 간의 불일치에 대해 토론한다. 교사의 평가와 성취점수를 활용할 때, 성취검사에서 낮은 점수를 받은 학생 혹은 성취검사에서 자신의 능력이 반영되지 않은 학생에 대해서 분류 기준(cutoff scores)을 사용하지 않고 상위 성취자 혹은 평균 이상 성취자로 판별하는 것이 가능하다. 이 시스템이 갖는 억제와 균형이라는 특징은 Renzulli와 Reis(1985)가 제안한 회전문 확인모형(Revolving Door Identification Model)과 유사하다. 학생들을 판별하기 위한 분류 기준은 없지만, 동일한 교사가 이 과정을 일 년 동안 지속적으로 수행한다.

교사들의 판별 범주에 기초하여 매년 학생들은 학년별로 다섯 개의 학급에 배치된다. 한 학급은 상위 성취 학생들의 클러스터와 평균, 평균 이하, 성취가 낮은 학생들로 구성된 학급의 잔류자들이 있다. 나머지 네 개의 각 학급에는 평균 이상, 평균, 평균 이하, 그리고 성취가 낮은 수준의 학생들이 있다. 또한 이들 학급 중 두 개의 학급에는 Chapter 1 서비스나 특별교육을 받

---

3) 역자 주: 경제적으로 어려운 학생들을 돕기 위한 전미 최대 규모의 보상교육 프로그램이다. 1965년 초·중등 교육법의 타이틀 1에 따라 시행되었으며, 오늘날까지 위기에 처한 학생들을 돕기 위한 광범위한 프로그램의 재정 모금에 주요 근거가 되고 있다. 1991년 가을부터 1992년 봄까지 한 해 동안, Chapter 1 서비스는 미국 전역에서 90%의 공립학교에 다니는 약 500만 명의 학생에게 60억 달러 이상을 사용하였다. 수학, 독서 수업이 가장 많이 제공되었으며, 대부분의 Chapter 1 서비스는 학급 내(in-class) 수업, 풀 아웃(pull-out) 프로그램, 교환(replacement) 수업, 보충(add-on) 수업, 학교전체(school wide) 대상 수업과 같은 5개의 수업방식 중 하나를 택한다. Chapter 1 서비스는 정규교육 서비스를 '대신하는 것이 아니라 보충하는 것'이고 적격한 학생만을 대상으로 하므로 풀 아웃 프로그램이 가장 폭넓게 사용되었다.

았던 특별한 요구를 가진 학생들의 클러스터가 있다. 이 두 개의 학급에서는 학급교사와 함께 하루 일과의 대부분을 보조교사나 교사 컨설턴트가 같이 일하였다. 교실을 이렇게 정돈하여, 각각의 다른 학급에는 평균 이상 성취 학생들의 집단이 있으나, 한 학급에는 상위 성취 학생들의 특별한 클러스터가 있다. 이런 방법으로 인적 자원의 활용을 극대화하였다. 행동문제는 모든 성취 수준의 학생들이 갖고 있는 것으로, 이 학생들은 다섯 개의 학급에 공평하게 분포되었다.

클러스터 집단편성 프로그램이 적용되었을 때, 모든 교사는 학교전체 심화학습모형(Schoolwide Enrichment Model)(Renzulli & Reis, 1985)에 기초한 영재교육 개론을 제공받았으며, 클러스터 집단편성에 대해 위에서 기술한 접근방법에 관한 이틀 반 동안의 교사연수에 참가하였다. 모든 교사는 매년 영재교육에 관한 교사연수(예를 들면, 교육과정 압축, 교육과정과 수업의 차별화, 사고기능)와, 지역과 주 및 국가에서 주최하는 영재교육학회에 참가할 기회가 주어졌다. '상위 성취자' 클러스터를 가르치는 교사들은 자원하거나 스태프와 행정가의 선발로 이루어졌다. 이 교사들 각각은 영재교육 학급을 맡았으며 상위 성취자들을 가르치는 방법을 개선하기 위해 몇 차례의 워크숍에 참가하였다. 어느 학교에서든지 클러스터 집단편성이 집단편성의 유일한 방법이나 실험은 아니었다는 점에 주목해야 한다. 사실, 이 학교에는 수학과 독서 학급들을 재집단편성하는 것을 포함해서 다양한 집단편성 방법이 있었다. 또한 상위 성취자로 확인된 학생들의 숫자가 증가되었기 때문에, 이러한 학생들의 학급은 5학년까지 있었다. 집단편성 배열이 복잡해서 각각의 배열이 학생들의 학업성취에 미치는 상대적 효과를 분석하는 것은 불가능하였다. 실험 프로그램의 철학과 실제를 포함해 실험 프로그램에 대한 더 깊이 있는 논의를 위해서는 Gentry(1996)를 참고하면 된다.

연구방법과 연구절차

연구 설계

이 연구는 장기간의 원인비교 연구로 양적 연구방법과 질적 연구방법 모두를 사용하였다. 첫 번째와 두 번째의 연구문제들은 기술통계학·추리통계학을 사용하였으며, 세 번째 연구문제는 질적 연구방법을 사용하였다. 양적 연구방법과 질적 연구방법을 혼합한 것은 클러스터 집단편성이 실제 학교라는 복잡한 맥락 속에서 어떻게 실행되는지를 보다 철저하게 기술할 수 있게 해 준다. 클러스터 집단편성에서 단일 변인의 효과를 분리시키는 것은 불가능하지만, 이 연구는 클러스터 집단편성을 학교 내에서 발견된 다른 변인들과 조화시켜 함께 활용하는 방법에 관해 실제적인 그림을 제공한다. 원인비교 연구는 실존 자료를 활용하여 이루어지지만, 원인을 밝히는 것보다는 오히려 인과관계를 정립하고 향후 수행해야 할 연구의 방향을 찾으려는 것이다.

표 11-1 실험학교와 비교학교 간의 인구통계학적 특성

특 성	실험학교	비교학교
지리적 위치	중서부 시골	중서부 시골
인종 구성	백인, 소수 인종 1% 이하	백인, 소수 인종 1% 이하
학생 수*	1,499	1,202
사회경제적 지위*	낮음	낮음
학교 형태	초등학교	초등학교
	유치원~5학년	유치원~6학년
	각 학년별 5개 학급	각 학년별 4개 학급
교사당 학생 비율*	20:1	21:1
학생 1인당 재원*	3,704달러	4,071달러
기본 요구 프로그램을		
활용하는 주 내의 순위*	503위	491위
(524개 학군 중에서)		

* 출처: 1992~1993 연감 1014(미시건 교육부, 1994)

연구 표본

이 연구에서는 연구 목적에 부합하는 연구 표본이 사용되었다. 실험 표본에는 2학년에서 5학년까지 그 학교를 다닌 두 해의 졸업반 학생들이 모두 포함되었다(학급 2000: $n = 97$; 학급 2001: $n = 100$). 비교학교는 실험학교와 인구통계학적 특성이 유사하고, 그 학교에 클러스터 집단편성이나 영재 프로그램이 없었기 때문에 선택되었다(학급 2000: $n = 68$; 학급 2001: $n = 69$). 2, 3, 4, 5학년 때의 학업성취 자료를 활용할 수 없는 학생들은 분석에서 제외되었다. 학급 2000과 학급 2001은 학생들의 학업성취를 비교하기 위해 실험학교와 비교학교 양쪽에서 장기간의 자료를 얻을 수 있었기에 선택되었다.

실험학교에서 이 프로그램에 참여한 교사와 행정가들도 표본에 포함되었다. 프로그램에 참여하고, 프로그램을 실시하는 동안 프로그램에 관여한 3~5학년 교사들 15명 중 14명과, 행정가 5명 중 3명에게 면접을 실시하였다.

실험도구

학생들의 학업성취에 대한 효과를 조사하기 위해, 실험학교와 비교학교 모두에서 현재의 학업성취 자료를 활용하였다. 학교에서 사용한 표준화된 성취 측정으로 전체 수학과 전체 읽기 영역에서 각 학생(2~5학년)의 정규곡선등가(Normal Curve Equivalent: NCE) 점수를 수집하였다. 비교학교는 캘리포니아 성취검사(California Achievement Test: CAT) 양식 E(Form E)를 사용한 반면, 실험학교는 아이오와 기초기능검사(ITBS) 양식 G(Form G)(Hieronymus, Hoover, & Lindquist, 1984)를 사용하였다. 이 연구의 사후 실험설계(ex post facto) 특성 때문에 활용 가능한 실험도구들을 사용하였다. Airasian(1989)은 캘리포니아 성취검사를 "아이오와 기초기능검사… 와 같은 유형의 다른 일련의 성취검사들에 매우 알맞게 비유한다."(p. 128)라고 진술하였다. 비록 이 두 가지 표준화 검사의 내용이 동일하지는 않지만, NCE 점수는 집단 내에서 각각의 검사 규준에 적절한 성취를 제공하며 규준 점수에 기초하여 성취를 비교하게 한다.

연구문제 3번에 관해 말하면, Delcourt와 Evans(1994)가 확인한 주제들(리더십, 분위기와 환경, 의사소통, 교육과정과 수업, 학생 요구에의 주목)과 Westberg와 동료들(1993)이 확인한 요소들(질문하기와 사고하기, 교육과정 수정, 심화 센터)에 근거하여 반구조화된 인터뷰 프로토콜이 개발되었다. 인터뷰 내용은 녹음하여 녹취하였다.

분 석

자료를 걸러 내고 분석하는 데 BMDP 통계 소프트웨어(Dixon, 1992)를 활용하였다(학급 2001에서 하나의 예외값이 제거되었다; 마할로노비스 거리값[4] $p < .0003$). 연구문제 1번 분석에는 기술적 통계가 사용되었으며, 연구문제 2번 분석에는 다변인 반복측정 공분산분석(ANCOVAs)과 계획된 대조를 포함하여 추론적 통계가 사용되었다. 비록 다변인 분산분석(MANOVA)과 다변인 공분산분석(MANCOVA)의 추적 검사를 위해 판별함수 분석이 선호되지만, 반복측정과 함께 사용할 수 없으므로 분산분석(ANOVA)과 공분산분석(ANCOVA)이 다변인의 주 효과를 검사하는 데 사용되었다. 각 연구문제에 대한 가설이 검증되었으며, 어떠한 방해도 발견되지 않았다.

연구문제 3번을 분석하기 위해, 교사와 행정가들($n = 17$)과의 면접에서 얻은 자료와 기록들을 모았으며, 질적 연구절차를 적용하였다(Spradley, 1980). 양적 결과와 면접 녹취는 자료의 삼각측량을 가능하게 하였는데, 이는 다양한 자원들과 자료 수집 방법들의 비교를 통해 자료의 신뢰도와 타당

---

4) 역자 주: 마할로노비스 거리값(Mahalonobis D-squared distance value)이란 군집분석에서 가장 많이 사용되는 방법으로, 서로 다른 평균을 가진 2개의 모집단 간의 거리로 마할로비스가 제안한 거리를 말한다. 두 지점의 단순한 거리뿐만 아니라, 변수의 특성을 나타내는 표준편차와 상관계수가 함께 고려된 거리다. 유클리드 거리(Euclid distance)가 평지에서의 거리라면, 마할로노비스 거리는 경사의 완급을 고려한 거리라고 할 수 있다. 그러므로 이 방법은 설명하려는 변수의 수가 많은 다차원(dimension) 공간에서 두 변수 집합 간의 거리를 측정하는 데 사용된다.

도를 점검하는 기법이다(Mitchell, 1986). 면접 녹취와 기록은 부호화되어 특정 유형들과 주제들로 분석되었다(Strauss & Corbin, 1990). 자료에 대한 점검과 자료에 대해 의문 제기하기의 삼각측량을 사용함으로써 자료에 대한 신뢰가 향상되었다.

결론과 함의

연구문제 1번에 대한 결론과 함의: 클러스터 집단편성은 교사 판별 범주로 측정된 학생의 학업성취에 대한 교사의 인식과 관련이 있는가?

　기술 통계는 3년 프로그램 동안 실험학교에서 학생들을 판별하는 데 통찰을 가능하게 해 주었다. 종합적으로 두 개의 자료 세트(학급 2000과 학급 2001)에서 보다 많은 학생이 매년 상위 성취자로 확인되었으며, 하위 성취자로 판별된 학생들은 더 줄었다. 5학년에서는 학급 전체가 상위 성취자로 판별된 학급도 있었으나, 다른 학급들에서는 여전히 평균 이상의 성취자로 판별된 학생들의 집단이 있었다. [그림 11-1]은 3년 프로그램 기간 동안 두 개의 자료 세트에서 상위 성취자로 판별된 학생들의 숫자의 변화를 보여 주며, [그림 11-2]는 3년 프로그램 기간 동안 낮은 성취자로 판별된 학생들의 빈도 변화를 보여 준다.

　3년 프로그램 동안 학생 판별 범주의 변화를 증가, 감소, 변화 없음, 변화됨으로 분류할 수 있다. 예를 들면, 증가는 평균에서 평균 이상의 성취로 올라가는 것으로, 감소는 상위 성취에서 평균 이상의 성취로 내려가는 것으로 정의될 수 있다. 변화 없음은 판별 범주 내의 학생들이 3년 후에도 그대로 남아 있는 것을 기술하는 데 사용되었다. 판별 범주가 변하였지만 위에서 기술한 증가 혹은 감소가 아닌 경우에는 변화됨으로 간주되었다. 많은 비율의 학

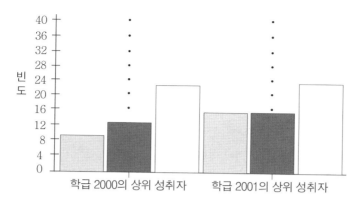

[그림 11-1] 학급 2000과 학급 2001의 3~5학년 학생 중 상위 성취자의 변화

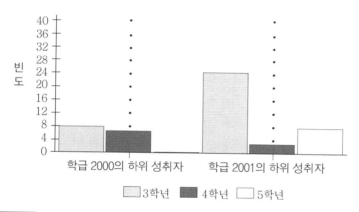

[그림 11-2] 학급 2000과 학급 2001의 3~5학년 학생 중 하위 성취자의 변화

생이 증가(2000 학급: 47%; 2001학급: 34%) 혹은 변화 없음(학급 2000: 40%; 학급 2001: 45%)에 속하였으며, 오직 소수의 학생만이 감소(학급 2000: 3%; 학급 2001: 9%)를 보였다. 교사들은 성취검사 점수를 분석하여, 학생이 이 프로그램에서 3학년에서 5학년으로 진전하였을 때 상위 성취자로 간주하였다.

이 연구결과에 대한 질적 추적조사는 3년 프로그램 동안 상위 수준을 성취한 것으로 판별된 학생이 많아지는 경향을 설명할 수 있는 흥미로운 결과를 도출하였다. 많은 교사(n = 13; 93%)와 모든 행정가(n = 3)는 상위 성취자로 판별된 학생들의 수가 증가한 것은 학교에서 사용한 집단편성 실제와 직접적으로 관련되었다고 믿었다. 예를 들어, 교사 4C의 설명은 다음과 같다.

> 클러스터 집단편성으로 할 수 있는 것은 많다. 클러스터 집단편성은 성취가 낮은 학생들에게 자신감을 심어 줄 수 있는데, 이는 성취가 낮은 학생들은 성취가 높은 학생들이 학급에 없을 때 학급 활동에 더 많이 참여하게 되기 때문이라고 생각한다. 알다시피 성취가 높은 학생들은 경쟁적이고 때로는 학급을 지배하려는 경향이 있다. 또한 평균적인 학생 혹은 평균보다 성취가 높은 학생은 클러스터 집단편성으로 자신의 발달을 진정으로 꽃피울 수도 있다.

교사 3E의 견해는 다음과 같다.

> 지난 몇 년 동안 우리는 보다 많은 상위 성취 학생들을 발견해야 하는 이유에 대해 이야기해 왔다. 매우 높은 성취를 나타내는 학생들—항상 제일 먼저 손을 들고 해답을 부지런히 찾는 학생들—을 따로 떼어 하나의 클러스터 학급에 모아 가르치는 것은 다른 학생들에게 돋보일 수 있는 기회를 제공한다. 그들은 종종 위험을 감수하며, 집단의 지도자로서의 자신을 보게 된다. 그들은 더 이상 답을 말하는 것에 두려움을 느끼지 않는다.

교사 3A는 다음과 같이 말하였다.

> 성취가 낮거나 평균인 학생들은 진정한 이득을 보게 된다. 왜냐하면, 교사들은 그 학생들이 요구하는 것에 더 많은 시간을 쓸 수 있기 때문이다. 느린 속도로 학습한다고 해도 그들은 성공적이라고 생각하였다. 심지어 성취가 낮은 학생들조차도 항상 학습에 성공적이었기 때문에 훌륭한 자아존중감을 가진다고 생각한다. 또한 성취가 낮은 학생들이 거의 없었기 때문이기도 하다. 성취가 평균보다 높은 학생들과 상위 성취자 학생들 간에는 명확한 경계선이 있으며, 주목의 대상이 되는 다른 학생들이 없는 학급에서는 성취가 낮은 학생이 그 기회를 가질 수 있고 돋보일 수 있다. 그들은 자신감을 갖게 되었고, 평균 이상의 성취자는 상위 성취자가 되었다.

이 연구에 참가한 교사들은 5개 학급 중 4개 학급에서 학업성취가 가장 높은 학생들을 별도로 분리하였는데, 이는 다른 학생들에게 성취가 가장 높은 학생들이 학급에 계속 남아 있을 경우 그들이 가질 수 있는 것보다 더 높은 수준까지 성장하고 성취할 수 있는 기회를 주게 되었다고 믿었다. 이 결과는 Kennedy(1989)의 연구결과와 일치하는데, 그는 영재를 정규학급에 두지 않았을 때 새로운 재능아가 나머지 학생 중에서 나오게 됨을 발견하였다.

게다가 다른 교사들($n = 8$; 64%)과 행정가들($n = 2$; 67%)은 이러한 성취의 향상이 모든 학생의 성취를 향상시키기 위한 교사들의 노력이 있었기에 가능하였다고 주장하였다. 높은 기대를 유지하고, 긍정적인 학습환경을 만들어 주고, 개별 학생들이 도전할 수 있는 다양한 전략을 활용하는 것 등의 노력이 있었다. 교사 5A의 설명에서 이를 확인할 수 있다.

> 보다 많은 학생이 영재로 판별된 이유 중 한 가지는 바로 교사들의 기대였다. 학생은 보다 높은 수준까지 성취할 수 있다고 기대를 받으면, 그렇게 하려고 노력한다. 높은 기대는 학생들이 노력하도록 돕고, 이러한 노력이 그들의 성적을 끌어올린다. 학생들이 보다 높은 수준의 사고기능과 도전과제를 접하게 될 때, 이는 학생들의 성취를 돕는다. 더 높은 성취 수준의 다른 학생들과 함께 공부할 때도 성취에 도움을 준다. 나는 클러스터 집단편성에서 이를 발견하였다.

교사 5C는 자신의 생각을 다음과 같이 기술하였다.

> 성취가 높은 학생들은 모두 [교사 5A]와 함께 학습하였기에, 나머지 학생들에게 보다 많은 것을 기대하였다. 성취가 높은 학생들을 학급에서 분리시킨 것은 나머지 학생들이 더 열심히 공부하는 데 영향을 끼쳤으며… 교사들은 성취가 높은 학생들이 없기 때문에 보다 많은 것을 기대하였으며 이를 정규학급처럼 취급하였고 평균 학생들이 이러한 위기에 대처할 것을 기대하였다.

연구문제 1의 연구결과 요약

집단편성과 교사의 실제 가르침의 조화가 이 연구에서 학생들의 성취를 판별하는 데 변화의 원인이 되었다. 학급 내에서 학생의 성취가 향상되었기 때문에, 그들은 더 높은 성취자로 판별되었다. 각 학년 수준에서 5개의 학급 중 4개의 학급에서 가장 뛰어난 성취자들을 따로 분리시킴으로써 클러스터 집단편성은 이들에게 더 높이 성취할 수 있는 기회를 제공해 주었다. 교사들은 이 프로그램과 학생들을 신뢰하였다. 교사들은 클러스터 프로그램에서 사용된 집단편성과 학생 배치가 개별 학생들의 요구를 더 잘 충족시키도록 도왔으며, 또한 상위 성취자들을 학급에서 분리시켰을 때 다른 학생들의 성취와 자신감이 향상된다고 지적하였다. 초등학교 학급에서 학생을 어떻게 배치할 것인가라는 의사결정과 관련해, 이 연구결과는 집단편성이 성취가 낮은 학생들에게 다소 해가 될 수 있다는 개혁운동(reform movement)의 널리 알려진 견해와 의견을 달리하며(George, 1993; Oakes, 1985; Slavin, 1987a; Wheelock, 1992), 능력별 집단편성과 함께 분석되어야 한다(예, Kulik & Kulik, 1992; Rogers, 1991). 클러스터 집단편성은 학생들에게 학문적 성장의 기회를 제공할 뿐만 아니라 교사들이 학생들을 재인식할 기회를 제공할 수 있으므로, 초등학교는 클러스터 집단의 사용을 심각하게 고려해야 한다.

연구문제 2번에 대한 결론과 함의: 실험학교 학생들과 비교학교 학생들의 학업성취를 어떻게 비교할 것인가?

학생 성취를 판별하는 경향을 조사하기 위해, 표준화된 학생 성취를 비교학교 학생들의 성취와 비교하였다. 학교를 독립 변인으로, 3, 4, 5학년 수학과 읽기 점수를 종속 변인으로 하여 반복 측정된 다변인 분산분석이 사용되었다. 2학년 수학 점수와 읽기 점수가 공변량으로 사용되었는데, 목적표집 (purposive sampling)[5]은 무작위 표본 추출을 불가능하게 하기 때문이다. 공

---

5) 역자 주: 유의(적) 표집, 의도(적) 표집이라고도 함. 연구자의 주관적 판단에 따라 표본을 설정

영재교육에서 집단편성과 속진

변량은 학급 2000, $F(4, 300) = 81$, $p < .05$과 학급 2001, $F(4, 326) = 79.92$, $p < .05$ 둘 다에 유의미하였지만, 독립 변인과의 상관은 그리 높지 않았으며, 표준상관(canonical correlations)은 두 세트의 자료에 .16이었다(변량의 2.6% 만이 종속 변인을 설명할 수 있을 뿐이다).

공변량으로 조정한 후, 학급 2000의 주 효과와 상호작용 효과에는 유의미한 차이가 있었다. 학교의 주 효과 $F(2, 150) = 16.98$, $p < .001$와, 학교와 시간의 상호작용 효과 $F(4, 610) = 8.01$, $p < .001$는 유의미하였다. 표본의 수가 크면 통계적 유의성을 쉽게 산출할 수 있기 때문에, 이 결과에 대한 효과크기를 조사하였다. 효과크기(R^2)가 1 마이너스 윌크 람다(minus Wilks' Lambda)로 산출되었다(Tabachnick & Fidell, 1989). 학교는 유의미한 효과크기를 가져 효과크기 $R^2 = .18$이었고, 상호작용은 효과크기 $R^2 = .10$으로 둘 다 유의미하였지만, 효과크기는 중간 정도와 비교적 작은 것으로 나타났다(Cohen, 1988). 따라서 실험 초기에 나타난 학교 간 학업성취의 차이를 조정한 후에 측정한 수학과 읽기의 성취점수에서 18%의 편차를 학교라는 변인이 설명할 수 있다. 학교와 시간의 상호작용은 이러한 편차의 10%를 설명한다.

학급 2001에서는 실험 초 학업성취의 차이를 조정한 후에 학교의 주 효과 $F(2, 162) = 10.14$, $p < .001$와, 시간의 주 효과 $F(4, 662) = 6.65$, $p < .001$와, 시간과 학교의 상호작용 $F(4, 662) = 4.32$, $p < .002$에서 유의미한 차이가 발견되었다. 이 유의미한 차이의 효과크기는 $R^2 = .11$, $R^2 = .08$, $R^2 = .05$로 비교적 작았지만 실질적으로 유의미하였다(Cohen, 1988). 학생들이 재학 중인 학교는 수학과 읽기를 함께 출제한 시험의 성취점수에서 11%의 편차를 설명한다. 공변량에 따라 조정한 후, 검사를 반복해서 실시할 때 편차의 8%를 설명할 수 있고, 학교와 시간의 상호작용은 편차의 5%를 설명하였다.

하는 것을 뜻한다.

총괄검정(omnibus test)에 관한 설명: 학교 간 비교

학교 간 학년 수준에 따른 읽기와 수학 교과에서 학생들의 성취를 비교하기 위해 BMDP program 2V ANCOVA 절차가 사용되었다. 각각을 비교할 때 읽기와 수학 점수가 종속 변인이었고, 학교가 독립 변인이었으며, 2학년 읽기와 수학 점수가 공변량이었다.

〈표 11-2〉는 학급 2000에서의 비교 결과를 제시하며, 〈표 11-3〉은 학급 2001에서의 동일한 비교 분석결과를 제시한다. 〈표 11-2〉에서 볼 수 있는 것처럼 실험 초에 나타난 평균의 차이를 조정하고 난 후, 학급 2000의 비교

표 11-2 학급 2000의 계획된 비교: 2, 3, 4, 5학년의 읽기와 수학 점수의 평균, 표준편차, 조정된 평균, F값

성취 측정	실험학교		비교학교		F값	효과크기
	평균(SD)	조정된 평균	평균(SD)	조정된 평균		
(공변량)						
2학년 읽기	49.42 (23.83)		56.71 (28.84)			
3학년	46.12 (17.15)	47.94	56.22 (18.49)	53.84	8.89*	R^2 = .055
4학년	49.13 (17.27)	50.98	53.59 (18.62)	51.13	.01	
5학년	51.30 (18.05)	53.25	50.69 (17.90)	48.16	6.75*	R^2 = .042
(공변량)						
2학년 수학	53.98 (21.24)		59.00 (19.96)			
3학년 수학	54.58 (21.32)	55.98	51.62 (17.12)	49.79	6.41*	R^2 = .039
4학년 수학	54.44 (16.47)	55.60	52.40 (17.31)	50.87	5.12*	R^2 = .032
5학년 수학	56.48 (22.96)	58.01	50.35 (18.81)	48.25	16.73**	R^2 = .099

참고. n = 155; *p < .05; **p < .001

영재교육에서 집단편성과 속진

학교 학생들(M_c = 53.84)은 3학년 읽기 점수에서 실험학교의 학생들(M_t = 47.94)보다 유의미하게 더 높은 성취를 보여 주었으며, 효과크기 R^2 = .055였다. 그러나 5학년 읽기 점수에서 실험학교 학생들(M_t = 53.25)은 비교학교의 학생들(M_c = 48.16)보다 유의미하게 높은 성취를 보여 주었으나, 효과크기는 R^2 = .042로 작았다(Cohen, 1988).

또한 〈표 11-2〉에서 학급 2000 학생들의 수학 점수를 비교해 볼 때, 실험 초의 차이를 조정한 후 3학년과 4학년 및 5학년 수학 점수에서 학교 간 유의미한 차이가 발견되었다. 실험학교 학생들은 각각의 학년에서 비교학교 학생들보다 더 높은 점수를 획득하였으며, 5학년에서 실험학교 학생들과 비교학교 학생들 간의 점수 차이가 가장 컸다(3학년: M_t = 55.98, M_c = 49.79; 4학년: M_t = 55.60, M_c = 50.87; 5학년: M_t = 58.01, M_c = 48.25). 이 차이들의 효과크기는 3학년(R^2 = .039)과 4학년(R^2 = .032)에서 작지만 실질적으로 유의미하였고, 5학년의 효과크기는 R^2 = .099로 중간이었다(Cohen, 1988).

〈표 11-3〉에 나타난 것처럼, 실험 초의 차이를 조정한 후 학급 2001에서 비교학교 학생들의 평균 성취점수는 3학년 읽기 성취에서 실험학교 학생들보다 유의미하게 높았지만(M_c = 52.62; M_t = 46.79), 4학년과 5학년에서는 읽기 성취에 유의미한 차이가 발견되지 않았다. 효과크기 R^2 = .066은 중간 정도로 실질적으로 유의미하였으며 조정된 읽기 점수에서의 편차를 6.6% 설명하였다. 5학년에서 실험학교 학생들은 읽기 성취에서 집단 간 통계적 차이를 제거할 정도로 조정된 점수에서의 평균이 크게 향상되었다(M_t = 49.27).

〈표 11-3〉에 나타난 것처럼, 학급 2001의 학생들 수학 점수를 살펴보면 4학년과 5학년에서 최초의 차이를 조정한 후 성취에서 유의미한 차이가 발견되었다. 각각의 학년에서, 실험학교의 학생들이 비교학교의 학생들보다 성취가 훨씬 더 높았다(4학년: M_t = 57.12, M_c = 51.49; 5학년: M_t = 55.54, M_c = 47.92). 4학년에서 그 차이는 작았지만 유의미한 효과크기는 R^2 = .044였고, 5학년에서는 차이가 중간 정도이고 실질적으로 유의미한 효과크기는 R^2 = .076이었다.

표 11-3 학급 2001의 계획된 비교: 2, 3, 4, 5학년의 읽기와 수학 점수의 평균, 표준편차, 조정된 평균, F값

성취 측정	실험학교		비교학교		F값	효과크기
	평균(SD)	조정된 평균	평균(SD)	조정된 평균		
(공변량)						
2학년 읽기	50.67 (21.91)		53.22 (15.03)			
3학년 읽기	46.11 (19.38)	47.79	53.60 (14.56)	52.62	11.71**	R² = .0.66
4학년 읽기	50.21 (17.00)	50.90	51.62 (15.20)	50.64	.01	
5학년 읽기	48.59 (18.57)	49.27	52.78 (15.14)	51.80	1.78	
(공변량)						
2학년 수학	52.04 (18.33)		57.78 (16.45)			
3학년 수학	56.04 (19.68)	57.70	57.84 (18.45)	55.43	.96	
4학년 수학	55.79 (17.75)	57.12	53.42 (13.49)	51.49	7.72*	R² = .044
5학년 수학	54.03 (17.93)	55.54	50.10 (16.20)	47.92	13.56**	R² = .076

참고. $n = 155$; *$p < .05$; **$p < .001$

총괄적인 검사에 관한 설명: 학교 내 비교

두 번째 계획된 비교는 시간에 따라 반복 측정된 읽기와 수학에서의 성취를 비교하는 것이었다. 각 학교 내에서 3학년과 4학년, 4학년과 5학년, 3학년과 5학년의 점수를 비교하였을 때, 유의미한 변화가 발견되었다. 각 비교에서 독립 변인은 시간이었고, 종속 변인은 수학과 읽기 점수였다. 이 점수들은 BMDP prgram 2V ANOVA 절차를 사용한 각 자료 세트로 비교되었다. 이 비교는 개개 학교의 자료 세트 내에서 수행되었기에 공변량은 사용

되지 않았다.

실험학교의 학급 2000에서 3학년($M = 46.11$)과 4학년($M = 49.00$), $F(1,85) = 4.59$, $p < .05$, 3학년($M = 46.11$)과 5학년($M = 51.23$), $F(1,85) = 12.87$, $p < .05$ 간의 평균 읽기 성취점수의 유의미한 차이가 발견되었다. 3학년과 5학년 간 읽기 점수의 차이는 실질적으로 유의미하였으며, 효과크기는 $R^2 = .13$으로 컸으며, 학년 간 편차의 13%를 설명하였다(Cohen, 1988). 그러나 이들의 수학 성취에서는 차이가 발견되지 않았다.

비교학교의 학급 2000에서는 학생들의 성취가 낮아지는 것과 함께, 4학년($M = 53.59$)과 5학년($M = 50.69$), $F(1,66) = 5.14$, $p < .05$, 3학년($M = 56.22$)과 5학년($M = 50.69$), $F(1,66) = 20.49$, $p < .05$ 간의 평균 읽기 성취에서 유의미한 차이가 있었다. 3학년과 5학년 간의 성취 감소는 효과크기가 $R^2 = .23$으로 실질적으로 매우 큰 유의미성을 가지며, 이는 학년 간 점수 편차의 23%를 설명하였다. 실험학교에서와 마찬가지로 수학 성취에서는 학년 간의 차이가 발견되지 않았다.

비교학교에서 학급 2001 학생들에 대한 계획된 비교는 시간의 흐름에 따라 읽기 성취에 차이가 없음을 나타내지만, 수학 성취에 대한 비교에서는 3학년($M = 57.84$)과 4학년($M = 53.42$), 그리고 5학년($M = 50.10$) 간의 평균점수가 낮아지는 것과 함께 통계적으로 유의미한 차이가 발견되었다. 3학년과 5학년 간의 성취의 지속적인 감소는 $F(1,67) = 18.58$, $p < .05$로 효과크기가 $R^2 = .214$로 크다.

연구문제 2의 연구결과 요약

연구를 시작할 때는 실험학교의 학생들이 비교학교의 학생들보다 읽기 점수가 더 낮았지만, 3년 동안의 융통성 있는 클러스터 집단편성 프로그램을 운영하고 난 후에는 실험학교 학생들이 비교학교 학생들보다 훨씬 높은 성취를 보이거나 동등해졌다. 또한 읽기 성취의 성장은 실험학교 학생들에게서 실질적이게 통계적으로 유의미하였다. 질적 연구결과에 의하면, 실험학교의 학급 2000과 학급 2001의 학생들이 프로그램이 진행되는 매해마다 (3학년~5학년) 읽기 성취를 토대로 읽기 수업이 재편성되었음이 밝혀졌다. 비교학교의 행정가들은 동질 집단과 전체 집단 수업이 이 초등학교에서 읽기를 가르치는 데 사용되었으나, 반드시 성취에 따라 집단을 편성하지는 않는다고 밝혔다. 이러한 연구결과는 읽기 수업을 위한 집단 재편성과 함께 클러스터 집단편성 3년 동안 실험학교에서 읽기 성취에 긍정적인 영향을 끼쳤음을 지적한다.

수학 성취에 관해, 실험학교 학생들은 3년 프로그램 동안 비교학교 학생들보다 수학에서 유의미하게 높은 점수를 획득하였으며, 최초의 차이를 조정한 후에 5학년은 가장 큰 점수 차이를 보였다. 그러나 읽기 성취와는 달리 실험학교 학생들은 수학 성취에서 유의미한 변화를 보여 주지 못하였는데, 이는 수학에서 이미 높은 성취를 이루었기 때문인 것으로 여겨진다(각 자료 세트에서 학생들의 평균 NCE 점수가 50을 넘는 것으로 나타남). 3년 프로그램에서 학급 2000의 평균 NCE 수학 점수는 53.75이며, 학급 2001의 평균 NCE 수학 점수는 55.28이었다. 성취 수준에 따라 학생들은 수학 수업에 재편성되었다. 읽기와 마찬가지로 교사의 높은 기대와 집단편성의 활용 및 도전적인 수업전략의 활용은 실험학교의 학생들이 수학에서 높은 성취를 나타내게 하였다.

질적 연구결과가 암시하는 것처럼, 많은 교사($n = 11$; 79%)와 모든 행정가($n = 3$)는 수학과 읽기 성취 수준에 따라 학급을 편성하는 것과 학급에서의 성취 범위를 제한함으로써 교사들이 학급에서 개별 학생들의 요구를 더 잘 충족시키도록 돕는다고 생각하였다. 질적 연구결과도 도전적이고 선택 가능하고 흥미로운 주제들에 대한 다양한 수업전략의 활용을 지적하였다. 또한 교사의 높은 기대와 집단편성의 활용은 실험학교에서 학생들의 성취에 영향을 주었을 것이다. 다시 말하면, 집단편성에 반대하는 대중적인 정서와는 대조적으로, 이 연구결과들은 적절한 수업과 함께 융통성 있는 집단편성

영재교육에서 집단편성과 속진

을 활용하는 것이 학생 성취에 긍정적인 영향을 끼칠 것이라는 생각을 강조한다. 초등학교에서 교육 프로그램을 설계할 때 도전적인 교육과정과 성취에 따른 집단편성의 융통성 있는 활용을 고려해야 한다. 교사 3C는 다음과 같이 설명하였다.

> 학업성취에 따른 집단편성을 활용함으로써, 학업성취가 낮은 학생들 혹은 학업성취가 높은 학생들을 따로 뽑아낸 것처럼 느끼지 않게 하고 성취가 높은 학생들에게 도전하도록 요구하고 성취가 낮은 학생들의 요구를 충족시킬 수 있었다. 교사들은 학생들의 수준에 맞게 개별적 요구를 충족시킬 수 있도록 교육과정과 수업을 조정할 수 있다.

연구문제 3에 대한 질적 연구결과: 클러스터 집단편성을 활용하는 학급과 학교 내에 학생의 학업성취에 영향을 미칠 수 있는 어떤 요소들이 존재하는가?

이 섹션에서 논의된 연구결과들은 Straus와 Corbin(1990)이 권장한 것처럼, 개방코딩(open coding)[6], 축코딩(axial coding)[7], 선택코딩(selective coding)[8]을 자료에 적용한 후에 핵심범주(core categories)[9]가 나타났다. 이 코딩은 집단편성의 활용, 교사들의 영향력 및 일반적인 학교 환경이라는 세 개의 핵심범주를 산출하였다. 6개 혹은 그 이상의 반응 빈도(교사의 절반 이상이 상위 성취 클러스터 학생들에게 책임이 없음)가 일반적 합의를 나타내는 것으로 간주되어 핵심범주 내에서 하나의 주제로 기록되었다. 행정가들은 세 가지의 반응 중 두 가지를 하나의 주제로 지적하였다.

---

6) 역자 주: 개별 사건과 그 밖의 현상에 붙여진 개념적 호칭.
7) 역자 주: 범주들 사이에 서로 연합관계를 만들어, 개방코딩 후에 새로운 방식으로 자료가 다시 조합하는 것에 따른 일련의 절차.
8) 역자 주: 핵심범주를 선택하는 과정으로 핵심범주를 다른 범주에 체계적으로 연관시키고 그들의 관련성을 확인하여 더욱 다듬고 개방할 필요가 있는 범주를 적어 놓은 것.
9) 역자 주: 다른 모든 범주가 포함된 중심 현상.

집단편성 활용하기

클러스터 집단편성은 능력별 집단편성을 의미하기 때문에, 프로그램에 관한 문서들과 교사 인터뷰는 3학년에서 5학년까지의 프로그램에서 다양한 형태의 집단편성의 활용에 초점을 두었다. 학급 내에서 일어나는 집단편성과 학급 간의 집단편성은 둘 다 융통성이 있었다. 학생들을 학급에 배치하기 위해 활용된 판별 절차와 마찬가지로, 집단편성은 다양한 방식으로 적용되었으며 학생들은 그 기간 동안 특정 집단에만 계속 있지는 않았다. 게다가 많은 교사($n = 13$; 93%)는 클러스터 집단편성이 3년 프로그램 동안 상위 성취 학생들로 파악된 학생 수의 증가와 직접적인 연관이 있다고 생각한 것으로 보고하였다. 다른 교사들($n = 11$; 79%)은 클러스터 집단편성 프로그램이 학급 내에서 개별 학생들의 요구를 더 충족시키도록 도왔다고 믿는다고 보고하였다.

학급 간 집단편성(between-class groups) 클러스터 집단편성이 학급 내에 학생들을 배치하는 데 사용되었음에도 불구하고, 교사 몇 명을 대상으로 면접을 실시한 결과, 3, 4, 5학년 읽기와 수학 성취에 따라 집단이 재편성되었다는 것이 명확해졌다. 이는 각 학년 수준 내에서 교사들이 학생들의 성취 수준에 따라 읽기와 수학 수업에 학생들을 재편성하였으며, 교사들이 정규학급에 있는 자신의 학생들만을 가르칠 필요는 없다는 것을 의미하였다. 이러한 재집단편성은 학급 2000의 3학년에서 5학년까지의 읽기 수업과 4학년과 5학년의 수학 수업에 적용되었다. 학급 2001의 3학년에서 5학년까지의 읽기와 수학 수업에서도 재집단편성이 이루어졌다. 한 명의 교사가 성취가 낮은 학생들을 맡았고, 또 다른 교사가 학년 수준보다 성취가 앞선 학생들을 담당하였으며, 나머지 세 명의 교사가 읽기와 수학에서 평균에 가까운 성취를 보이는 학생들을 담당하였다. 상위 성취자 클러스터를 담당한 교사는 이들에게 읽기와 수학을 가르칠 필요가 없었다. 따라서 다른 교사들은 가장 성취가 높은 학생들과 함께 학습할 기회를 가졌다. 교사들은

영재교육에서 집단편성과 속진

상위 성취자 클러스터에 있는 학생들보다 더 많은 학생이 상위 읽기반과 상위 수학반에 있을 수 있으며, 상위 읽기반과 상위 수학반에 똑같은 학생들이 속할 필요는 없었다고 설명하였다. 교사 3A은 다음과 같이 설명하였다.

> 상위 클러스터에 속하지 않은 학생들 중 수학에서 높은 성취를 보이는 학생이 아주 많아서, 학년 수준의 요구를 진정으로 충족시키기 위해서 수학에 더 엄격한 클러스터 집단을 가질 수 있었다. 장점이 명확하게 밝혀지지 않았거나 확인되지 않은 다른 학생들의 요구를 충족시키기 위한 상위 클러스터 읽기 집단도 있었다. 교사들은 읽기 수업에서 학년 수준 내에 집단을 재편성함으로써 보다 많은 학생에게 상위 읽기를 목표로 하였다.

하위 성취자 수학반을 가르쳤던 교사 3B는 다음과 같이 설명하였다.

> 나는 수학 성취가 낮은 반의 학생들을 가르쳤는데, 여기에는 장애 학생과 Chapter 1 보조가 필요한 것으로 판별된 학생들도 있었다. 이 학생들을 가르치면서, 나는 다른 방식으로 가르칠 수 있었고 학습 속도를 천천히 하였지만, 이들은 자신의 학습 속도가 늦다는 것을 깨닫게 할 더 훌륭한 학생들이 학급에는 없기 때문에 자신들이 수학을 잘한다고 생각하였다. 이들은 전통적인 방식으로는 잘 따라올 수가 없기 때문에 10개의 기본 블록, 패턴 만들기, 터치 매스(touch math)와 같은 손으로 직접 만드는 것을 많이 활용하였다. 또한 암산(mental math)과 같은 문제해결방식도 많이 활용하였다… 나는 이 학생을 학년 수준에 도전시킨다… 나는 교육과정의 수준을 낮추지 않고, 단지 그들 또한 성공할 수 있도록 다른 방식으로 가르칠 뿐이다.

또한 이 교사는 문학을 토대로 하는 교육과정을 사용하여 상위 읽기반을 가르쳤으며, 학생들은 자신의 학년 수준 이상으로 배웠으며 교육과정을 압축(curriculum compacting)해서 배우고 많은 다양한 작문 활동에도 참여하였다. 수학 수업에 재편성된 성취가 낮은 학생들을 가르칠 때, 이 교사는 교사 컨설턴트와 Chapter 1 보조의 도움을 받았다.

세 명의 상위 성취 클러스터 교사들은 수학과 읽기 성취에 따른 학급 간 집단편성을 사용하는 것과 함께, 개별 학생들의 요구를 충족시키기 위해 학년 간 집단편성이 필요할 때 이를 사용하였다고 밝혔다. 예를 들면, 교사 5A는 다음과 같이 설명하였다.

일부 학생들은 중등학교의 수학 수업을 듣기 위해 6학년으로 갔다. 왜냐하면, 그들은 내가 상위 수학반을 가르칠 때조차도 그 수준을 넘어섰기 때문이다. 중등학교에서 수학 수업을 들은 후, 그들은 5학년의 나머지 수업을 듣기 위해 돌아왔다.

학급 내 집단편성(within-class groups) 학급 내 집단편성의 유형은 흥미에 따른 집단편성($n=8$), 협력학습 집단편성($n=7$), 융통성 있는 집단편성($n=6$) 등이다. 여섯 명의 교사들은 융통성 있는 집단편성을 활용하였으며 이는 수업에 따라 달랐다고 설명하였다. 학생들은 종종 그들의 집단이나 파트너를 선택할 수 있었다. 교사 4D는 자신이 활용한 집단편성 방식에 대해 다음과 같이 설명하였다.

나는 협력학습, 흥미집단, 동료 교수(peer teaching), 전체 집단 수업과 같이 모든 것을 활용한다. 교사들은 학생들에게 도움이 되는 것을 하도록 시키며… 다양한 방법을 활용한다. 그래서 학급에서 활용할 수 있다고 생각되는 것이면 무엇이든지 한다.

교사 3A는 다음과 같이 기술하였다.

나는 협력학습, 융통성 있는 집단, 흥미집단을 포함해서 모든 형태의 집단편성을 활용하였다. 때로는 내가 집단을 선정하기도 하고, 때로는 흥미에 따라 선정하며, 때로는 학생들이 독립적으로 집단을 선정하기도 한다.

융통성 있는 집단(flexible groups) 융통성은 학급 내 집단편성과 학급 간 집단편성 양자의 핵심요소다. 7명의 교사들은 학급 간의 집단편성은

영재교육에서 집단편성과 속진

항상 융통성이 있으며, 만약 학생이 다른 반에 속할 필요가 있을 때, 각 학년 수준에서 필요하다면 학생들을 이동시키기 위해 협력하고 융통성을 발휘하였다고 설명하였다. 수업에서 주로 활용하는 방법이 전체 집단 수업이라고 말한 네 명의 교사를 제외하고, 많은 교사가 학급 내에서 집단편성이 매우 다양하고 융통성 있게 활용되었다고 언급하였다. 예를 들면, 교사 4C는 다음과 같이 설명하였다.

> 내가 학급에서 활용하는 집단 유형은 어떤 활동을 하느냐에 달려 있다. 가끔은 협력학습이나 동료 교수를 활용하고, 때로는 흥미집단을 활용하기도 하고, 학생의 능력에 따라 집단을 편성하기도 한다. 집단을 편성할 때 가장 중요한 것은 융통성이다.

학생들을 학급에 배치할 때 그들의 성취 수준이 다양한 것으로 판별되더라도, 이 판별 범주가 고정된 것은 아니며 또한 시종일관 그 학생들을 집단으로 묶어서 수업을 할 필요는 없다. 오히려 교사들은 학생들을 집단으로 편성하고 그들이 학업에 성공하는 데 도움을 주기 위해 융통성 있는 방식으로 집단을 재편성하였다.

클러스터 집단편성과 개별 학생들의 요구 충족시키기 열한 명의 교사들(79%)은 클러스터 집단편성 배치 전략이 학급에서 개별 학생들의 요구를 충족시키기에 훨씬 용이하다고 지적하였다. 교장과 교감도 이에 동의하였다. 여덟 명의 교사들(57%)은 클러스터 집단편성이 성취가 낮은 학생들과 적절한 수준에서 학습하는 데 교사에게 더 많은 시간을 허용하였고, 상위 성취자들을 가르친 세 명의 교사 모두는 그 이전보다도 훨씬 학생들의 성장을 자극하고 도전을 가능하게 하였다고 지적하였다. 1990년 교육위원회에 제출된 프로그램 평가보고서에서, 네 명의 교사들은 클러스터 집단편성이 학급에서 개별 학생들의 요구에 더 잘 부합하도록 돕는 방법에 관해 설명하였다.

상위 성취자 클러스터를 가르친 교사들은 상위 성취자들을 클러스터로 묶는 것이 서로에게 도전 의욕을 제공하고 그들도 항상 최고가 되지는 못하기 때문에 이득이 되었다고 말하였다. 교사 4A는 "상위 성취자는 서로에게 도전이 되고 자극이 되지만, 단지 한 명 혹은 두 명이 있을 때에는 그런 일이 일어나지 않는다고 생각한다."라고 설명하였다.

아홉 명의 교사들(64%)은 클러스터 집단편성을 통해 학생들의 성취 수준의 범위가 제한되는 것이 교사들에게 개별 학생들의 요구를 더 쉽게 충족시키도록 해 준다고 지적하였다.

> 처음 가르치는 10년 동안 나는 죄책감을 느꼈는데, 항상 성취가 낮은 학생에게 충분한 시간을 제공해 줄 수 없다고 느꼈으며, 성취가 높은 학생들에게는 충분한 도전 의욕을 제공하지 못한다고 느꼈다. 나는 그 격차가 더 좁아졌다고 생각하기 때문에, 그들의 요구에 집중할 수 있다(교사 3B).
>
> 학생들은 보다 신중하게 배치되었기에, 학생들의 성취 범위의 차이가 그리 크지 않으므로 성취가 극단적으로 다른 학생들을 다루어야 할 필요가 없었다. 보조교사와 교사 컨설턴트는 고전분투하는 학생들의 요구를 충족시키는 데 도움을 주었다(교사 4B).

대부분의 교사들은 클러스터 집단편성이 학급에서 개별 학생들의 요구를 충족시키는 데 도움을 준 것에 동의하였다. 학생들의 성취 수준 범위를 제한함으로써 교사들은 학급에서 학생들을 가르치는 데 더 많은 시간을 가질 수 있었다. 또한 클러스터 집단편성은 학생들에게도 이득이 되는데, 이는 학생들이 비슷한 성취 수준의 학생들과 함께 학습하고 서로에게 도전 의욕을 주기 때문이다.

교사들의 영향력

긍정적인 학급 환경 교사와 행정가들은 긍정적인 학교 환경에 관해 보고하였으며 학교는 학생이 머물고 싶어 하는 곳이어야 한다고 말하였다. 이러한 결과는 학교 환경에 대한 조사에서 확인되었으며, 1990년과 1991년에 학교 개선 계획의 일부로 완성되었다. 초등학교의 상급생들은 그 학교에 재학 중이었을 때 학급에서 행복하였으며 학교가 마음에 들고 안전하다고 느꼈다. 교육위원회와 교육부에 매년 보고된 것에 따르면, 학부모의 만족도는 매년 높았다. 반구조화된 면접을 실시하는 동안, 교사들은 그들의 학급 분위기에 대해 다음과 같이 묘사하였다.

> 흥분되었다. 학생들은 아플 때조차도 학교를 빠지려고 하지 않았다. 학생들은 그들이 학습하는 것을 좋아하였으며 도전적이었고 성공적이라고 느꼈으므로, 그들의 동기를 자극하는 데 전혀 문제가 없었다(교사 3A).
>
> 그들이 누구이고, 그들이 서로 다르며, 교사와 의견이 다르더라도 학생들은 안전하다고 생각한다. 만약 그들이 나의 교수방식에 어떤 제안을 한다면, 나는 기꺼이 그들의 의견에 귀를 기울인다. 그들은 내가 진정으로 그들에게 관심이 있다는 것을 이해하지만, 학습에 대해 높은 기대를 갖고 있음도 이해한다(교사 5A).

교사와 행정가 모두는 교수전략과 교육과정 수정이 학생들에게 이득이 되는 활용법에 대해 토론하였다. 많은 교사($n = 12$)가 과제를 조정하는 것, 학생들이 성공적이라고 느끼도록 돕는 것, 학생들이 원하는 학급에 배치하는 것에 대해 토론하였다. 관심과 염려라는 주제로 교사들은 계속 토론하였다.

높지만, 현실적인 교사의 기대 모든 교사가 학생에 대한 그들의 기대가 높았다고 보고하였으며, 두 명의 교사들은 학생들에게 일 년 동안의 성장보다 더 많은 것을 기대하였다고 말하였다. 두 명의 다른 교사들은 자신의 학급에 상위 성취 학생들이 있었을 때 동일한 기대를 가졌다고 진술하였다. 5학년 교사들은 학생들이 중등학교에서 성공할 수 있도록 준비시키는 것에 대해 토론하였다. 면접의 일반적 분위기는 교사들이 도전의 필요성에 대해 믿고 있었지만, 동시에 학생들의 경험이 성공하도록 도와야 한다는 믿음을 지적하였다. 세 명의 교사들은 '너무 높은' 준거를 가졌던 것에 대해 비난받은 적이 있다고 말하였다. 교사들 중 어느 누구도 어쨌든 학급에서 상위 성취 학생들을 따로 분리한 것이 그들의 기대에 영향을 주었다고 말한 사람은 없다. 자신의 기대에 대해 그들은 다음과 같이 언급하였다.

> 나는 항상 상위 성취자들에 대한 기대를 높게 유지하며 진정으로 학생들이 원하는 것보다 더 많은 것을 하도록 학생들을 강력히 밀고 나간다고 확신한다. 나는 그들에게 과제를 되돌려 주고, 좋은 아이디어라고 말해 주고, 그들이 자신의 아이디어를 확장하도록 격려한다. 왜냐하면, 학생들은 더 많은 것을 할 수 있는 능력이 있기 때문이다(교사 3A).
>
> 나는 학생들이 누구이고 어디에 있든지 상관없이… 모든 학생이 성취하도록 기대한다. 나는 학생들의 요구를 충족시켜 주고 싶으며 나의 기준이나 기대가 높다는 것도 안다(교사 5E).
>
> 나는 어떤 학생이 학습장애(Learning Disability: LD)나 인지장애(Educable Mentally Impaired: EMI)를 가졌다고 해서 성취 수준이 낮다고 생각하지는 않는다. 단지 학생이 무능하거나 혹은 다른 어떤 것으로 밝혀졌기 때문에 일부 사람들은 그들의 성취 수준이 낮다고 생각한다. 이것은 교육의 문제이며 나는 그들에게 많은 것을 기대한다. 나는 그들이 바보라고 생각하지 않는다. 나는 그들도 영재들만큼 많은 것을 할 수 있으며, 혹 그만큼 못할지도 모르지만 그들도 다른 사람이 할 수 있는 것만큼 잘해 낼 수 있다고 생각한다(교사 3B).

판별 범주에 대한 양적 분석과 성취 자료가 지적하는 것처럼, 학생들은 이 학급들에서 성공적인 것으로 보였다.

클러스터 집단편성된 학급에서 학생들을 도전시키고 그들의 요구를 충족시키는 전략 많은 교사가 개별 학생의 요구를 충족시키는 데 관심이 있었다고 지적하였다. 클러스터로 집단편성된 학급에서 학생들을 도전시키고 그들의 요구를 충족시키기 위해 교사들이 사용하였던 전략들이 〈표 11-4〉에 요약되어 있다. 이 전략들은 모두 도전, 선택, 학생의 흥미라는 주제와 관련되어 있다. 이 주제들 중에서 관련된 주제 혹은 주제의 조합에 따라 전략이 제시된다.

〈표 11-4〉에 제시된 것처럼, 상위 성취 학생들의 학급을 가르친 교사들은 이 전략들의 대부분을 활용해 왔다고 보고하였다. 그러나 많은 전략들이 모든 성취 수준의 다른 학급에서도 사용되었다. 예를 들면, 상위 성취 학생들을 가르친 교사 모두는 교육과정 압축을 활용하였지만, 다섯 명의 다른 교사도 이 전략을 활용하였다. 정규학급의 네 명의 교사들은 독립학습을 실행하였으며, 일곱 명의 교사들은 학생들에게 교육과정의 범위를 넘어서는 심화

표 11-4 정규 클러스터로 집단편성된 학급에서 학생들의 요구를 충족시키고 도전시키기 위해 사용된 전략들: 학년 수준에 따른 활용 빈도

전 략	3학년 응답 (n=5)	4학년 응답 (n=4)	5학년 응답 (n=5)
도 전			
고차적 사고기능 통합하기	5*	3*	3*
비판적 사고기능 계발하기	2	3*	3*
창의적 사고기능 사용하기	2*	2*	2*
문제해결 통합하기	3*	2*	3*
프로젝트 할당하기	3*	1*	1*
속진학습 활용하기	1*	2*	1*
과제 조정하기	4	3*	3
도전과 흥미			
상위 성취자들과 시간 보내기	1*	1*	1*
확대된 교육과정 개발하기	5*	4	3*
선택과 흥미			
파트너 혹은 집단 선택권 제공하기	2*	2*	4*
개별 학습 혹은 집단 학습 선택권 제공하기	3*	2*	3*
도전, 선택 및 흥미			
개방된 질문하기 활용	5*	4*	3*
독립학습 제공	2*	2*	3*
도전적 질문 활용하기	2*	2*	1
교육과정 압축 실행하기	4*	1*	3*
심화학습 경험 제공하기	5*	2*	3*
문제 혹은 숙제 선택권 제공하기	2*	2	3*

참고. *는 상위 성취자 클러스터 담당 교사 중 한 명이라도 응답한 경우를 나타냄.

학습 경험을 정규적으로 제공하였다. 교사들은 많은 학급에서 사고하기, 질문하기, 문제해결 전략을 활용하였으며, 절반 이상의 교사들이 학생들에게 집단을 선택하거나 교육과정을 선택할 수 있게 해 주었다. 심화학습과 흥미 센터($n=10$), 교육과정 압축($n=8$), 학생 선택과 흥미 영역에서의 독립학습($n=7$)을 포함해 학생의 흥미를 통합시키기 위한 다양한 방법이 활용되었다. 교사 4A는 다음과 같이 묘사하였다.

> 학생의 아이디어가 실행되었기 때문에, 그들의 아이디어는 학습의 일부가 되었다. 학생은 학급에서 꽤 권한이 있었다. 예를 들면, 몇 년 전에 특수교육에 흥미가 있는 두 명의 여학생이 있었다. 그들은 어떤 연구에 착수하였고 청각장애가 있는 교사와 그 교사의 학생들과 일주일에 한번씩 일을 하였으며, 학급으로 돌아와 우리에게 수화를 가르쳤고 그들이 배운 것을 공유하였다.

상위 성취자 클러스터 학생들의 교사들이 지적한 것처럼, 적절한 도전과 선택을 통해 속진학습과 심화학습이 조화를 이루었다.

> 상위 성취자 클러스터의 홈룸에서, 영어와 과학을 매우 빠른 속도로 보다 높은 수준까지 배웠다는 점을 발견하였다. 학생들과 나는 다른 학급들처럼 매일 철자법을 익힐 필요는 없었다. 학생들은 독립학습을 하고 특별 프로젝트에 시간을 사용할 수 있었다. 나는 이것을 진정으로 좋아하였는데, 학생들을 도전시킬 수 있고 생산적이기 때문이다. 나는 사전검사를 실시해서 학생들에게 다른 대안을 제공해 주었다. 또한 보다 빠른 속도로 더 높은 수준까지 가르쳤으며 보다 높은 기대를 가졌다(교사 3A).
>
> 나는 5학년 수학과 철자법을 활용한다. 나는 깜짝 놀라게 하는 것(mind benders), we pull in Engin-Uity, 발명(inventions), Invent America stuff, 시 쓰기에 참여시키는 것(they get involved in poetry writing), 과학 올림피아드, 수학 올림피아드와 같은 모든 종류의 심화학습을 활용한다(교사 4A).
>
> 학업적으로 재능이 있는 학생들은 6학년 수준까지 배우는 것이 허용되거나 다소 독립적으로 학습할 수 있다. 우리는 다양한 유형의 활동을 하였다. 학생들은 선택할 수 있다… 학생들은 학습 자료에 드라마를 삽입할 수도 있

고, 책을 쓸 수도 있으며, 시도 활용하고 노래를 만들 수도 있다… 학교전체에 학생들이 지원하고 참여할 수 있는 다양한 심화학습 프로그램이 있다. 만약 학생들이 글쓰기를 좋아한다면 글쓰기반에 갈 수 있으며, 때때로 그들과 드라마나 예술에 관해 공부할 멘터를 초청하기도 하고, 이러한 것들을 추구할 수 있다. 나는 사전검사를 실시해서 만약 학생이 이미 선행학습이 되어 있다면, 그들이 완전히 습득하지 못한 것만 다룰 뿐이다. 독립학습과 함께, 학생들은 자신이 관심 있는 것을 선택할 수 있으나, 특정한 준거에 도달하도록 요구된다. 글짓기의 경우, 학생들은 작품을 만들어 내고 청중과 공유해야 한다… 나는 교육과정의 범위를 넘어서는 글짓기 숙제를 내 주며 이와 함께 독립학습을 통해 특정 주제에 관한 논문을 쓰게 한다(교사 5A).

일반적인 학교 환경

강력한 행정적 리더십과 지원 교사들은 강력한 행정적 리더십의 증거를 제시하였다. 오직 한 교사만이 행정력이 유효하지 않았다고 말하였으며, 두 명의 다른 교사들은 지원이 혼란스러웠다고 말하였으나, 나머지 열한 명의 교사들은 행정적으로 강력한 지원이 있었다고 말하였다.

전문성 계발 기회 전문성 계발은 계속 진행 중이었고, 대부분의 교사들은 교사로서의 자신의 성공에 매우 중요한 부분이었다고 지적하였다. 클러스터 집단편성 프로그램을 실행하기 전, 모든 스태프는 클러스터 집단편성의 개념에 대한 일일 워크숍에 참여하였으며, 일곱 명의 교사들은 클러스터 집단편성을 성공적으로 활용하고 있는 학교로 현장 방문을 갔다. 스태프는 국가, 주, 지역, 지방에서 주최하는 영재교육 관련 전문성 계발에 참여할 기회가 주어졌으며, 적어도 지방에서 열리는 전문성 계발 기회에는 모두가 참여하였다(예를 들면, 교육과정 압축, 차별화 및 개별화 교육과정과 수업, 학습장애 영재아와 미성취 영재아, 수학영재와 과학영재의 요구 충족시키기). 전체 교사 중 64%가 영재교육에 관한 국가, 주 혹은 지역 수준에서 열리는 전문성 계발 학회 혹은 워크숍에 참여하였다. 게다가 상위 성취자 클러스터를 가르치는 여섯 명의 교사는 이러한 기회가 매우 도움이 되었다고 말하였다. 교사 3B는 다음과 같이 설명하였다.

> 나는 교사 3A에게서 많은 것을 배웠다. 그녀가 상위 성취자들을 가르칠 때 활용하는 많은 전략들을 내가 가르치는 학습장애아와 하위 성취 학생들에게도 적용하였다. 나는 영재교육이 단지 영재학생만을 위한 것이라고 생각하지 않는다.

도전과 협력에 관한 신념 행정가와 교사들은 강력한 지원과 교사들에 대한 신뢰를 나타냈다. 학교의 일반적 분위기는 학교의 질에 대한 신뢰와, 학생들과 최상의 학업을 수행하는 것으로 보이는 교사들에 대해 관심을 보였다. 상위 성취자를 가르치지 않는 교사들 중 55%가 전형적인 '영재교육' 전략들을 자신의 학급에서 활용하고 있다고 말하였다. 예를 들면, 3학년 교사 전원은 교사 3A가 상위 성취자 클러스터를 담당하고 있는 것이 매우 기쁘다고 말하였다. 왜냐하면, 그녀는 학생의 요구를 충족시키기 위해 별도의 많은 노력을 기울였고, 이들과 학습하는 데 매우 뛰어난 능력을 갖고 있기 때문이다. 교사들은 서로를 신뢰하였고 협동적이며, 행정가들은 교사들이 매우 유능하다고 생각하였다.

모든 학생과 교사에게 이득이 되는 프로그램 이 프로그램은 매우 성공적인 것으로 보인다. 왜냐하면, 교사와 행정가들은 이 프로그램이 교사와 학생 모두에게 이익이 된다고 믿기 때문이다. 교사들은 이 프로그램을 좋아하였으며, 많은 교사가 이 프로그램이 학급에서 학생들의 요구를 더 잘 충족시키도록 도와준다고 믿었다. 교사 3B는 그녀가 이 프로그램을 어떻게 생각하고 있는지를 다음과 같이 설명하였다.

> 처음 시작할 때 이 프로그램에 대해 매우 회의적이었다. 왜냐하면, 나는 위험을 감수하는 사람이 아니기 때문이다. 다른 몇몇 사람들도 나와 같은 생각ㅡ오, 당신이 최우수 학생들을 데리고 나간다면, 나는 아무런 흥미도 갖지 못할

거예요—을 하였을 것이다. 그러나 전혀 그렇지 않았다. 나는 학급에서 너무나 많은 흥미를 발견하였다… 내 딸도 이 프로그램에 참여하고 있다… 딸의 태도와 학교에 대한 사랑이 되돌아왔다는 것은 실로 커다란 차이다… 상위 성취자 클러스터에 배치되기 전, 아이는 학교에서 전혀 도전적이지 못하였지만, 8세인 지금은 연구 프로젝트에 참여하고 있다… 아이는 내 생각을 훨씬 능가하는 프로젝트에 참여하고 있으며 학교에 대해 매우 흥분하고 있다.

인터뷰에 응한 행정가들은 클러스터 집단편성 프로그램이 교사의 직무 수행에 도움을 주었다고 생각하였다. 교장은 다음과 같이 설명하였다.

글쎄, 우리는 실로 많은 이득을 보았다고 생각한다. 처음 시작할 때 나는 꽤 회의적이었다. 왜냐하면, 우리는 학급 내에서 다른 학생들과 함께 있는 최우수 학생들을 분리시켜 그들만을 위한 엘리트 프로그램을 찾고 있었다. 사실 이것은 역효과를 가져왔다. 아주 우수한 학생이 없어진 다른 학급에서 리더십이 발생하였다. 이는 일반교육 대상 학생들에게 진정한 보너스 효과가 되며, 또한 동시에 영재들에게 보다 많은 도전을 수행할 수 있게 한다. 게다가 클러스터 집단편성 프로그램은 진정으로 교사의 직무를 더 쉽게 만들어 준다.

연구문제 3에 대한 연구결과 요약

질적 연구결과는 실험학교와 학급에 대한 폭넓은 통찰을 제공해 주었다. 이 연구에 참여한 교사들은 학생들에게 높은 기대를 가짐으로써 긍정적인 학급 분위기를 창출하였다. 그들은 학생들의 요구를 충족시키고 도전 의욕을 제공하기 위해 다양한 유형의 집단편성을 포함하여 여러 수업전략을 사용하였다. 이 프로그램은 강력한 행정적 리더십을 통해 지원되었으며, 이 프로그램에 참여한 대부분의 교사들은 계속적인 전문성 계발과 성장 기회를 가졌다. 교사와 행정가 모두는 협력하여 일하였고 동료들의 능력을 신뢰하였다. 이러한 연구결과는 Delcourt와 Evans(1994)가 영재들에게 실험적으로 적용하였던 프로그램에서 발견된 것과 유사하다. 그들은 이 프로그램의 특성을 강력한 리더십, 지원적 분위기와 환경 및 학생의 요구에 부합하는 융통성이 있는 교육과정과 수업이라고 열거하였다.

논 의

질적 연구결과와 아울러 양적인 연구결과(실험학교에서 읽기 성취의 향상, 수학 성취의 향상, 상위 성취자로 확인된 학생 수의 증가)는 교사의 높은 기대, 학생들의 개별적 요구를 충족시키기고 도전시키기 위한 수업전략들의 활용 및 긍정적인 학습 분위기와 결합되었을 때, 클러스터 집단편성이 학교 내의 모든 학생에게 긍정적인 영향을 끼친다는 사실을 밝혀 냈다. 이 프로그램에 참여한 모든 교사와 행정가들($n = 17$)은 클러스터 집단편성이 학생과 교사 모두에게 이득이 되었다고 믿었다. 왜냐하면, 클러스터 집단편성은 교사들이 학생들의 개별 요구에 더 잘 부합할 수 있도록 도와주어 학급을 구조화하는 데 성공적이기 때문이다. 이러한 연구결과는 Kulik과 Kulik(1992) 및 Rogers(1991)가 제안한 연구기반 제안(research-based suggestions)을 지원하는데, 그들은 능력에 따른 집단편성을 제안하였으며 이런 능력별 집단편성을 적절히 차별화된 수업과 함께 사용할 때 학생의 성취에 이득이 된다고 주장하였다.

Oakes(1985, 1995)의 연구결과와는 대조적으로, 이 연구에 참여한 교사들 중 상위 성취자 클러스터를 담당하지 않은 교사들은 자신을 무능력한 교사라고 생각하지 않았으며 자신의 학생에 대해 기대를 낮추지도 않았다. 사실상 그들은 그 연구결과와 정반대로 보고하였는데, 아래와 같이 교사들은 학생들에게 동일하거나 훨씬 높은 기대를 가졌다.

나는 평균적인 학생과 성취가 낮은 학생들에게 내가 다른 학생들에게 갖는 것과 동일하게 높은 준거를 가졌다(교사 4C).

나는 이것이 우리의 기대라고 생각한다. 나는 그들도 이것을 모두 다 할 수 있고 그들이 해낼 것이라고 기대하였다(교사 5D).

Tomlinson과 Callahan(1992), Renzulli(1994), Reis, Gentry 및 Park(1995) 그리고 미 교육부(1993)가 언급한 것처럼, 영재교육의 '노하우'를 활용하는 것은 일반교육의 실제를 향상시키는 잠재력이 있다. 이 연구에서 클러스터 집단편성 프로그램은 상위 성취자 학생의 요구와 다른 학생의 요구에 동시에 부합하기 위해 설계되었다. 일반교육 프로그램과 연관시킨 결과, 모든 스태프는 영재교육에 대한 전문성 계발 기회를 가지게 되었으며, 상위 성취자 클러스터의 교사와 나머지 스태프 간에 대화의 기회가 주어졌다. 결과적으로 모든 교사는 영재교육 전략에 대한 전문성 계발 기회를 가졌으며 이 전략들을 자신의 학급에 있는 모든 학생에게 활용하였다.

Archambault와 동료들(1993)이 기술하고, Goodlad(1984)와 Westberg 등(1993)이 관찰한 학급과 달리, 이 학교의 학급들은 다양한 도전 활동과 다양한 수업전략으로 특징지어진다. Renzulli(1994)는 자신이 지닌 약점을 진단하고 치료하려고 하는 많은 학교가 재능 계발 접근을 교육의 토대인 학생의 흥미와 장점과 재능을 인식할 수 있도록 심화학습과 수업으로 대체해야 한다고 말하였다. 이 연구에서 일반교육 프로그램과 통합된 클러스터 집단편성 프로그램은 학교 내의 모든 교사와 학생에게 영향을 끼칠 것으로 보인다. 실험학교 교사들은 영재교육에서 활용되는 많은 전략들을 자신의 일상수업에 적용하였으며 상위 성취자 학생들을 담당한 교사들만이 참여하였던 영재교육 전문성 계발 훈련에 참여하였다. 결론적으로 영재교육 전략에 대한 현직 교사의 연수는 모든 스태프와 모든 학생에게 이득을 주었다. 그러므로 영재교육에 대한 전문성 계발 훈련을 오직 영재학생들을 가르치는 교사들만으로 제한하지 않아야 한다. 보다 많은 교사가 영재교육의 노하우를 배우고 적용할 기회를 가짐으로써 학생의 성취가 향상될 수 있다.

이 연구결과는 정규학급에서 영재의 요구를 어떻게 충족시켜야 할지에 관해 고민하는 학군의 관심을 끌어야 한다. 비록 현재의 개혁 경향이 초등학교를 구성할 때 이질적인 집단편성을 선호한다고 할지라도(George, 1993; Hopfenberg & Levin, 1993; Oakes, 1985; Slavin, 1987a; Wheelock, 1992), 이 연구결과는 상위 성취자 학생들을 한 학급에 모으는 것을 포함하여 학생들의 성취 범위가 크게 차이가 나지 않는 집단에 의도적으로 배치하는 것이 학생과 교사 모두에게 이득이 됨을 제안한다. 상위 성취 학생들은 그들의 특별한 요구를 충족시키는 교육과정과 수업에 대한 지식을 가지면서 이를 기꺼이 조정하려는 교사와 함께 배치될 때, 이질적인 집단편성의 이익 때문에 모든 교사의 학급에 무작위로 배치될 때보다 그들의 요구를 더 잘 충족시킬 것이다. 더욱이 이 연구에서처럼 만약 다른 교사들의 학급에 학생들을 신중하게 배치하고 평균 이상의 성취를 나타내는 학생들의 집단을 포함한다면, 이 연구에서 관찰된 것과 유사하게 성취가 향상되고 상위 집단으로 판별된 학생의 수가 증가하는 것을 확인할 수 있을 것이다. 이 연구결과가 학군에 주는 함의는, 잘 설계된 클러스터 집단편성 프로그램은 교사들이 모든 학생의 요구를 더 잘 충족시키도록 돕기 때문에 상위 성취 학생들에게 영재교육 서비스를 제공할 수 있다는 것이다.

초등학교 교사들은 개별 학생들의 요구를 충족시키기 위해 고전분투할 때 이 연구결과가 흥미롭다고 생각할 것이다. 이 연구에서 특별히 관심을 끄는 교사의 보고는 각 학년 수준별로 다섯 개의 학급 중 네 개에서 가장 성취가 높은 학생들을 별도로 뽑아냈어도 교사들이 학급의 학생들을 보는 관점에 아무런 영향도 끼치지 않았다는 것이다. 상위 성취자 학생들을 담당하지 않는 교사들 중에서 "흥미를 잃게 되었다."라고 보고한 교사는 한 명도 없었다. 반대로 이들은 학급에서 상위 성취자 학생들을 별도로 분리한 것이 개별 학생들의 요구를 더 잘 충족시켜 주도록 도왔으며 새로운 재능아가 나타나게 되었다고 보고하였다. 교사 5B는 다음과 같이 제안하였다.

나는 이런 상위 성취자 학생들이 다른 학생들에게 모델이 되지 않는다고 생

영재교육에서 집단편성과 속진

각한다. 다른 학생들은 상위 성취자들이 학급에 있을 때… 그들이 자신들의 모델이 아니라는 것을 안다. 상위 성취자들을 학급에서 분리하여 그들의 진도에 따라 학습하게 할 때, 나머지 학생들은 더 잘할 수 있게 되고 돋보이게 되며 그냥 자리에 앉아 있지 않게 된다.

프로그램을 만들고 학생들을 학급에 배치하는 데 클러스터 집단편성 접근을 시도할 것인지를 결정할 때, 다른 교사들은 이 연구에 참여한 교사들의 견해에 대해 알고 싶어 할지도 모른다.

이 연구에서 발견된 다양한 집단편성의 활용은 이를 적절히 활용하는 데 의문을 가진 교사들에게 힌트를 제공한다. 이 연구에서 교사들은 수학과 읽기 성취에 따른 집단편성을 활용하였고, 이것이 학생들에게 적절한 수준의 도전을 보다 쉽게 제공할 수 있었다고 보고하였다. 또한 교사들은 다른 형태의 융통성 있는 집단편성 유형들을 활용하였다. 이는 성취에 따른 융통성 있는 집단편성이 모든 학생의 학업성취에 잠재력을 갖고 있음을 시사한다.

원인 비교연구의 약점이 매우 잘 알려져 있지만(Gall, Borg, & Gall, 1996), 이 연구는 다른 면에서 가치 있다. 첫째, 이 연구는 실제 학교 환경 내에서 실행되고 수행되는 교육 실제에 대한 조사를 가능하게 한다. 둘째, 이 연구는 정부 재정 혹은 특별 명령과 같은 외부 자원이 요구하는 개혁과는 반대로 학교 주도의 개혁을 조사하였다. 개혁이 학교를 토대로 하였기 때문에 이 프로그램에서는 지방의 통치력과 소유권을 조사할 수 있었다. 비록 기존 집단(intact gruop)을 활용한 것과 관련한 문제가 있지만, 기존 집단의 활용은 이 연구에서 명확한 장점을 제공해 주었다. 실험에 참가한 기존 집단은 시간이 흐를수록 안정되었고 3년 프로그램 동안 집단 내 혹은 집단 간 학생들에 대한 장기간의 비교를 촉진하였다. 마지막으로, 이 연구는 대부분의 연구에서 존재하지 않는 가장 추천할 만한 실제를 조사하였으며, 이 연구결과는 보다 신중하게 통제된 실험연구 혹은 준실험연구의 토대가 될 수 있다. 논의의 제한점은 다음과 같다.

제한점

이 연구의 내적 타당성은 실험도구, 역사, 차별적 선정, 기존 집단의 사용, 다중처치 등을 통해 제한되었다(Gall, Borg, & Gall, 1996). 실험도구와 관련해, 현재의 성취를 측정하였으며 이 측정에 서로 다른 두 개의 검사를 사용하였다. NCE 점수의 사용, ITBS와 CAT의 유사성, 이 연구에 참여한 많은 수의 학생 및 ANCOVA의 사용은 시간의 흐름에 따른 학생 성취의 비교를 위해 두 가지의 실험도구를 사용할 수 있게 하였다. 두 개의 자료 세트를 사용한 것과 반복 측정은 역사의 위협을 통제하는 데 도움을 주었고 연구결과가 단지 우연에 기인한 것이 아니라는 확신을 주었다. 그러나 프로그램을 진행하는 동안 발생해서 결과에 영향을 줄 수 있는 다른 사건들(연구자들이 인식하지 못한)이 발생하였을 수 있기 때문에, 연구결과는 신중하게 해석되어야 한다. 비교학교의 유사성과 공변량의 활용은 차별적 선정으로 생길 수 있는 위험성을 통제하는 것을 도왔다.

Huck과 Cormier(1996)는 기존 집단이 있을 때 공변량이 주의 깊게 사용되어야 한다고 경고하였다. 그러나 공변량은 독립 변인과 상관관계가 그리 높지 않았으며, 학생들이 전국 평균에 가까운 점수를 획득한 전국 규준의 실험도구를 활용한 것은 공변량 사용에 대한 확신을 높였다. 또한 기존 집단이 활용될 때마다 유목내상관(intraclass correlation: ICC)[10]의 문제가 있기 때문에, 종속 변인인 교과별 점수는 단지 동일한 집단이므로 종종 상관이 있다(Barcikowski, 1981; Scariano & Davenport, 1987). 이는 자료가 독립적이면 α수준을 팽창시킨다는 가정에 위배된다. 유목내상관의 문제를 다루는 한 가지 방법은 학급을 분석의 단위로 만드는 것이다. 그러나 여기서는 몇 가

---

10) 역자 주: 자료가 집단으로 분류되어 있는 경우에 동일 집단에 속한 개체들 사이에 존재하는 변수의 상관이다. 예를 들어, 학교 효과 연구의 경우에 동일 학교에 속한 학생의 행동은 상호 상관이 있고, 다른 학교 학생과의 행동이 독립적이라면, 동일 학교에 속한 학생 사이의 상호 상관의 정도가 유목내상관이다. 유목내상관이 크면 집단 내 개체들의 행동은 동질적이며, 집단 간에는 이질성이 크다는 정보를 제공한다. 쌍둥이 연구의 경우에 같은 유전인자를 갖는 쌍둥이 사이의 상관은 유목내상관이다(교육평가 용어사전, 272).

지 이유로 불가능하다. 첫째, 학생들은 3년 동안 실험에 참가하였으며 학급 배치가 바뀌었다. 둘째, 융통성 있는 집단편성 또한 매일 학생들이 공부하는 집단을 변경시켰다. 셋째, 학급 배치에 관한 정보를 비교학교에서는 활용할 수 없었다.

제1종 오류[11]의 증가 가능성을 통제하기 위해 이 문제의 맥락 내에서 α수준이 검사되었다. MANCOVA는 $p < .0001$ 수준에서 유의미한 것으로 나타났으며 비교집단은 $p < .05$에서 $p < .001$까지의 범위에서 유의미한 것으로 나타나 제1종 오류가 증가될 가능성에도 불구하고 연구결과는 유의미한 것으로 밝혀졌다. Cohen(1994)이 제안한 것처럼, 효과크기에 따른 실질적인 유의성을 측정하는 것이 통계적 유의성을 보고하는 것보다 훨씬 유의미하다. 효과크기가 이 연구의 전체에 걸쳐 보고되었다. α수준과 효과크기는 점수의 비독립성과 관련된 문제를 고려할 때 연구결과에 대한 확신을 높여 주었다.

다중처치의 효과도 확인해야만 한다. 이 연구는 하나의 변인을 분리시키고 그 변인을 연구하며 그것의 인과관계를 의도하지 않았다. 오히려 학교 내에 실제하는 프로그램의 복잡성을 인식하려고 하였다. 학교 내에는 단지 '클러스터 집단편성' 그 이상의 것이 있었다. 수학과 읽기 성취에 따른 집단의 재편성과 특별한 요구를 가진 학생의 클러스터뿐 아니라 상위 성취자 클러스터와 5학년에 있었던 상위 성취자 클러스터 전체 학급 등과 같은 몇 가지의 다른 변인들의 효과로부터 클러스터 집단편성의 효과만을 분리하려고 의도하지 않았고 또 그렇게 하는 것은 불가능하였다. 그러나 종합적으로 보면 초등학교 프로그램과 교육과정, 수업에 적용되고 통합된 클러스터 집단편성을 다양한 방법으로 실험함으로써, 연구결과는 강력하였고 학급 실제, 학생의 능력을 확인하는 것, 학생의 성취에 관해 더 많은 것을 배울 수 있다. 클러스터 집단편성은 학교 프로그램을 개발할 때 기초가 되었으나, 학교에

---

11) 역자 주: 귀무가설이 실제로는 옳은 데도 불구하고, 표본 오차로 인해 검정 결과 가설을 기각하는 오류로서 α오류라고 한다.

있는 유일한 프로그램은 아니었다. 그러므로 학급 내 집단편성과 학급 간 집단편성과 같은 융통성 있는 집단편성, 스태프의 전문성 계발과 주인의식, 교사의 높은 기대, 모든 수준의 학생을 위한 교육과정과 수업의 차별화 및 학생들의 성취 수준 범위의 차이가 크지 않은 집단을 구성하는 것 등을 동반하지 않고서 단지 학생들을 클러스터 집단에 배치하는 것이 그들의 성취를 향상시킬 것이라는 주장은 이 연구에 적절하지 않다.

질적 연구는 학부모와 학생들을 포함함으로써 한층 강화되었다. 이 프로그램이 끝난 후 실시된 인터뷰에서 학생들은 중등학교에서 잘 진보하고 있었다. 그러나 이 인터뷰가 초등학교 경험에 대한 확실한 기억을 제공해 주었다고 보기는 어렵다. 클러스터 집단편성에 대한 향후 연구에서는 학생들과 학부모의 시각을 포함할 것을 제안한다.

결 론

이 연구결과의 핵심은 클러스터 집단편성의 활용이 학교에서 많은 긍정적인 변화를 촉진하였다는 것이다. 교사들이 인식한 것처럼 스태프의 풍부한 전문성 계발 기회, 교사들이 개발한 프로그램에 대한 주인의식, 교사의 높은 기대, 학급에서 성취 수준의 범위를 줄이는 것 등이 모든 학생이 갖고 있는 개별적인 요구를 더 잘 충족시키고자 하는 교사의 욕구를 촉진시켜 주었다. 집단편성을 활용하는 것은 풍부하고 복잡한 논쟁이며, 많은 연구자들은 집단을 분리시키고 지나치게 단순화하려고 한다. 이 연구의 의도는 일관성 있게 초등학교 학생들의 성취와 상위 성취자로 판별되는 것을 높여 주는 학교 내 클러스터 집단편성의 역동성을 이해하기 위한 것이다. 결론적으로 클러스터 집단편성이 이 학교의 성공에 주요한 역할을 하였음이 명확하다.

참고문헌

Airasian, P. W. (1989). *Review of the California Achievement Tests, Foms E and F.* In J. C. Conoley & J. J. Kramer (Eds.), *The Tenth Mental Measurements Yearbook* (pp. 126-128). Lincoln, NE: Buros Institute of Mental Measurement.

Archambault, F. X., Westberg, K., Brown, S. B., Hallmark, B. W., Emmons, C. L., & Zhang, W. (1993). *Regular. classroom practices with gifted students: Results of a national survey of classroom teachers.* Storrs, CT: The National Research Center on the Gifted and Talented.

Balzer, C., & Siewert, B. (Eds.). (1990). *Programn and service models: Suggested programs and services for identified talented and gifted students, K-12.* (Technical assistance paper 3, Revised.). Salem, OR: Oregon Department of Education.

Barcikowski, R. S. (1981). Statistical power with group mean as the unit of analysis. *Journal of Educational Statistics, 6,* 267-285.

Brown, S. B., Archambault, F. X., Zhang, W., & Westberg, K. (1994, April). *The impact of gifted students on the classroom practices of teachers.* Paper presented at the annual conference of the American Educational Research Association, New Orleans, LA.

Bryant, M. A. (1987). Meeting the needs of gifted first grade children in a heterogeneous classroom. *Roeper Review, 9,* 214-216.

California Achievement Test, Form E. (1984). Monterey, CA: CTB/McGraw-Hill.

Cohen, J. (1988). *Statistical power analysis for the behavioral sciences* (2nd ed.). Hillsdale, NJ: Lawrence Erlbaum.

Cohen, J. (1994). The earth is round. *American Psychologist, 49,* 997-1003.

Coleman, M. R. (1995). The importance of cluster grouping. *Gifted Child Today, 18*(1), 38-50.

Davis, G. A., & Rimm, S, W. (1985). *Education of the gifted and talented.* Englewood Cliffs, NJ: Prentice-Hall.

Delcourt, M. A. B., &. Evans, K. (1994). *Qualitative extension of the learning outcomes study.* Storrs, CT: The National Research Center on the Gifted and Talented.

Delcourt, M. A. B., Loyd, B. H., Cornell, D. G., & Goldberg, M. D. (1994). *Evaluation of the effects of programming arrangements on student learning outcomes.* Storrs, CT: The National Research Center on the Gifted and Talented.

Dixon, W. J. (Ed.). (1992). *BMDP statistical software manual* (Vols. 1-2). Berkeley, CA: University of California Press.

Gall, M. D., Borg, W. R., & Gall, J. P. (1996). *Educational research: An introduction* (6th ed.). White Plains, NY: Longman.

Gentry, M. L. (1996). *Cluster grouping: An investigation of student achievement, identification, and classroom practices.* Unpublished doctoral dissertation, University of Connecticut, Storrs, CT.

George, P. (1993). Tracking and ability grouping in the middle school: Ten tentative truths. *Middle School Journal, 24*(4), 17-24.

Goodlad, J. I. (1984). *A place called school.* New York: McGraw-Hill.

Hieronymus, A. N., Hoover, H. D., & Lindquist, E. F. (1984). *Iowa tests of basic skills* (Form G). Chicago: Riverside Publishing.

Hoover, S., Sayler, M., & Feldhusen, J. F. (1993). Cluster grouping of elementary students at the elementary level. *Roeper Review, 16,* 13-15.

Hopfenberg, W. S., &. Levin, H. A. (1993). *The accelerated schools resource guide.* San Francisco: Jossey-Bass.

Huck, S. W., & Cormier, W. H. (1996). *Reading statistics and research.* New York: Harper-Collins.

Juntune, J. (1981). *Successful programs for the gifted and talented.* Hot Springs, AR: National Association for the Gifted and Talented.

Kaplan, S. N. (1974). *Providing programs for the gifted and talented.* Ventura, CA: Office of the Ventura County Superintendent of Schools.

Kennedy, D. M. (1989). *Classroom interactions of gifted and non-gifted fifth graders.* Unpublished doctoral dissertation, Purdue University, West Lafayette, IN.

Kennedy, D. M. (1995). Teaching gifted in regular classrooms: Plain talk about creating a gifted-friendly classroom. *Roeper Review, 17*, 232-234.

Kulik, J. A. (1992). *An analysis of the research on ability grouping: Historical and contemporary perspectives.* Storrs, CT: The National Research Center on the Gifted and Talented.

Kulik, J. A., & Kulik, C.-L. C. (1991). Ability grouping and gifted students. In N. Colangelo & G. A. Davis (Eds.), *Handbook of gifted education* (pp.178-196). Boston, MA: Allyn & Bacon.

Kulik, J. A., & Kulik, C.-L. C. (1992). Meta-analytic findings on grouping programs. *Gifted Child Quarterly, 36*, 73-77.

LaRose, B. (1986). The lighthouse program: A longitudinal research project. *Journal for the Education of the Gifted, 9*, 224-232.

McInerney, C. F. (1983). *Cluster grouping for the gifted, the bottom line: Research-based classroom strategies.* A series for teachers. St. Paul, MN: LINE.

Michigan Department of Education. (1994, August). *1992-93 Bulletin 1014: Michigan K-12 school districts ranked by selected financial data.* Lansing, MI: Author.

Mitchell, E. S. (1986). Multiple triangulation: A methodology for nursing science. *Advances in Nursing Science, 8*(3), 18-26.

Oakes, J. (1985). *Keeping track: How schools structure inequality.* New Haven, CT: Yale University Press.

Oakes, J. (1995). More than meets the eye: Links between tracking and the culture of schools. In H. Pool & J. A. Page (Eds.), *Beyond tracking: Finding success in inclusive schools* (pp. 59-70). Bloomington, IN: Phi Delta Kappa Educational Foundation.

Purcell, J. (1994). *The status of programs for high ability students.* Storrs, CT: The National Research Center on the Gifted and Talented.

Reis, S. M., Gentry, M. L., & Park, S. (1995). *Extending the Pedagogy of gifted education to all students: The enrichment cluster study.* Storrs, CT: The National Research Center on the Gifted and Talented.

Renzulli, J. S. (1994). *Schools for talent development: A comprehensive plan for total school improvement.* Mansfield Center, CT: Creative Learning Press.

Renzulli, J. S., & Reis, S. M. (1985). *The schoolwide enrichment model: A comprehensive plan for educational excellence.* Mansfield Center, CT: Creative Learning Press.

Renzulli, J. S., Smith, L. H., Callahan, C., White, A., & Hartman, R. (1977). *Scales for rating the behavioral characteristics of superior students.* Mansfield Center, CT: Creative Learning Press.

Rogers, K. B. (1991). *The relationship of grouping practices to the education of the gifted and talented learner.* Storrs, CT: The National Research Center on the Gifted and Talented.

Rogers, K. B. (1993). Grouping the gifted and talented: Questions and answers. *Roeper Review, 16,* 8-12.

Scariano, S., & Davenport, J. (1987). The effects of violations of the independence assumption in the one way ANOVA. *American Statistician, 41,* 123-129.

Slavin, R. E. (1987a). Ability grouping: A best-evidence synthesis. *Review of Educational Research, 57,* 293-336.

Slavin, R. E. (1987b). Grouping for instruction. *Equity and Excellence, 23*(1-2), 31-36.

Spradley, J. P. (1980). *Participant observation.* New York: Holt, Rinehart &. Winston.

Strauss, A. L., & Corbin, J. (1990). *Basics of qualitative research: Grounded theory Procedures and techniques.* Newbury Park, CA: Sage Publications.

Tabachnick, B. C., & Fidell, L. S. (1989). *Using multivariate statistics.* New York: HarperCollins.

Tomlinson, C. A., & Callahan, C. M. (1992). Contributions of gifted education to general education in a time of change. *Gifted Child Quarterly, 36,* 183-189.

U.S. Department of Education, Office of Educational Research and Improvement. (1993). *National excellence: A case for developing America's talent.* Washington, DC: U. S. Government Printing Office.

Westberg, K. L., Archambault, F. X., Dobyns, S. M., & Salvin, T. J. (1993). *An observational study of instructional and curriular practices used with gifted and talented students in regular classrooms* (Research Monograph 93104). Storrs, CT: The National Research Center on the Gifted and Talented.

Wheelock, A. (1992). *Crossing the tracks: How untracking can save America's schools.* New York: New Press.

Winebrenner, S. (1992). *Teaching gifted kids in the regular classroom.* Minneapolis, MN: Free Spirit Publishing.

Winebrenner, S., & Devlin, B. (1994). *Cluster grouping fact sheet: How to provide full-time services for gifted students on existing budgets.* Lombard, IL: Phantom Press.

12

시골 학교의 프로그램 편성과
집단편성 및 속진:
태도와 실제에 관한 조사[1]

Eric D. Jones & W. Thomas Southern(Bowling Green State University)

영재교육 프로그램의 개발은 지역공동체의 성격, 지역 주민의 가치, 변화에 대한 압박과 변화를 추진하는 세력 등에 영향을 받는다. 이 연구에서는 시골 학군과 도시 학군에서 영재들에게 제공되는 프로그램의 수준과 유형을 비교하였다. 또한 정규교육 프로그램과 학업 속진에서 능력별 집단편성의 활용에 대해 시골 학군과 도시 학군을 비교하였다. 이 연구결과는 시골 학교의 학군이 영재에게 보다 나은 선택권을 제공하기 위한 능력별 집단편성 혹은 학업 속진을 덜 적용하고 있음을 보여 주었다. 산발적인 교과 외 활동이 시골 학교 프로그램에서 보다 중요한 역할을 하고 있었다. 시골 지역에서 영재교육의 특성과 질에 영향을 끼치는 요소에 대해 논의한다.

시골 학교는 여유 있는 큰 도시의 학군(school district)이나 대도시의 학군이 제공하는 것과 동일한 서비스와 경험들을 제공하기에는 종종 어려움이 있다. 시골 학군과 대도시 학군을 비교하면, 시골 학군은 학생을 수송하기

1) 편저자 주: Jones, E. D., & Southern, W. T. (1992). Programming, grouping, and acceleration in rural school district: A survey of attitudes and practices. *Gifted Child Quarterly*, 36(2), 112-117. © 1992 National Association for Gifted Children. 필자 승인 후 재인쇄.

위한 요건을 갖추는 데 더 힘이 들고, 재정적으로 더 궁핍하며, 사회적·정치적으로 더 보수적이며, 적절한 지역공동체 자원(예, 시설이 잘 갖추어진 도서관, 종합대학교, 지역 대학)이 훨씬 부족하다.

상대적으로 크기가 작은 시골 학군은 프로그램에 더 광범위하게 영향을 끼친다. 시골 학군에서는 일부의 선택 프로그램을 훨씬 이용하기 쉽고 실행하기 쉽다. 게다가 시골 학군의 교사, 학부모, 학생은 다른 것보다 일부 선택 프로그램에 훨씬 수용적이라는 것을 발견한다. 선택 가능한 프로그램들을 광범위하게 주었을 때 영재교육에서 프로그램에 대한 지역의 경제적·정치적 지원의 수준이 서로 다르다면, 시골 학교 학군과 도시 학교 학군 간의 차이가 영재 프로그램에 영향을 미칠 것인지를 고려하는 것은 합리적이다.

시골 학군에서 영재교육 프로그램 편성에 대해 현존하는 문헌들은 지역공동체의 가치, 지리적 고립, 작고 낮은 인구밀도가 영재를 위한 프로그램 개발의 특성에 영향을 끼칠 수 있다고 예상하였다. 시골 지역공동체는 보수적인 사회적·정치적 가치를 보다 밀접하게 공유하는 경향이 있다(Kleinsasser, 1988). 보수성과 공유된 가치가 반드시 부정적 요소는 아니다. 이는 지역공동체에 대한 긍지와 안정성의 근원이기도 하다. 시골 지역공동체에서 학교는 오직 지역의 교회들만이 종종 라이벌이 될 정도로 매우 중요하고 핵심적인 역할을 담당한다(Spicker, Southern, & Davis, 1987). 시골 지역공동체에서 학교는 지역공동체의 가치를 생산하고 전달하는 것이 분명하다. 시골 지역에서 학교 프로그램에 대한 지역공동체의 강력한 가치는 교육비에 대한 1인당 분담금이 도시 지역공동체보다도 훨씬 높다는 것으로 입증된다(Pendarvis, Howley, & Howley, 1990). 학교 프로그램을 바꾸려는 제안들은 지역공동체 가치와 안정성에 대한 잠재적 위협으로 받아들여지기 쉽다(Cummings, Briggs, & Mercy, 1977). 시골 지역공동체에 안정적으로 기반을 내린 학부모는 영재교육 프로그램을 도입하는 데 특별히 관심이 많을 것이다(Nachtigal, 1982). 대부분의 영재교육 프로그램 편성은 참가자들이 진보적이고 확실하게 전문화된 교육적 발전을 추구할 것이라는 것을 암시한다. 시골 지역공동

영재교육에서 집단편성과 속진

체는 종종 진보적인 학업 재능을 지닌 개별 학생들에게 발전의 기회를 별로 제공하지 않거나 제공하지 않는 것처럼 보인다. 그래서 시골 지역공동체의 주민들은 영재교육 프로그램이 일부 학생들을 엘리트로 따로 분리하고 매우 재능 있는 젊은 학생들을 미래 지역공동체에서 떠나게 할까 봐 우려한다. 시골 지역공동체가 학교에 대해 일반적으로 만족하면서 특별한 영재교육 프로그램을 편성하는 것에 상반되는 견해와 결합되어, 영재교육이라는 차별화된 프로그램이 시골 지역에서 발전될 가능성을 줄이고 있다(Spicker et al., 1987).

미국의 일반적인 도시화에도 불구하고, 아직도 많은 시골 지역공동체가 있다. 일부는 지리적 격리가 매우 심각하다. 영재들에게 서비스를 제공하기 위해, 시골 학교 학군들은 종종 다른 학군들과의 컨소시엄에 의존해야 한다. 컨소시엄이 형성된다고 하더라도, 이용 가능한 서비스의 범위는 도시 학군과 비교할 때 여전히 상대적으로 협소하다. Pitts(1988)는 높은 학생 수송비용과 엄청난 장거리 버스 노선 때문에 영재 집단을 만들고 그들에게 특별한 서비스를 제공하기가 불가능하다고 보았다. 인구밀도가 낮은 지역에서, 영재교육 프로그램에 요구되는 자원들을 갖추기란 어렵다. 시골 학군은 박물관, 시설이 잘 갖추어진 도서관, 연구 시설, 대학, 큰 제조회사 혹은 다양한 전문가 공동체와 같은 자원들을 접하기가 쉽지 않다. 따라서 시골 학교들은 폭넓은 관심사를 가졌거나 비상한 재능을 가진 학생에게 적합한 지역공동체 자원과 멘터 연결에 종종 심한 압박을 느낀다. 이처럼 기본적인 자원의 활용 가능성이 제한되어 있다는 것은 영재를 위한 지역 프로그램의 특성에도 영향을 끼친다.

시골 지역공동체의 경제적 조건도 새로운 교육 프로그램의 개발을 방해한다. 전형적으로 과세 표준은 일반교육 프로그램의 자금 공급에는 충분하지만 영재를 위한 대안 교육을 제공하는 데에는 충분하지 않다(Howley & Howley, 1988). 시골 학군에서의 봉급은 일반적으로 더 낮다. 많은 영재교사를 시골 학교에서 발견할 수 있지만, 나머지 교사들은 훌륭하지 않다. 시골 학교 학군은 매우 뛰어난 교사를 영입할 수 있는 더 나은 재정 형편을 지닌 도시 학군들과 경쟁할 수 없기 때문이다. 시골 학군의 교사는 종종 도시 지역에서 돈을 더 많이 받을 수 있는 직장의 유혹에도 불구하고 가족과 지역공동체와의 유대 때문에 남아 있는 경우가 있다(Spicker et al., 1987).

시골 학군의 교사가 재능이 뛰어난 학생의 특별한 요구를 충족시키려고 노력할 때, 그들은 일반교육 프로그램에 대한 책임감이라는 일상적 요구 때문에 최상의 노력을 기울이기 어렵다는 것을 쉽게 발견할 수 있다. 도시 학군의 교사와 달리 시골 지역의 교사는 조언을 들을 동료도 부족하고, 공유할 자원도 부족하며, 영재를 위한 교육 서비스를 제공하는 것을 어렵게 하는 교육적 이해관계에 대한 통찰도 부족하다. 그들은 종종 매일 몇 가지의 다른 내용 영역의 수업을 준비하도록 요구받는다. 과중한 업무와 요구는 비교적 고립되어 일하고 만능인으로서 영재학생에게 봉사하려는 그들의 노력을 복잡하게 만든다.

시골 지역에서 영재교육 프로그램을 제공하는 데에는 장해물이 있다. 시골 학군이 도시 학군에서 발견할 수 있는 것과 동일한 수의 서비스와 동일한 선택을 제공한다면, 이는 실로 놀라운 일이다. 예를 들면, 영재교육 프로그램 편성에 가장 우세한 모델은 자료실(resourse room)을 갖추는 것이지만 (Gallagher, 1985), 시골 지역에서 이를 광범위하게 채택하고 있는지는 두고 보아야 할 것이다. 일부 속진 선택은 시골 학군에서도 실행 가능하지만 (Southern & Jones, 1991), 속진 선택에 대한 일반적인 견해는 그리 열광적이지 않다는 것이다(Southern, Jones, & Fiscus, 1989a, 1989b). 능력별 집단편성과 같은 또 다른 선택이 일반교육 프로그램에서 공통적으로 사용되고 있다. 이는 영재교육에서 개인차에 부합하기 위한 수단으로 주장된 것이다(Robinson, 1990; Slavin, 1990). 그러나 서로 다른 선택 혹은 또 다른 것들 중 어느 것이 실제로 시골 학군에서 얼마나 사용되고 있는지에 대한 자료는 없다.

이 연구의 목적은 시골 학교 학군과 도시 학교 학군에서 영재들에게 제공된 프로그램의 수준과 형태를 비교하고 교사들이 서로 다른 프로그램을 선호하는 이유에 대한 설명을 듣기 위함이다. 시골 학군과 도시 학군에서 속진학습과 능력별 집단편성의 활용에 대한 비교에 특별히 주의를 기울였다.

연구방법

연구 1

연구대상과 환경

이 연구에서는 오하이오 주 북서부와 남부에 있는 학군들 중에서 시골 지역공동체의 20개의 학군과 도시 지역공동체의 20개의 학군이 무선표집되었다. 각 학군의 코디네이터 한 명씩을 접촉해서 그 학군의 영재교육과 능력별 집단편성에 관해 전화 설문조사에 참여할 것을 요구하였다. 3개의 도시 학군의 코디네이터들은 몇 번의 전화 연결을 시도하였으나 연결되지 않았다. 그래서 표본은 40개의 영재교육 프로그램에서 일하는 37명의 코디네이터로 구성되었다. 도시 지역공동체에서 일하는 17명의 코디네이터와 시골 지역공동체에서 일하는 20명의 코디네이터다. 코디네이터에게 그들의 응답은 비밀이 보장되며 설문조사는 약 15~20분 가량 지속된다고 알려 주었다.

설문조사에서 학군은 시골과 도시의 두 집단으로 나누어졌다. 양분된 집단편성은 다소 단순해 보이지만, 타당하다. 오하이오 주의 북서부와 남부를 합하면 하나의 대도시 지역과 몇 개의 소도시 지역공동체와 수많은 작은 시골 지역공동체로 구성된다. 미국시골개발위원회(The National Rural Development Institute, 1986)는 시골 지역을 1평방 마일 당 150명 이하의 인구밀도, 혹은 인구의 60% 혹은 그 이상이 5,000명 이하인 지역공동체에서 살고 있는 지역을 시골이라 정의한다. 설문조사에 참여한 소도시는 인구가 5,000명 이상이거나 혹은 대도시 지역에 가까운 곳에 위치한다. 모든 소도시들과 대도시는 자신들의 영재교육 프로그램을 제공하였다. 시골로 분류된 지역공동체는 카운티의 교육위원회를 통해 다른 소규모 지역공동체와 협동으로 서비스를 제공하였다. 그래서 학군은 만약 인구가 5,000명 이하인 공동체를 위해 일할 때 (a)로, 도시 지역과 가까운 곳에 위치하지 않을 때 (b)로, 시골 학군을 대표하는 것으로 확인되었을 때 (c)로 분류되었다. 인구 5,000명 이상의 지역공동체를 위해 일하는 모든 학군들은 도시로 분류되었다.

실험도구

전화 설문조사는 35개의 문항으로 구성되었다. (a) 도시 혹은 시골로서 학군의 상태, (b) 초등학교와 중등학교 수준에서 사용된 능력별 집단편성의 유형, (c) 학군에서 영재들을 위한 선택 프로그램, (d) 상위 성취자와 하위 성취자를 위한 다양한 측면의 학문적 성장과 개별적 조정에 대한 능력별 집단편성의 인지된 효과에 대한 것이다. 하위 성취자들은 교정 교육이나 특수

영재교육에서 집단편성과 속진

교육이 요구되는 학생들로 정의되었다.

연구 2

연구 2는 학업 속진에 관한 교사들의 신념에 관한 연구에서 Southern과 동료들(1989b)이 초기에 수집한 자료에 기초하고 있다. 개별 응답자들은 종종 확인할 수 없지만, 학군은 확인 가능하다. 그래서 이 자료를 리뷰하는 것은 시골 학군의 교사와 도시 학군의 교사가 가지는 학업 속진의 효과에 관한 신념의 여부를 결정할 수 있게 한다. 다음은 Southern과 동료들(1989b)의 초기 연구에서 사용된 방법의 개요다.

연구대상과 환경

78개의 학군에서 171명의 교사들이 1988년 가을에 실시된 학업 속진에 관한 교사들의 태도를 묻는 설문조사에 응답하였다. 설문지 원본을 코딩해서 지역공동체를 확인할 수 있었다. 오하이오 주 교육자 인명부(주 교육위원회, 1989)가 학군 분류에 사용되었다. 카운티 학군은 시골로 분류되었다. 도시 학군(urban districts)은 시티 디스트릭츠(city districts) 혹은 어느 학군에도 속하지 않는 지역(exempted villages)으로 분류되었다.

실험도구

설문조사는 (a) 학업적 조숙아가 조기입학하거나 월반하는 것 중의 하나를 의미하는 것으로 속진을 정의한 개론적 진술, (b) 개별 인적 사항에 관한 문항, (c) 학업 속진의 효과에 대한 동의 정도를 묻는 22개 문항의 Likert 척도가 포함되었다. 속진에 대한 진술은 영재교육과 학교 준비성에 관한 문헌에서 자주 인용되는 리뷰에서 발췌한 것이다. 조기입학과 월반의 효과에 관한 의문들은 학업성취, 사회적 발달, 정서적 적응, 리더십의 계발의 4개 영역으로 나누어진다. 실험도구에 대한 분석은 태도의 차이가 전적으로 응답자의 사회적 또는 정서적 발달에 따라 설명될 수 있음을 지적한다(Southern et al., 1989b). 22개 문항의 Likert 척도는 높은 내적 합치도를 나타냈다 (Cronbach alpha, .94).

자료 분석

56개의 시골 학군들과 47개의 도시 학군들에서 124명의 교사가 설문조사에 응답하였다. 설문조사에서 영재교육에 숙달된 교사의 훈련 수준과 학업 속진의 효과에 대한 교사의 믿음이라는 두 가지 유형의 개별 인적 사항이 분석되었다.

연구결과

연구 1

시골 학군과 도시 학군에서 활용되는 (a) 능력별 집단편성, (b) 영재를 위한 특별 프로그램 편성, (c) 영재를 위한 속진 선택의 빈도가 〈표 12-1〉에 제시되어 있다. 자료는 대부분의 시골 학군과 도시 학군이 초등과 중등 수준에서 영재를 위한 특별 프로그램을 제공하고 있음을 보여 준다. 영재들에게 특별 선택을 제공하였던 시골 학군과 도시 학군 간의 비율에 $p < .05$ 수준에서 유의미한 차이가 나타나지 않았다. 그러나 통계적으로 유의미한 차이는 아니지만, 시골 학교 프로그램에는 초등학교 수준에서 영재를 위한 선택이 그리 많이 제공되지 않는 경향이 있었다.

또한 〈표 12-1〉의 자료는 대부분의 도시 학군이 초등과 중등 수준에서 정규교육 프로그램에 능력별 집단편성을 활용하고 있음을 보여 준다. 초등과 중등 수준에서 능력별 집단편성을 활용하지 않는 도시 학군은 드물었다. 능력별 집단편성을 활용하는 시골 학군과 도시 학군의 비율 간 차이는 초등 수준에서는 유의미하지 않았다. 그러나 중등 수준에서 집단편성을 활용하는 것으로 보고한 시골 학군보다 도시 학군의 비율이 유의미하게 높았다.

영재교육에서 집단편성과 속진

표 12-1 시골 학군과 도시 학군에서 활용하는 능력별 집단편성, 영재를 위한 특별 프로그램 편성 및 속진 선택 빈도

선 택	학		군			
	도시 N=17		시골 N=20			
	n	%	n	%	카이스퀘어	p
영재 프로그램						
초등 수준	17	100	17	85	2.8	.10
중등 수준	16	94	16	80	1.6	.21
집단편성						
초등 수준	13	76	10	50	3.1	.21
중등 수준	15	88	13	65	9.0	.01*
속진 선택						
조기입학	13	76	10	50	2.8	.25
월 반	13	76	10	50	4.0	.14
다른 속진 선택	13	76	6	30	8.7	.01*

초등 수준에서 능력별 집단편성을 활용하지 않는 13개 학군 중에서, 9개 학군이 시골 학군이었다. 시골 학군에서 일하는 7명의 코디네이터는 그들 학군이 중등 수준에서 능력별 집단편성을 사용하지 않는다고 보고하였다.

코디네이터들은 능력별 집단편성을 활용하는 이유를 일반적으로 (a) 프로그램 또는 교사 중심(예, '교사가 계획하는 것이 훨씬 용이하므로' '같은 유형의 학생들을 가르치는 것이 교사가 수업 준비하는 것을 더 쉽게 해 주기 때문에' '시간 계획이 쉬우므로' '개별화 수업은 너무 어렵기 때문에'), (b) 학생 중심 문제(예, '개별 학생들의 학문적 · 사회적 요구를 충족시키기 위해서' '뛰어난 능력을 가진 학생들은 반복해서 가르칠 필요가 없으므로' '학생들은 학문적으로 비슷한 동료와 함께 있을 때 가장 잘 학습하므로'), 혹은 (c) 전통적인 것(예, '사람들은 능력별로 집단에 편성될 때 가장 편안해하므로' '전통적이므로' '과거부터 쭉 이어져 오는 것이므로')으로 쉽게 부호화할 수 있었다. 능력별 집단편성을 사용하는 이유에 대해 도시와 시골 학군 간의 뚜렷한 차이는 나타나지 않았다. 초등 수준에서 영재의 요구를 충족시키도록 돕기 위해 능력별 집단편성을 활용하는 것이 필수적인가에 대한 질문에 대해서는, 오직 한 명의 코디네이터

표 12-2 능력별 집단편성이 상위 성취자와 하위 성취자의 다양한 발달 영역에 미치는 효과에 대한 코디네이터 인식의 기술적 통계

발달 영역	학		생		
	상위 성취자		하위 성취자		
	평 균	표준편차	평 균	표준편차	$F(1,72)$
학문적	4.65	.48	3.48	1.15	32.37
창의성	4.21	.15	3.14	1.16	20.33
사회적 발달	3.73	1.05	2.89	1.17	10.52
정서적 발달	3.92	.98	3.22	1.16	7.92
신체적	3.78	.92	3.16	.83	9.32
리더십	4.05	.97	3.19	1.31	10.43

점수가 높을수록 능력별 집단편성의 발달 영역에 기대하는 이득이 더 높다는 것을 의미한다. F값은 모두 $p < .01$이다.

만이 필수적이지 않다고 생각하였다. 학군에서 능력별 집단편성 사용 여부와 상관없이, 중등 수준에서 모든 코디네이터는 능력별 집단편성을 학급에서 가장 뛰어난 능력을 지닌 학생들의 요구에 부합하기 위한 필수적인 단계라고 생각하였다.

시골 학군과 도시 학군의 코디네이터들은 능력별 집단편성이 필수적이라는 믿음을 공유하고 있는 것 같았다. Likert 척도에서 1점은 '전혀 필요하지 않다'를 나타내며 5점은 '반드시 필요하다'를 나타낸다. 초등학교 수준에서 도시 학군의 코디네이터 중 100%(17명)와 시골 학군의 코디네이터 중 80%(16명)가 4점 혹은 5점을 선택하였다. 중등 수준에서는 도시 학군의 코디네이터 중 100%(17명)와 시골 학군의 코디네이터 중 95%(19명)가 4점 혹은 5점을 선택하였다.

그러나 도시 학군의 코디네이터 중 82%(14명)와 시골 학군의 코디네이터 중 75%(15명)가 능력별 집단편성이 영재들의 학문적 요구를 충족시키는 데 충분하지 않다고 믿는 것이 확실하다. 이런 믿음을 가지는 시골 학군의 코디네이터와 도시 학군의 코디네이터의 비율 간에는 유의미한 차이가 없었다(카이스퀘어 = 2.1; p = .35).

| 표 12-3 | 시골 학군과 도시 학군에서 제공된 초등 영재를 위한 선택 프로그램의 빈도와 비율 |

옵 션	학		군		카이스퀘어	p
	도시 N=17		시골 N=20			
	n	%	n	%		
다연령 집단편성	7	41%	2	10%	4.9	.05*
풀 아웃 프로그램	15	88.2%	13	65%	2.7	.10
독립식 자력수업	0		0			
기 타	12	70.6%	8	40%	3.5	.06

도시 학군의 3/4과 시골 학군의 절반이 영재에게 선택적으로 조기입학과 월반제를 제공하였다. 이 비율 간에도 통계적으로 유의미한 차이는 없었다. 영재를 위한 다른 속진 선택 제공에 시골 학군과 도시 학군의 비율 간에 유의미한 차이가 발견되었다. 도시 학군의 3/4이 AP, 교과목 선행학습, 혹은 대학과 고등학교 이중등록제와 같은 속진 제도를 실시하는 것과 비교할 때 시골 학군에서 이런 속진 제도를 실시하는 학군은 1/3이 채 되지 않았다.

〈표 12-2〉는 능력별 집단편성이 상위 성취자와 하위 성취자 학생들의 서로 다른 발달 영역에 끼치는 효과에 관한 코디네이터의 인식을 기술적 통계로 보여 준다. 5점 평정척도에서 낮은 평정은 능력별 집단편성이 상당히 위험스러운 것을 나타내고, 높은 평정은 능력별 집단편성이 발달에 이득이 됨을 나타낸다. 능력별 집단편성에 추정된 이득의 분산분석은 코디네이터의 평정이 시골 학군이나 도시 학군 중 어디에서 근무하든지 다르지 않음을 드러내 준다. 그러나 분석 결과, 조사한 모든 발달 영역에서 시종일관 능력별 집단편성이 하위 성취자보다는 상위 성취자에게 더 큰 이득이 되는 것으로 나타났다(〈표 12-2〉 참조).

초등 수준에서 영재교육 프로그램 편성에 다양한 속진 선택권을 활용해 온 시골 학군과 도시 학군의 비율이 〈표 12-3〉에 제시되어 있다. 다연령 (cross-age) 집단편성 선택을 제공한 도시 학군의 비율이 유의미하게 높았다. 전일제 혹은 정시제 풀 아웃 심화 프로그램 또한 시골 학군과 도시 학군에서 가장 흔히 사용되었다. 시골 학군과 도시 학군에서 초등학생 영재들에게 제공하였던 부가적인 선택들에 대한 빈도를 비교한 결과, 통계적으로 유의미한 차이가 있었다. 부가적인 활동들은 심화학습(예, Odyssey of the Mind, Geograghy Bowl, 현장견학, 독립 연구, 심화 세미나)으로 분류될 수 있다. 이 활동들은 특별활동 혹은 간헐적인 심화활동으로 쉽게 분류되었다.

도시 학군의 코디네이터들은 고등학생 영재들의 학업 요구를 다양한 속진 선택들(예, AP, 대학교 또는 고등학교 이중등록제, 학업 도전, 상급반 강좌, 교과별 속진)로 충족시켰다고 지적하였다. 시골 학군의 코디네이터 3명만이 그들의 학군에서 중등 수준 영재들에게 이용 가능한 다양한 대안들 중에 그런 속진 선택을 일일이 열거하였다. 초등 수준과 유사하게, 시골 학군의 중등학교 영재들에게 특별활동이나 간헐적 심화학습 활동들(예, Governor's Summer Institute, Quiz Bowl, 멘터십, Odyssey of the Mind)을 제공하였다.

연구 2

Southern과 동료들(1989b)의 연구에서 교사들의 반응을 재분석하였을 때, 조사한 171명의 교사들 중 47명(27.48%)이 도시 학군에서 근무하며, 124명(72.52%)이 시골 학군에서 근무하였다. 22개 문항의 Likert 척도 설문지에서 총점에 대한 2요인 ANOVA(훈련 × 지역)는 영재교육 훈련을 받은 교사가 훈련을 받지 않은 교사보다 속진학습에 대해 유의미하게 높은 긍정적인 정서를 갖는 것으로 나타났다($F(1,19) = 6.98$, $p = .01$). 기술 통계치에 대해서는 〈표 12-4〉를 참조하라. 그리고 지역에 대한 주 효과나, 훈련과 지역의 상호작용 효과에 대해 유의미성이 나타나지 않았다(〈표 12-4〉 참조). 시골 학군과 도시 학군의 교사 모두가 속진학습의 가치에 대한 평가에서는 보수적이었다.

시골 학군의 교사들이 도시 학군의 교사들보다 영재교육에 대한 강의를 받은 비율이 유의미하게 조금 낮았다(카이스퀘어 = 7.6; $p = .01$). 도시 학군의

표 12-4 시골 학군과 도시 학군 교사의 영재교육에 대한 훈련 여부와 속진에 대한 정서

훈 련	시 골			도 시		
	n	x	SD	n	x	SD
예	31	58.5	11.1	22	55.1	13.0
아니요	93	63.3	12.7	25	62.0	12.7

점수가 낮을수록 속진에 대해 보다 긍정적인 태도를 갖고 있음을 나타낸다(비교. Southern et al., 1989b).

교사 중 47%($n=22$)가 영재교육 강의를 받았다고 응답한 것과 비교할 때, 시골 학군의 교사들 중 25%($n=31$)만이 영재교육 강의를 받았다고 답하였다.

논 의

이 연구결과는 영재를 위한 대부분의 선택 프로그램들이 시골과 도시 학군 모두에서 공통적으로 사용되고 있음을 증명한다. 능력별 집단편성, 풀 아웃 프로그램, 속진과 다양한 특별활동이 도시와 시골 학교에서 제공되고 있다. 이러한 선택 프로그램에서 한 가지 차이점이 있다. 즉, 선택 프로그램 중 대부분이 도시 학군보다 시골 학군에서 덜 보급되었다는 점이다. 이러한 차이가 나타나는 이유는 앞서 언급한 요소들도 포함된다. 그것은 (a) 시골 학군에서 영재를 위한 프로그램의 상대적 낮섬, (b) 재정 자원의 부족, (c) 능력별 집단편성 혹은 풀 아웃 프로그램을 실시하는 것이 정당할 만큼의 충분한 학생 부족, (d) 훈련된 스태프의 부족, (e) 시골 지역공동체의 전문가와 문화적 기회로부터 고립 등이다.

시골 학군과 도시 학군의 코디네이터들은 능력별 집단편성과 속진이 영재교육에 이득이 된다고 믿었다. 선택 프로그램에 대한 코디네이터들의 호의적인 정서는 영재들의 특성과 요구에 대한 가정에 기초하고 있었다. 시골 학군과 도시 학군의 대부분의 코디네이터들은 능력별 집단편성이 초등과

중등 수준에서 영재교육에 필수적이지만 충분하지는 않다고 생각하였다. 또한 영재교육을 위한 선택 프로그램들 중 어느 것도 충분하지 않다고 생각하였다. 그러나 영재교육 코디네이터들은 능력별 집단편성을 위한 지원으로서 정규교육 프로그램에서의 수업 효율성과 행정적 편리성이라는 논쟁점에 대해 언급하지만, 영재들이 함께 수업하는 것이 얼마나 그들의 학문적 발달 혹은 정서적 발달에 중요한지에 대해서는 면접에서 결코 언급하지 않았다.

속진은 시골 학군보다 도시 학군에서 더 빈번하게 이용되었지만, 그러한 선택 프로그램들을 찾는 지역공동체의 가치와 학부모의 자발적 의지는, 아마 속진에 대한 명확한 태도와 자원보다도 속진의 이용 가능성에 보다 직접적인 영향을 끼칠 것이다. 시골 지역공동체는 훨씬 보수적이며 학부모는 현재 상태에 대한 변화를 거부한다. 교사들도 일반적으로 속진에 대해 보수적이기 때문에 속진에 대한 대부분의 요구는 학부모가 제기한 것이며(Southern et al., 1989a), 학부모의 요구를 적게 받는 학군에서는 학부모의 요구가 많은 학군만큼 선택 프로그램의 범위가 넓게 발달하지 못하였다. 시골과 도시 학교 교사들은 속진의 가치에 대해 유사한 견해를 공유하고 있지만, 초등과 중등 수준에서 시골 학군은 속진 프로그램의 선택이 덜 보급되어 있다. 시골 학군은 초등학생들에게 다연령 집단편성을 덜 적용하고 있으며, AP와 교과별 속진, 혹은 고등학교 또는 대학교 이중등록제도 덜 적용하고 있다.

영재교육의 특성은 시골 학군과 도시 학군 간에 다양하다. 시골 학군의 코디네이터가 언급한 선택 프로그램들은 종종 교과 외 특별활동이다. 주로 코디네이터들은 조직된 학업 컨테스트 또는 시합으로 구성하였다(예, Odyssey of the Mind). 시골과 도시의 코디네이터 모두가 특별활동 심화학습 선택 프로그램에 대해 언급하였지만, 그러한 선택 프로그램들이 시골 학군에서는 드물었다.

영재교육 강의를 받았다고 응답한 교사들의 숫자는 시골 학군 교사가 유의미하게 낮았다. 이러한 결과는 (a) 훈련의 기회가 부족하고, (b) 훈련받은 교사를 우선적으로 고용하는 경우가 낮으며, (c) 현 상태에 대한 일반적인

영재교육에서 집단편성과 속진

수용과 영재를 위한 프로그램을 개발하려는 학부모와 지역공동체의 추진력이 부족하다는 것을 설명한다. 또한 이 연구결과는 훈련받은 교사가 속진에 대해 보다 긍정적인 신념을 갖고 있음을 보여 준다. 훈련은 시골 학군 교사와 도시 학군 교사에게 동일한 효과를 나타냈다.

결 론

이 연구에서 도출된 결론은 연구 제한점과 함께 이해되어야 한다. 이 연구는 오하이오 주에 있는 시골 학군과 도시 학군을 비교한 것이다. 지리적으로 더 고립되어 있고, 인구밀도가 더 낮으며, 거주민의 변동이 보다 없는 다른 시골 지역은 또 다른 자료를 제공할 가능성도 있다. 부가적으로 이 연구는 고급 행정가 혹은 학교 교육위원을 조사한 것이 아니다. 이 두 집단은 프로그램 편성과 집단편성 및 속진에 대해 다른 견해를 가질 수 있다. Southern과 동료들(1989b)의 선행연구는 영재 프로그램의 코디네이터들이 교사들이나 행정가들 및 학교 심리학자들과 비교하였을 때 가장 덜 보수적이라고 보고하였다. 이들 중에서 코디네이터가 영재교육 프로그램을 가장 강력히 주장하며 모든 학군의 선택 프로그램에 대해 가장 잘 알고 있다는 것은 합당하다.

이 연구의 또 다른 제한점은 이 연구에서 사용된 시골에 대한 정의에서 기인할 수도 있다. 오직 인구밀도만을 기준으로 한 시골이라는 정의는 그 거주민의 인구학적 특성을 무시하고 상대적인 지리적 고립을 고려하지 않았기 때문에 다소 모순이다(콜로라도 주의 베일과 메인 주의 케네번크포트의 인구밀도 지침을 엄격히 지켜 시골을 정의하였음). 연방정부의 정의와 미국시골개발위원회가 제안한 정의는 공적인 신뢰를 얻고 있지만, 많은 사람은 도시를 5,000명 이상의 지역공동체로 특징짓는데 이의를 제기한다. 이 연구에서는 이 정의를 채택하였는데, 이 정의에는 오하이오 주의 학교조직 구조에서 인구 센터의 종류와 기회가 적절히 기술되었기 때문이다. 이 연구를 해석할 때, 사용된 정의가 학군 독립성과 자원의 요소, 대도시 센터의 근접성 및 지리적 요소를 반영함을 기억하는 것이 중요하다. 다른 지역에서는 지역적 조건을 적게 적용한 연구결과들을 발견할 수 있을지도 모른다.

이 연구의 잠재적 제한점에도 불구하고, 연구결과는 몇 가지의 예비적 결론을 내릴 수 있다. 먼저 영재교육이 시골 지역에서 개발되지 않았거나 다양하지 않다는 것이 명확하다. 시골 학군 코디네이터들은 선택 프로그램에 대한 요구를 표현하는 데 훨씬 보수적으로 보인다. 가장 중요한 것은, 비록 시골 학군 코디네이터들이 도시 학군 코디네이터와 유사한 태도를 가졌음에도 불구하고, 자원이나 선택 프로그램들이 훨씬 적다는 것이다.

속진은 시골 학군에서 영재들의 요구에 부합하는 가장 경제적인 방법들 중의 하나다. 그러나 적어도 교사들은 속진의 이득을 확신할 수 없거나 잠재적 유해성이 없다고 확신하지 못한다. 시골 지역공동체는 영재들에게 속진의 선택조차도 개방하지 않은 것으로 보인다.

이 연구는 영재들에게 주는 시골 학교의 상대적 이익을 측정하려는 것은 아니었다. 시골 학교에서 영재를 위한 선택의 범위가 광범위하지는 않지만, 시골 지역공동체에서 사는 학생들에게 긍정적인 결과가 자연적으로 많이 생길 수 있다. 예를 들면, 시골의 주위 환경은 교육적인 환경을 제공해 준다. 교사와 행정가들의 개별 학생에 대한 관심과 주의는 모두가 서로를 아는 환경에서 더욱 가능할 것이다. 리더십과 교과 외 특별활동의 기회는 도시 학교보다는 시골 학교에 있는 학생들에게 더 많이 제공될 수 있다. 많은 시골 지역공동체가 능력 있는 학생들에게 교육 기회를 많이 주려고 노력하고 있다는 것 또한 명확하다. 영재들이 교육받을 때 더 많은 선택을 할 수 있도록 하는 것이 사회적 적응과 최대한의 성취를 위한 필요조건도 아니고 충분조건도 아니다. 그러나 많은 선택을 할 수 있는 기회가 다양한 영재들의 고유한 요구를 더 쉽게 충족시켜 줄 수는 있다. 이 연구에서 조사한 시골 지역공동체에서는 그러한 요구를 충족시켜 주기가 더 어려울 수도 있다.

참고문헌

Cummings, S., Briggs, R., & Mercy, J. (1977). Preacher versus teacher: Local-cosmopolitan conflict over textbook censorship in an Appalachian community. *Rural Sociology, 42*(1), 7-21.

Gallagher, J. J. (1985). *Teaching the gifed child.* Boston: Allyn & Bacon.

Howley, C., & Howley, A. (1988) Gifted programs: Equal access in rural areas. In *Linking programs and resources for rural special education. Proceedings of the Annual National Conference of the American Council on Rural Special Education.* (ERIC Document Reproduction Service No. ED 295 350).

Kleinsasser, A. M. (1988). Equity in education for gifted rural girls. *Rural Special Education Quarterly, 8*(4), 27-30.

Nachtigal, P. (1982). *Rural education: In search of a better way.* Boulder, CO: Westview Press.

National Rural Development Institute. (1986). *Toward a definition of rural and small schools.* Bellingham, WA: National Rural Development Institute.

Pendarvis, E. D., Howley, A. A., & Howleyr, C. B. (1990). *The abilities of gifted children.* Englewood Cliffs, NJ: Prentice Hall.

Pitts, M. (1988). Developing a gifted program: Suggestions for rural school administrators. *Rural Special. Education Quarterly, 8*(4), 23-26.

Robinson, A. (1990). Cooperation or exploitation? The argument against cooperative learning for talented students. *Journal for the Education of the Gifted, 14,* 9-27.

Slavin, R. E. (1990). Ability grouping, cooperative learning and the gifted. *Journal for the Education of the Gifted, 14,* 3-8.

Southern, W. T., & Jones, E. D. (1991). Academic acceleration: Background and issues. In W. T. Southern & E. D. Jones (Eds.), *Academic acceleration of gifted children* (pp. 1-28). New York: Teachers College Press.

Southern, W. T., Jones, E. D., & Fiscus, E. D. (1989a, November). *Academic acceleration: Concerns of gifted students and their parents.* Paper presented at the annual meeting of the National Association for Gifted Children, Cincinnati, OH.

Southern, W. T., Jones, E. D., & Fiscus, E. D. (1989b). Practitioner objections to the academic acceleration of young gifted children. *Gifted Child Quarterly, 33,* 29-35.

Spicker, H. H., Southern, W. T., & Davis, B. (1987). The rural gifted child. *Gifted Child Quarterly, 31*(2), 28-32.

State Board of Education. (1989). *Ohio Educational Directory.* Columbus, OH: Author.

United States Bureau of the Census. (1983). Volume I. Characteristics of the population, Chapter D, PC80-1-D37. 1980 *Census of the population, Ohio.* Washington, DC: Superintendent of Documents, United States Government Printing Office.

영재교육에서 집단편성과 속진

인 명

Airasian, P. W. 222
Allan, S. D. 169, 183
Archambault, F. X. 216, 217, 249
Asher, J. W. 152, 169
Assouline, S. G. 36, 149
Astin, A. W. 137

Balzer, C. 217
Barcikowski, R. S. 252
Benbow, C, P. 38, 129, 130, 149, 150, 189
Berends, M. 152, 170
Birch, J. 149
Bloom, B. 148
Borg, W. R. 251, 252
Bothe, D. 37
Briggs, R. 262
Brody, L. E. 36, 129, 149, 150, 189
Brounstein, P. 186
Brown, B. B. 170
Brown, S. B. 217
Butcher, H. J. 140

Callahan, C, M. 150, 219, 249
Cattell, R. B. 140
Clark, B. 179, 183, 187

Cohen, J. 229. 253
Cohn, S. J. 36
Coleman, M. R. 217
Conger, A. J. 139
Corbin, J. 235
Cormier, W. H. 252
Cornell, D. G. 150, 216
Courtis, S. A. 202
Cox, J. 186
Csikszentmihalyi, M. 148
Cummings, S. 262

Daniel, N. 186
Darling-Hammond, L. 163
Daurio, S. P. 35, 130, 149, 186
Davenport, J. 252
Davis, B. 262
Davis, G. A. 217
Delcourt, M. A. B. 214, 216, 223, 247
Dobyns, S. M. 216
Dunteman, G. H. 139
Durden, W. G. 39, 40, 177
Dweck, C. 148

Elkind 146
Elliot, E. S. 148
Evans, K. 214, 216, 223, 247

Feldhusen, J. 39, 40, 152, 169, 190, 214
Fetters, W. B. 139
Fidell, L. S. 229
Fiedler-Brand, E. 183
Fiscus, E, D. 265, 274
Floyd, C. 180
Fox, L. 36, 186
France-Kaatrude, A. 183

Gall, J. P. 251, 252
Gall, M. D. 251, 252
Gallagher, J. 42, 149, 166, 265
Gamoran, A. 152, 168, 170, 183, 184, 187
Gentry, M. 41, 213, 214, 220, 249
George, P. 228, 250
George, W. C. 36
Glass, G. V. 198, 200
Goldberg, M. D. 216
Goodlad, J. I. 249
Gough, H. G. 132
Graves, N. 185
Graves, T. 185
Gregory, E. 37
Gross, M. U. M. 37

Hart, R. H. 181

Hartman, R. 219

Heilbrun, A. B. 132

Henson, J. R. 137

Hiebert, E. H. 183

Hieronymus, A. N. 219, 222

Hobson, J. R. 130

Holmes, J. S. 50

Honig, B. 178

Hoover, H. D. 219, 222

Hoover, S. 214, 215, 216, 217

Hopfenberg, W. S. 250

Howley, A. 262, 264

Howley, C. 262, 264

Huck, S. W. 252

Jacobson, W. 163

Janos, P. 37, 149, 150

Johnson, D. W. 185

Johnson, R. T. 185

Jones, E. 38, 42, 147, 150, 261, 265, 274

Joyce, B. R. 185, 186

Juntune, J. 217

Kaplan, S. N. 217

Karweit, N. 181

Keating, D. P 36, 183

Kennedy 227

Kimble, J. 186

Kleinsasser, A. M. 262

Koloff, P. B. 43

Kolstad, A. J. 139

Kulik, C. C. 38, 40, 130, 149, 151, 152, 168, 172, 182,

183, 185, 186, 189, 197, 201, 203, 217, 228, 248

Kulik, J. A. 38, 40, 130, 149, 151, 152, 168, 172, 182, 183, 185, 186, 189, 197, 201, 202, 203, 217, 228, 248

Lally, K. 178

Landrum, M. 146

Lange, R. 183

LaRose, B. 217

Leavey, M. 181

Levin, H. A. 250

Lindquist, E. F. 219, 222

Lovance, K. J. 37

Loyd, B. 150, 216

Lupkowski, A. E. 37

Lynch, S. 185, 186, 189

Madden, N. 181, 185, 186

March, E. 37

McGaw, B. 198

McGill, A. M. 130

McInerney, C. F. 216

Mercy, J. 262

Miller, J. 163

Miller, W. S. 180

Mills, C. J. 39, 40, 177, 185

Moon, S. M. 39, 40, 169

Moore, N. D. 189

Nachtigal, P. 262

Nelvin, D. 49

Nystrand, M. 170

Oakes, J. 164, 170, 182, 198, 208, 209, 216, 228, 248, 250

Otto, H. J. 180

Owen, S. V. 41, 213

Park, S. 249

Patton, J. 150

Pavan, B. N. 181

Pendarvis, E. D. 262

Peng, S. S. 139

Petersen, N. 186

Peterson, K. 146

Pitts, M. 264

Purcell, J. 214

Ramsey, A. 37

Reis, S. M. 219, 220, 249

Renzulli, J. S. 217, 219, 220, 249

Reynolds, M. 149

Richardson, T. M. 150

Rimm, S. B. 37

Rimm, S. W. 217

Rin, L. 50

Robinson, A. 39, 162, 171, 187, 265

Robinson, H. B. 130, 191

Robinson, N. M. 37, 149, 191

Rogers, K. 38, 151, 152, 214, 216, 217, 228, 248

Rosier, M. 163

Ross, J. 187

Rudman, H. C. 163

내 용

Sally M. Reis

Sally M. Reis는 코네티컷(Connecticut) 대학교의 교육심리학과 학과장이며, 국립영재연구소의 책임 연구원으로 활동하고 있다. 15년 동안의 교사 재직 기간 중에서 11년을 초·중·고등학교에서 영재를 가르쳤다. 130여 편의 논문, 9권의 책, 그리고 수많은 연구 보고서를 집필하였다.

연구대상은 학습장애 학생, 여성 영재, 재능 있는 학생 등 영재와 재능을 지닌 학생이다. 특히, 영재를 위한 학교전체 심화학습모형의 확장뿐 아니라, 이전에 영재로 판별되지 않은 학생의 잠재력과 재능을 확인하기 위해 일반적인 강화를 제공하고 강의를 늘리는 데도 노력을 기울이고 있다.

또한 워크숍을 운영하며, 학교에 영재교육, 심화 프로그램, 재능발달 프로그램의 전문적인 발전을 위해 여러 곳을 다니며 힘쓰고 있다. 『The Schoolwide Enrichment Model』 『The Secondary Triad Model』 『Dilemmas in Talent Development in the Middle Years』의 공동 저자이며, 1998년에는 여성의 재능 발달을 다룬 『Work Left Undone: Choices and compromises of Talented Females』를 출판하였다. 그리고 『Gifted child Quarterly』를 포함한 여러 저널 위원회의 편집 위원으로 활동하면서, 미국영재학회 회장을 역임하였다.

Linda E. Brody

Linda E. Brody는 존스홉킨스 대학교의 영재센터(Center for Talented Youth: CTY)에서 영재 연구를 주도하며, 진단과 상담 센터 부소장을 맡고 있다. 25년 동안 영재와 영재 가족 상담을 해 왔으며, 이 분야에서 연구를 수행해 오고 있다. 존스홉킨스 대학교에서 영재교육 분야로 박사학위를 받고 수년 동안 대학원 과정을 가르치고 있다.

그녀의 연구 관심은 높은 수준의 영재, 여성 영재, 학습장애를 지닌 영재에 특히 초점을 두고 있다. 또한 영재 판별 전략과 영재성 계발을 촉진시키는 프로그램에도 관심이 있으며, 학업적으로 재능이 뛰어난 학생을 위한 잡지인 『Imagine』을 담당하고 있다. 더욱이 영재교육 분야의 전문 저널에 많은 논문을 집필하였고, 『Women and the Mathematical Mystique』와 『Learning Disabled Gifted Students: Identification and Programming』의 공동 편집자다. 그리고 전국적이고 국제적인 회의에서 정기적으로 논문을 발표하고 있으며, 『Gifted Child Quarterly』, 『Journal of Secondary Gifted Education』, 『Roper Review』를 포함하여 이 분야의 많은 저널에서 논문을 리뷰하고 있다.

 역자 소개

강 현 석

경북대학교 사범대학 교육학과 졸업
경북대학교 대학원 교육학 석, 박사
University of Wisconsin-Madison 연구원 역임
한국대학교육협의회 선임연구원, 순천대학교 교수 역임
(현재) 경북대학교 사범대학 교육학과 교수

〈주요 저서 및 역서〉
선택중심 교육과정의 이론과 실제(공저, 학지사, 2004)
최신 영재교육과정론(제3판)(공역, 시그마프레스, 2007)

박 은 영

경북대학교 사범대학 교육학과 졸업
경북대학교 대학원 교육학 석, 박사
한국과학기술원 과학영재교육연구원 선임연구원 역임
미국 코네티컷 대학교 Neag 영재교육센터 박사후 연구원 역임
(현재) 경북대학교, 대구교육대학교 강사

〈주요 역서 및 논문〉
최신 영재교육과정론(공역, 시그마프레스, 2007)
과학영재학교 우수 교원 확보 및 전문성 신장 지원(보고서)
영재들의 지식공유와 상호작용 촉진을 위한 구성주의적 e-Montoring 시스템의 조건 분
　　석 및 설계(보고서)

박 창 언

경북대학교 사범대학 교육학과 졸업

경북대학교 대학원 교육학 석, 박사

프랑스 프와티에 대학교 사회학과 박사과정

한국대학교육협의회 학술진흥재단 Post-Doc.

(현재) 부산대학교 사범대학 교육학과 교수

〈역서〉

최신 영재교육과정론(공역, 시그마프레스, 2007)

교육과정 개발과 설계(공역, 교육과학사, 2006)

최 호 성

경북대학교 사범대학 교육학과 졸업

경북대학교 대학원 교육학 석, 박사

University of Wisconsin-Madison 교육연구소 연구원 역임

과학기술부 과학영재학교 평가위원

경남대학교 과학영재교육센터 프로그램 개발 실장

(현재) 경남대학교 사범대학 교육학과 교수

〈주요 저ㆍ역서 및 논문〉

교육과정: 이론과 실제(교육과학사, 2002)

교사와 교육과정 설계(공역, 경남대학교출판부, 1997)

교육과정 평가론(경남대학교출판부, 1998)

영재교육필독시리즈 제3권

영재교육에서 집단편성과 속진
Grouping and Acceleration Practices in Gifted Education

2008년 1월 8일 1판 1쇄 인쇄
2008년 1월 15일 1판 1쇄 발행

엮은이 • Linda E. Brody

옮긴이 • 강현석 · 박은영 · 박창언 · 최호성

펴낸이 • 김진환

펴낸곳 • **학지사**

121-837 서울시 마포구 서교동 352-29 마인드월드빌딩 5층

대표전화 • 02-326-1500   팩스 • 02-324-2345

등록 • 1992년 2월 19일 제2-1329호

홈페이지 www.hakjisa.co.kr

ISBN 978-89-5891-543-0 94370
      978-89-5891-540-9 (전13권)

가격 15,000원

인터넷 학술논문 원문 서비스 뉴논문 www.newnonmun.com